애민철학의 이해

민의 주체적 요구를 어떻게 실현할 것인가?

애민철학의 이해

민의 주체적 요구를 어떻게 실현할 것인가?

초판 1쇄 인쇄 2023년 7월 15일
초판 1쇄 발행 2023년 7월 20일

지 은 이 정호일
펴 낸 이 정연호
편 집 인 정연호
디 자 인 이가민

펴 낸 곳 도서출판 우리겨레
주　　소 서울시 은평구 통일로 71길 2-1 대조빌딩 5층 507호
문의전화 02.356.8417
F A X 02.356.8410
출판등록 2002년 12월 3일 제 2020-000037호
전자우편 urikor@hanmail.net
블 로 그 http://blog.naver.com/j5s5h5
인스타그램 instagram.com/urikor0927
페이스북 facebook.com/urigyeorye

ISBN 978-89-89888-34-5 (03100)

애민철학의 이해

민의 주체적 요구를 어떻게 실현할 것인가?

정호일 지음

도서출판 우리겨레

는 것을 파악하게 되었습니다. 그러자 물질세계의 영역은 주되게 자연과학과 물리학에서 다뤄지게 되었습니다.

여기서 철학은 다시 인간이 어떻게 살아야 할 것인가의 문제를 해결해 가기 위해 인간과 세계와의 관계 문제를 중심 영역으로 놓고 살펴보기 시작했습니다. 이 과정에서 인간은 세계와의 관계에서 자기 삶을 주인답게 개척하며 살아가려는 주체적 요구를 가진 존재라는 것이 밝혀지게 되었습니다. 그것도 개성을 가진 존재로서 집단을 구성하여 나라와 민족 단위로 살아가는 주체적 존재라는 것이 파악되기에 이르렀습니다.

현시기에 개인과 집단, 나라와 민족 단위의 모든 방면에서 주체적 요구가 분출되고 있는 것도 이와 관련됩니다. 그런데 아직 주체적 요구가 전면적으로 실현되지 못하고 있습니다. 그렇다면 어떻게 살 것인가의 문제를 풀어가자면 제 방면에서 분출되는 주체적 요구를 어떻게 실현할 것인가가 현시기에서 매우 중대한 과제로 제기되고 있다는 것을 알 수 있습니다.

그런데 현실에서 이 문제는 외면당하고 있습니다. 인문학과 사회과학, 특히 철학 부분에서 이 문제를 적극적으로 다뤄야 할 것인데, 활발한 토론이 전개되지 않고 있습니다. 설사 몇몇 부분이 진행된다고 해도 그저 옛날 철학자의 얘기를 거론하거나, 시대사적 요구와 무관하게 각 개인의 선호도 정도로 취급함으로써 파편적이거나 주관성의 영역에 빠뜨리고 있습니다. 시대에 뒤떨어진 주장을 펼치고 있다는 것입니다. 이러다 보니 철학이 외면당하는 것은 물론이고 가치관의 혼란마저 발생하고 있습니다.

하지만 명확한 사실은 철학이 외면당하게 되면 인생의 의미도 사라지게 되고 인류의 미래도 암울해진다는 점입니다. 인생의 참의미를 찾고 인류의 미래를 활짝 열어가자면 철학을 살려서 활발한 학습과 토론이 전개되도록 해야 합니다. 그러자면 무엇보다 철학 자체가 지금껏 항상 시대적 요구에 민감하게 대응하며 화답하기 위해 부단히 노력해왔던 것처럼 현시기의 요구에 부응하기 위해 철학적 논의 자체를 심화시켜 가야 합니다.

이런 요구에 화답하기 위해

1장에서는 시대의 전진에 따라 철학이 발전하면서 마침내 어떻게 살 것인가를 자신의 고유 영역으로 하게 되었는가를 밝히고자 하였으며,

2장에서는 어떻게 살 것인가의 문제를 해결하기 위해 왜 선차적으로 물질세계에 대한 파악이 필요한지를 밝히면서 물질세계의 합법칙인 변화 발전 과정을 이해하려고 하였으며,

3장에서는 물질세계에 대한 이해를 기반으로 민이 사회와 역사의 주체로 등장하면서 어떻게 주체적 요구가 제기되었는지를 밝히고자 하였고,

4장에서는 주체적 요구는 다름 아닌 민이 개인과 집단, 나라와 민족 단위로 살아가는 존재방식과 활동방식에 근거하면서 일치, 입체, 통일로 풀어가는 사회 운영 원리와 자주, 민주, 통일의 사회적 목표를 실현하는 과정에 의해 해결된다는 것을 밝히고자 하였습니다.

5장에서는 결론적으로 인간이 어떻게 살 것인가의 문제는 곧 민의 주체적 요구에 다름 아니고, 그것이 또 인류의 미래상을 밝혀주는 것임을 해명하고자 하였습니다.

저자의 능력에 비해 과도한 욕심을 부리고 있는 측면이 있기도 합니다. 하지만 현 시대적 요청에 부응하기 위한 노력 속에서 철학적 논의가 전개되어야 어떻게 살 것인가의 문제가 사회적으로 공론화될 수 있고, 그 해답을 찾아갈 수 있다는 것이 저자의 생각입니다.

비록 여러 부분에서 부족함이 있겠으나, 이런 이해를 기반으로 철학에 대한 학습 열풍과 토론이 활발하게 전개되었을 때, 한국 사회는 물론이고 인류사의 미래 전망이 옳게 세워지고 밝아질 수 있다고 생각합니다. 이 글을 계기로 인문학과 사회과학, 철학에 대한 학습과 토론이 활발하게 이뤄지면서 앞으로의 미래 사회를 개척하는 데 조금이나마 도움이 되었으면 하는 마음입니다.

2023. 4. 10

서울에서

정호일

차례

1장

철학은 시대의 전진에 따라 발전한다

01
철학은 왜 필요한가?

"철학이란 무엇인가?", 또는 "철학이 왜 필요한가?"라는 질문을 받는다면 선뜻 대답하기가 쉽지 않을 것입니다. 그럼 질문을 바꿔서 "당신의 인생에서 제일 중요한 게 무엇이라고 생각하느냐?"라고 묻는다면 어떻게 될까요? 주저할 수도 있겠지만 나름대로 답변을 내놓을 것입니다. 그러나 매우 천차만별일 것입니다. 자신이 가진 인생관과 가치관에 따라 선호도와 중요도가 다르기에 제각각 대답할 수 있기 때문입니다. 돈, 권력, 명예, 쾌락이라고 말하는 이도 있고, 반면에 정의, 진리, 선, 미라고 말하는 사람도 있을 것입니다. 그 각각의 대답에는 일정한 근거도 있습니다.

이 세상이 물질만능주의와 탐욕, 이기적 행위로 돌아간다고 보면 그런 세상에서 살아남기 위해 돈이나 권력이 중요하다고 판단합니다. 반면에 이 세상이 더 나아지는 방향으로 가는 것이 중요하다고 생각한다면 정의와 진리에 맞게 사는 것이 뜻있는 일이라고 여길 것입니다. 이런 단편적인 사고방식에 멈추지 않고 더 복잡하게 생각하는 이도 있습니다. 다시 말해 세상이 약육강식의 원리로 돌아가기는 하지만, 그런 것을 고치는 것이 더 필요하다고 보기에 무엇보다 명예를 소중히 여기는 게 중요하다고 보는 사람도 있을 것입니다. 또 이 세상이 잘못 흘러가게 된 주된 원인을 인간의 인위적 관점에서 찾으면서 그 관점을 벗어난 자연스러움이나 미적 아름다움의 추구야말로 가치 있는 일이라고 주장하는 이도 있을 것입니다.

하여튼 각각의 주장이 다르고, 또 주장마다 일정한 근거가 존재합니다. 이를 두고 흔히 "장님 코끼리 만지기 식"으로 비유하곤 합니다. 그런데 장님들의 각 주장이야 코끼리의 전체 모습을 이미 알고 있으니 어떤 부분에서는 맞고, 또 어떤 부분에서는 틀렸다는 것을 쉽게 파악할 수 있습니다.

하지만 이렇게 단순하게 보이는 현상이 점점 확장되어 가면 상황은 전혀 달라집니다. 특히 인간 사회의 문제를 논하게 될 때는 더욱 그러합니다. 자기주장만 늘어놓기도 하고, 또 옳고 그름을 판단할 수 없다는 불가지론이 득세하기도 합니다. 게다가 수많은 정보들이 넘쳐나면서 사실 자체를 의심하는 현상이 수시로 벌어집니다. 심지어 "가짜뉴스"라는 패러다임이 형성되기도 합니다. 그 결과 우기기 방식으로 진행되다가 종당에는 이편저편 갈라져 싸우면서 자기편 얘기만 옳다는 식의 주장만 난무하게 됩니다.

이런 상황이 되면 결국 어떤 주장에 대해 완전히 틀렸다고 말하기도 어렵고, 그렇다고 전적으로 옳다고 말하기도 어렵게 될 것입니다. 그러면 도대체 각각의 주장들을 어떻게 평가해야 할까요? 혹은 상대적으로 평가하는 것이 가능하기는 한 것일까요? 평가할 수 있다면 그 기준과 잣대는 무엇일까요?

철학은 주관화, 파편화되어서는 안 된다

각기 주장하는 바를 나쁘다고 말할 수는 없습니다. 하지만 전체를 포괄하는 총체성을 견지하지 못하고 각기 주관화, 파편화된다면 어떻게 되겠습니까? 뭐가 옳은지, 그른지를 판단하지 못하게 될 것입니다. 결국 자기 얘기만 하는 꼴이 될 것입니다. 그런데 그런 식으로 전개된다면 과연 철학이라는 학문이 올곧게 성립할 수 있겠으며, 또 철학이 왜 필요한지를 정합적으로 설명할 수 있을까요?

실상 지금까지 시중에 나온 책들을 보면 철학을 장님 코끼리 만지는 식으로 논했다고 할 수 있습니다. 철학이 무엇을 다뤄야 하는지를 분명히 하지 않고, 그저 자신이 중요하다고 여기는 바를 주장하는 식이었습니다. 이렇게 해서 나오는 주요한 방식이 개별 철학자들의 주장을 다루는 것이었습니다. 물론 여기서 더 나아가 자기식의 구분법으로 분류하여 학파를 규정하고 포괄적으로 다루는 방식이 있기도 합니다. 하지만 그렇더라도 자기식의 입장에서 근거를 제시했을 뿐, 왜 철학이 그런 내용을 다뤄야 하는가가 명확하지 못한 점에서는 별반 다르지 않습니다. 그 결과로 철학서마다 각기 말하는 내용과 주장이 다릅니다.

한편 일부에서 철학을 설명할 때 그리스어의 필로소피아(philosophia)에서 유래했다면서, 필로는 "사랑하다"의 접두사이고, 소피아는

“지혜”라는 뜻이니 지知를 사랑하는 학문이라고 설명하기도 하였습니다. 지를 사랑하는 학문이라니 도무지 알 듯 모를 듯 모호하기 그지없습니다.

이렇게 철학이 무엇을 다루는지 분명하게 밝히지 않고, 각기 제 맘대로 자기주장을 펼치는 식으로 되다 보니 도무지 철학이 무엇인지 알지 못하게 됩니다. 도리어 철학이라고 하면 머리가 지끈거리고 어렵게만 느껴집니다. 심지어 철학은 현실의 삶을 초탈한 고상한 사람이나 혹은 학문을 업으로 삼는 사람들이나 하는 것으로 여기게 됩니다. 결국, 철학이라고 하면 으레 일반 사람들과는 동떨어진 몇몇 사람들의 생각이나 주장을 펼치는 학문으로 이해되는 경향이 생기게 되었습니다.

이렇게 제각각 자기주장을 펼치는 식이다 보니 그 주장에 공감하지 못하면 난해해서 이해하기도 어렵고, 그로 인해 철학이 어떤 학문을 담당하는지 명확히 하지 못하게 되는 결과로 귀결됩니다.

물론 개별 사상가들의 철학을 다루지 말라는 것이 아닙니다. 단지 철학을 이렇게 파편적으로 자기주장만을 펼치는 식으로 오도시키면서 철학이 담당해야 할 부분이 무엇인지를 명확히 하지 못하고, 모호한 학문 영역인 것처럼 받아들이게 해서는 안 된다는 뜻입니다.

어쩌다 마음을 다잡고 철학서를 한번 보려고 했다가 이런 식의 책을 접하게 되면 어떻게 될까요? 아무래도 철학이 우리 삶에 무슨 도움이 되겠냐고 의문을 갖게 되는 건 어쩌면 자연스러울 것입니다. 이런 식의 주장이라면 그런 궤변들을 이해하지 못한다고 해도 세상 사는 데 아무런 불편함도 느끼지 않게 될 것입니다. 도리어 철학을 공부하는 것 자체가 쓸데없는 사치라고 여길 것입니다.

실상 이렇게 철학이 담당해야 할 고유 영역이 존재하는 것도 아니고, 단지 자기식의 주장만 펼치는 식으로 된다면 그런 학문을 배운다고 해서 뭐가 도움이 되겠으며, 과연 철학에 대한 이해와 공부가 우리 삶에 있어서 꼭 필요하다고 느끼겠습니까? 철학에 대한 이해 부족은 물론이고, 필경 철학이라는 학문에 대한 부정으로 귀결될 수밖에 없을 것입니다.

철학이 부정당할 때 인간 사회는 혼란에 휩싸인다

현재의 인류 사회를 표현하자면 혼돈이라는 단어가 매우 적절하다 할 것입니다. 철학이 부정당하게 되니 인간 사회가 혼란에 휩싸이게 됩니다. 사회가 원활하게 돌아가자면 인간이 지켜야 할 윤리와 도덕 등의 가치관이 확립되어야 하는데, 그러지 못하기 때문입니다. 철학은 다름 아닌 인간으로서의 가치관을 형성시켜 줍니다. 그래서 철학이 부정당하거나 철학적 입장이 부재하게 되면 결국 가치관이 부재하게 되는 것입니다.

가치관의 부정이나 부재가 얼마나 사회에 해악을 가져다주는가는 현시기 사회적 범죄의 만연은 물론이고, 그 범죄의 양상이 극악해지는 것에서도 드러나고 있습니다. 심지어 자신이 범죄를 저지르면서도 그 행동이 나쁘다는 죄의식 자체가 없는 사이코패스나 소시오패스도 있습니다. 이렇게 죄의식도 없이 범죄가 횡행하는 상황에서 인간의 삶이 행복해진다는 것은 거의 불가능에 가까울 것입니다.

물론 지금 현시기의 사회에만 범죄가 발생한다는 뜻은 아닙니다. 어느 사회에서나 범죄는 존재했습니다. 하지만 현시기의 사회 발전에 맞게 인간의 가치관이 따라가지 못하고 있다는 것만은 분명합니다.

지금 인류 사회의 물질문명은 과학기술의 발전에 기대어 예전과 비교할 바 없이 급속히 발전하고 윤택해졌습니다. 4차 산업혁명이라는 이름 아래 인공지능을 가진 로봇까지 만들어내며 이용하는 단계로 전진하고 있습니다. 지난날 인간의 육체적 힘을 동원해야 했던 시대에서 버튼 하나만으로 모든 것이 해결되는 식입니다. 게다가 지난날에는 밤하늘의 우주를 그저 동화 속의 상상력을 동원해 꿈꾸었다고 한다면 이제는 직접 우주여행까지 기획하는 단계로 나아가고 있으니 인류의 꿈은 더욱 가까워진 듯 보입니다.

헌데 이런 장밋빛 꿈의 뒤편에는 어찌 된 일인지 수많은 문제점이 노출되고 있습니다. 가치관의 혼란이 일어나고, 인간의 행복지수가 물질문명이 발전한 만큼 비례하여 오르지 않고 있습니다. 자살이라는 극단적 선택을 하는 이들이 매년 늘어나고 있는 것에서 확인되듯, 도리어 왜 살아야 하는지에 대해 회의감마저 가지는 이들이 늘어나고 있습니다. 이것은 인간의 삶과 행복이 단순히 물질적 발전과 편의를 제공하는 것만으로 해결되지 않는다는 것을 말해줍니다.

그뿐 아니라 무분별한 자연개발로 인한 폐해 또한 발생하고 있습니다. 당장 인류 앞에 절박한 문제로 다가온 것 중의 하나가 지구의 환경 파괴와 온난화로 인한 기후 위기입니다. 지금 지구의 날씨는 매우 예측 불허인 상태로 돌아가고 있습니다. 남극과 북극의 빙하가 녹아내리고 기후 변화에 따른 재앙이 불어닥치고 있습니다. 특정 지역에 홍수와 가뭄이 집중적으로 일어나고, 또 강추위와 불볕더위가 번갈아 가며 기승을 부리기도 합니다. 이렇듯 지구 환경이 재앙적 상황에 가까워지면서 편안한 환경에서 살 수 없는 상태가 되어 가고 있습니다.

물론 이런 현상이 지구의 자연스러운 주기적 현상인지 근본적으로 따져보면서 가장 큰 원인이 어디에 있는지 과학적으로 더 명확하게 밝혀야 할 것입니다. 하지만 분명한 사실은 인간이 물질문명을 이루고자 지구 환경을 급속도로 파괴하면서 이산화탄소의 배출량이 엄청나게 늘어난 것을 비롯해 지구 환경에 커다란 영향을 미쳤다는 것입니다. 그 때문에 지구 환경 파괴와 지구 온난화에 대한 책임으로부터 인간은 결코 자유로울 수 없습니다.

게다가 고도화된 과학기술을 이용하여 물질문명을 발전시켰는데, 빈부격차가 양극화되어 그 혜택을 소수만 누리고 대다수는 도리어 그로 인해 고통을 당하고 있습니다. 그런 연장 상태로 고도의 살상 무기 개발이 이뤄지며 국가 간에 벌어지는 전쟁은 더욱 극렬해지고 있습니다. 심지어 인류의 공멸을 일으킬 수 있는 핵전쟁마저 일어날 위험성이 매우 커지고 있습니다.

이런 결과는 과학기술을 이용한 물질문명의 발전이 도리어 인간의 삶을 더 고통스러운 재앙으로 몰아넣고 있다는 뜻입니다.

이것은 인간의 능력이 커지면 커질수록 그에 맞게 수반되는 책임 또한 커진다는 것을 의미합니다. 그 때문에 지난날의 무분별한 개발 방식에서 벗어나 환경을 지키고 지구를 살리기 위해 친환경적인 천연 자원을 적극적으로 이용하여 이산화탄소의 발생량을 줄이자는 목소리가 울려 나오고 있습니다. 또 인류 간에 서로 대립하여 싸우지 않기 위해 빈부의 격차를 해소하면서 더불어 살아가자는 주장 또한 꾸준하게 등장하고 있습니다.

이렇게 물질문명과 과학기술의 발전이 곧바로 인간의 삶에 행복을 가져다주는 것도 아니고, 도리어 인간의 삶에 해악을 가져줄 수도 있기에 그에 따른 책임성은 더욱 높아지고 있습니다. 이것은 결국 인간이 물질문명을 어떻게 대하면서 발전시켜야 할 것인가가 긴급한 현안으로 다뤄지는 것이 절실히 요구받고 있다는 뜻입니다.

그런데 이 문제는 인간이 삶을 어떻게 살아야 할지에 대한 가치관과 연결됩니다. 가치관에 의해 인간의 능력을 어떻게 발현시키면서 참다운 삶의 행복을 찾아갈 것인가의 문제가 결정됩니다. 철학에 대한 고민과 연구가 없이는 우리의 인생과 삶이 행복해질 수 없다는 뜻입니다. 바로 여기서 철학이 필요한 이유가 존재합니다. 인류 사회가 발전하면 할수록, 인간의 능력이 커지면 커질수록 인간의 가치관, 즉 철학이 더욱 중요해질 수밖에 없다는 것입니다.

결국 인간이 어떤 삶을 살아야 하고, 어디에서 참다운 행복을 찾을 것인가의 문제, 즉 인간으로서 어떤 가치관을 가지고 살 것인가의 문제는 피할 수 없게 됩니다. 이런 근본적인 물음에 답을 제시해야 하기에 철학이 절실히 필요하고 중요하다는 것입니다. 한마디로 철학적 입장에 의해 인류 미래의 향방이 결정된다고 해도 과언이 아닙니다.

철학이 가치관의 문제를 고유 영역으로 삼게 된 이유는 무엇일까?

철학이 이처럼 중요한데도 왜 간과되고 무시되었던 것일까요? 바로 여기서 철학의 고유 영역을 명확히 할 필요성이 제기됩니다. 고유 영역이 존재하지 않고 다른 부분에 의해서 해결될 수 있다고 한다면 그 중요성은커녕 존재할 필요조차 없게 됩니다. 그래서 철학의 필요성을 명확히 하자면 우선적으로 철학이 담당하고 있는 고유 영역을 밝히는 것이 선차적으로 요구됩니다. 지금껏 철학이 인간의 삶에 결정적 영향을 미친다는 점을 명확히 하지 못했던 것은 바로 여기에 그 원인이 있었습니다. 그래서 철학이 담당하고 있는 고유 영역이 무엇이고, 거기에서 제기된 질문에 어떻게든 대답을 내려주어야 합니다. 이 고유 영역이 명확해졌을 때 철학의 정당성과 필요성이 확보됩니다.

그러면 철학의 고유 영역을 어떻게 파악해야 하겠습니까? 여기서 어떤 부분이 무조건 필요하다는 방식으로 자기주장만을 펼쳐서는 안 됩니다. 고유 영역은 단순히 강조해 주장한다고 해서 확보되지 않습니다. 그런 식이라면 그에 반대되는 주장 또한 그 방식으로 전개될 수 있습니다. 그러면 서로의 주장이 피장파장이기에 그만큼 필요성에 대한 설득력은 떨어지게 됩니다. 지금껏 철학서들이 철학적 내용을 언급하지 않았던 것은 아닙니다. 그저 장님이 코끼리 만지는 방식으로 자신들의 주장을 일방적으로 펼쳤기 때문입니다. 그러다 보니 그 근거가 명확하지 못했습니다.

어떤 것이 고유 영역이라는 근거를 가지려면 서로의 대비와 비교

관계를 통해서 통찰해야 합니다. 대비와 비교는 그 독자적 영역을 설명하는 데 매우 설득력 있는 방식입니다. 그래서 범주 관계를 이용해 대비하고 비교하면서 점차적으로 철학이 무엇을 담당해야 하는지 그 고유 영역을 확보해야 합니다. 생물을 분류할 때 종 속 과 목 강 문 계라는 형식으로 구분하는 방식을 이용하는 것과 유사할 수 있습니다.

예를 들어 장님이 코끼리 만지는 방식을 살펴볼 때처럼 서로 기둥이나 부채, 널빤지라고 일방적으로 주장해서는 그 고유 영역이 확보되지 않는다는 것입니다. 그저 하나의 주장일 뿐입니다. 고유 영역을 확보하자면 먼저 코끼리를 다루고 있다는 것을 분명히 해야 합니다. 장님이기에 코끼리가 무엇인지 모른다고 해도 하나의 물체를 다루고 있다는 것을 전제해야 하고, 그런 범주 중의 한 영역으로 기둥이나 부채, 널빤지 같은 부분이 있을 수 있다고 판단해야 합니다. 그래야 다리나 몸통, 귀 등을 다루고 있는 부분이 고유 영역으로 될 수 있습니다.

이처럼 철학의 고유 영역을 다룰 때 먼저 큰 범주의 체계로 자연세계가 아니라 인간의 영역을 다루고 있다는 것을 명확히 해야 합니다. 하지만 인간의 영역에도 여러 범주와 부분이 존재합니다. 단적으로 인간은 생존을 유지하기 위해 경제 활동을 합니다. 그뿐 아니라 서로 의사소통하기 위해 언어를 사용하기도 합니다. 또 인간이 행동하는 데 있어서 여러 심리적 특성을 갖기도 합니다. 한마디로 인간의 활동 영역이 여러 방면으로 다양하기에 그에 맞게 수많은 범주들이 요구됩니다. 그래서 이를 다루는 각각의 부분에 있어서 경제학이나 언어학, 심리학, 사회학 등 여러 고유 영역이 등장합니다.

물론 고유 영역은 고정불변한 것은 아닙니다. 인류 사회가 발전함에 따라 점차 그 분야의 중요성이 제기되면서 더욱 세분되어 나갑니다. 자연 영역만 보더라도 인간의 인식 수준이 낮았을 때 그저 자연 세계라는 영역으로 포괄되었지만, 점차 자연에 대한 이해가 높아지고 과학적 수준이 높아지면서 자연의 생명체에 대한 파악에 있어서도 생물학, 생명과학, 생명공학, 유전학, 미생물학 등과 같이 계속 분화되어 갑니다.

마찬가지로 인간의 활동 영역에서도 그 분화는 더욱 세분되어 갑니다. 하지만 아무리 세분되어 가더라도 인간의 가치관 영역을 담당하는 부분은 고유 영역으로 존재하게 됩니다. 그 이유는 인간으로 태어난 이상 인간의 눈으로 세상을 볼 수밖에 없기 때문입니다.

인간의 눈으로 세상을 본다는 것은 단순히 인간의 신체적 특징에 의해 세상을 지각한다는 것만을 의미하지 않습니다. 단순히 시력의 문제라고 한다면 생물학이나 의학 분야에 해당될 것입니다. 생명체의 대사 활동에 근거해 나빠진 시력을 회복하면 될 것이니까요. 그 때문에 인간의 눈으로 세상을 본다는 것은 쉽게 말해 인간의 가치관에 의해 세상을 바라본다는 것입니다. 이것은 인간으로 태어난 이상 숙명처럼 결코 피할 수 없습니다.

인간에게 있어서 가치관이 얼마나 중요한가는 똑같은 사물을 보면서도 저마다 서로 다른 느낌과 감정을 가지는 데서도 확인할 수 있습니다. 가치관에 의해서 인간끼리의 감정도 서로 달리 느낄 수 있는 것인데, 인간과 구별되는 동물과의 차이는 더 컸으면 컸지 더 작지는 않을 것입니다.

이것은 일반적인 생명체와 인간의 활동을 비교할 때 분명하게 드러납니다. 생명체는 일반적으로 먹고 자고 생식 활동을 기본적으로 전개합니다. 식물이나 동물 세계에서 생존경쟁을 벌이고 약육강식의 법칙이 관철되는 방식은 이런 생명체의 기본 활동과 관계되어 있습니다. 인간 또한 당연히 하나의 생명체로서 먹고 자고 생식 활동을 합니다.

하지만 인간은 일반적인 생명체의 활동방식과는 다른 인간적인 모습을 특징으로 갖고 있습니다. 먹더라도 약육강식이 아니라 더불어 먹으려고 하고, 자는 것 또한 안락한 휴식 공간을 만들어 효율적으로 재충전하고자 하며, 생식 활동도 동물적인 방식이 아니라 신성하게 사랑이라는 이름으로 진행합니다.

이처럼 인간은 자연 생물학적인 법칙을 무조건 추종하는 것이 아니라 어떤 가치관을 함유하고 있는가에 따라 그 양상이 사뭇 달라집니다. 가치관에 따라 서로 다른 비중을 둔다는 뜻입니다. 그래서 가치관이 달라지면 세상을 바라보는 눈도 달라지고, 그에 따라 대응하는 방식도 달라집니다.

이렇게 인간으로 태어난 존재로서 어떻게 살 것인가, 어떤 삶이 진정한 행복인가와 같이 가치관의 문제를 고유 영역으로 담당하는 학문이 바로 철학입니다. 그럴 수밖에 없는 게 철학은 인간으로서의 직접적인 이해와 요구를 대변하는 사상 활동을 전개해야 하는데, 그 사상의 기본 요구는 결국 가치관을 어떻게 확립하는가의 문제로 귀결되기 때문입니다.

어떻게 살 것인가의 가치관 문제를 고유 영역으로 삼는 철학은 도덕과 윤리를 일반론적으로 다루지 않고 사회적 상황과 결부시켜 그것을 어떻게 참답게 실현할 것인가를 관심의 초점으로 삼는다

어떻게 살 것인가의 가치관 문제를 다루는 이상 철학은 당연히 도덕과 윤리를 포함하고 다룹니다. 하지만 단순히 일반론적으로 윤리와 도덕을 거론하고자 함이 아닙니다. 일반론적으로 도덕과 윤리를 거론해 봐야 그것을 실질적으로 실현하는 데에서 별반 도움이 되지 않기 때문입니다.

예를 들어 폭력을 행사하지 말라는 것이야 도덕적으로 아무 하자가 없는 규범처럼 보입니다. 하지만 다른 사람을 지배하고 약탈하기 위해서 폭력을 행사하며 강제할 때 어떻게 대응해야 하겠습니까? 폭력을 행사해서는 안 되니 그저 속수무책으로 당하고 있어야만 합니까? 이런 대응이야말로 어떻게 살 것인가의 문제를 외면하는 행위라 아니할 수 없습니다. 참다운 삶을 고민한다면 당연히 지배와 약탈을 위한 폭력이 행사되지 못하도록 정의의 힘으로 막아야 할 것입니다. 이것은 폭력이 사라지게 하자면 단순히 폭력이 행해져서는 안 된다는 식의, 다시 말해 일반론적인 도덕과 윤리 규범을 거론하는 차원으로서는 해결이 안 된다는 것을 말해줍니다. 진정으로 이를 해결하자면 사회적 상황과 조건, 원인이 무엇인지 파악하면서 그런 폭력 행위가 근원적으로 일어나지 않도록 하는 방안까지 제시해야 합니다. 철학은 어떻게 살 것인가의 가치관 문제를 고유 영역으로 다루기에 그저 도덕과 윤리 규범을 읊어대는 것이 아니라 사회적 상황과 결부시켜 파악하면서 그것이 어떻게 참답게 실현될 수 있는지까지 파악해야 한다는 것입니다.

사회적 상황과 결부시켜 파악해야 하는 이유는 일반론적인 도덕과 윤리 규범이 관철되는 내막을 보면 실상 다 사회적 상황과 결부되어 관철되고 있기 때문입니다. 겉으로 보기에 인간이라면 누구나 다 지켜야 할 도덕과 윤리 규범을 취급하는 것 같지만, 본질적인 내막으로 들어가면 사회에서 주인 행세하고 있는 자들의 지배 질서를 지키는 윤리와 도덕 문제로 귀착되고 있다는 것입니다. 노예제 사회에서 노예는 노예주들을 주인으로 받들어 모셔야 하고, 신분제 사회에서는 고상한 신분과 하찮은 신분이 나뉘어 있기에 신분에 따른 차별적 질서를 지켜야 합니다. 자본주의 사회에서는 자본 중심 사회이기에 생산물을 사회적으로 생산함에도 사적 소유의 보장이라는 명분으로 그 생산물들은 다 자본을 소유한 자본가들의 소유로 귀결됩니다.

이렇게 윤리와 도덕 규범이 사실상 사회적 상황과 결부되어 관철되고 있기에 아무리 일반론적으로 거론해 봐야 그것을 참답게 실현할 수가 없습니다. 그 때문에 이런 공리공담에서 벗어나자면 철저히 사회적 상황과 결부시켜 그것을 어떻게 실현할 것인가의 문제까지 다뤄야 합니다. 그래서 어떻게 살 것인가의 문제를 고유 영역으로 다루는 철학은 일반론적인 윤리와 도덕 규범을 논하는 것이 아니라 주되게 시대적 상황과 연결된 가치관의 문제로 파악해야 한다고 말하는 것입니다. 여기서 어떻게 살 것인가의 가치관 문제를 고유 영역으로 삼은 철학이 지금까지 사회적 상황과 결부시키지 않고 일반론적인 도덕과 윤리를 전개한 것과 어떤 차이가 있는지 알 수 있을 것입니다.

그런데 더욱 중요한 점은 사회적 상황과 결부시킬 때 지금의 시대사적 요청은 형식적인 자유와 평등이 아니라 실질적인 자유와 평등을 누리고 살아야 한다는 것입니다. 어떻게 살 것인가의 문제를 이런 높은 시대사적 발전 요구와 관련해서 파악하게 되면 일반론적인 윤리와 도덕 규범을 주장하는 차원으로 끝나지 않고 실질적으로 참답게 구현할 수 있는 사회적 상황을 형성하는 방향으로 나아갈 수 있습니다. 결국 현 시대사적 요청에 화답하는 각도에서 어떻게 살 것인가의 문제로 접근하면 지난날처럼 공리공담의 윤리와 도덕 규범이 아니라 참다운 삶을 살아가는 도덕관과 윤리관도 세워줄 수 있다는 것입니다. 그만큼 지금의 시대사적 높이가 이 모든 문제의 해결을 요구하는 차원에서 제기되고 있다는 뜻입니다. 바로 여기에 어떻게 살 것인가의 가치관을 확립하는 문제를 철학의 고유 영역으로 삼을 수 있게 되었던 현 시대사적 의의가 있다고 할 것입니다.

어떻게 살 것인가의 가치관을 철학의 고유 영역으로 삼게 된 역사적 과정

어떻게 살 것인가의 가치관을 확립하는 문제는 그만큼 높은 시대사적 요구 차원에서 제기되는 과제입니다. 그래서 어떻게 살 것인가의 가치관 문제를 곧장 철학의 고유 과제로 삼을 수는 없었습니다. 고유 영역으로 받아들이기 위해서는 먼저 해결해야 할 과제가 산적해 있었기 때문입니다.

인간이 어떻게 살 것인가를 결정하자면 우선 세상이 어떻게 변화 발전하는지를 알아야 했습니다. 세상이 어찌 변화 발전할지를 알지 못하는 조건에서 인간이 자신의 삶을 어떻게 살지 결정할 수 없기 때문입니다. 그래서 물질(존재)과 정신(의식)의 관계 문제의 해결을 철학의 근본문제라고 바라보았습니다. 한마디로 세상이 물질세계의 합법칙성에 의해 변화 발전하느냐, 아니면 신과 같은 의식에 의해 움직이느냐 하는 부분에 대한 해답을 찾고자 하였습니다. 여기서 수많은 논쟁이 이뤄졌고, 그 결과 이 세계는 물질에 의해 합법칙적으로 변화 발전한다는 것이 해명되었습니다.

물질세계가 합법칙적으로 변화 발전한다는 것이 해명된 조건에서 인간이 어떻게 살 것인가의 문제를 해결하자면 인간이 세계와의 관계에서 자신의 주체적 요구를 실현할 수 있는가의 문제가 또다시 해결되어야 했습니다. 그래서 인간과 세계와의 관계 문제 해결이 다시금 철학의 근본문제로 제기되었습니다. 인간이 세계와의 관계에서 자신의 주체적 요구를 실현할 수 없다면 어떻게 살 것인가의 문제는 허무맹랑한 얘깃거리로 전락하기 때문입니다. 인간이 노력해도 안 되는데, 거기서 주체적 요구가 어떻게 거론될 수 있겠습니까? 여기서 민이 사회와 역사의 주체로 등장함으로써 자기 삶을 주인답게 개척할 수 있다는 것이 밝혀지게 되었습니다. 물질(존재)과 정신(의식)의 관계, 인간과 세계의 관계라는 두 개의 근본문제가 일정하게 합법칙적으로 해명됨으로 하여 드디어 인간은 어떻게 살 것인가에 대한 가치관의 문제 해결을 일정에 올려놓게 되었습니다. 주체적 요구를 전면적으로 실현하는 것이 결국 어떻게 살 것인가의 가치관 문제로 귀결되기 때문입니다.

원시사회입니다.

하지만 이런 과정만으로는 인간을 사물이나 동·식물과는 다른 존재로 확고히 구별 지울 수는 없었습니다. 그 구별이 명확해지자면 질적으로 구분되는 명확한 계기가 있어야 했습니다. 도구, 언어, 지능의 사용이 사물이나 동·식물과는 질적으로 다른 차원에서 사용되는 측면이 인간의 특성으로 이뤄져야 했다는 것입니다.

실상 인간과 유사한 원숭이나 침팬지 등은 물론이고 진화된 동물들을 살펴보면 앞발을 손처럼 사용하여 일정하게 도구를 사용하기도 하고, 또 크게 소리를 내면서 동류들과 의사소통하기도 합니다. 지능 또한 인간에겐 못 미치지만, 상황의 변화에 일정하게 대응하는 방식을 보입니다. 다른 동물은 전혀 가지고 있지 않은데, 인간만이 지니고 있다고 말할 수 없다는 뜻입니다.

그 때문에 단순히 양적인 측면의 비교만으로, 즉 얼마만큼의 지능으로 도구를 사용하고 의사소통하는가를 가지고 그 차이를 대비할 수는 없습니다. 그 특징이 인간이 가진 고유한 특성으로 전개되자면 그런 동물과의 양적인 차이가 아니라 질적으로 확연히 구분되는 차원에서 수행되어야 합니다. 그래서 질적으로 확연히 구분되지 않는 이런 사회를 원시사회라고 통칭해서 말하는 것입니다. 인간과 동물과 크게 구분되지 않는 사회라는 의미입니다.

여기서 이 모든 것을 구분 지어주는 척도가 국가의 건설이었습니다. 국가가 건설됨으로써 인간은 자연 생물학적인 존재와 구별되는 사회적 활동을 하게 되었습니다. 생존하기 위해 수렵, 채취 활동을 하든, 도구를 사용하고 의사소통을 하든, 그 모든 활동은 국가의 건설이 이뤄진 그때로부터 자연 생물학적인 측면에서 벗어나 사회 속에서 활동하고 행동하는 방식으로 이뤄지게 되었다는 것입니다.

이런 점에서 볼 때 진정한 인류 역사의 시작은 국가가 건설된 그때로부터 비롯되었다고 할 수 있습니다. 국가의 건설이야말로 인간 존재에 대한 자각을 불러일으키면서 사회적 활동을 수행하도록 승화시켜 주었습니다. 인간으로 자각하지 못했는데, 인간의 역사가 시작되었다고 볼 수는 없지 않겠습니까? 그런데 국가의 건설 중에서도 인간으로서의 자각을 분명히 표명하면서 건설된 국가가 있습니다. 바로 단군조선입니다. 단군왕검은 인간세상을 널리 이롭게 한다는 홍익인간의 사상을 내걸고 단군조선을 건국하였습니다. 비록 그 인식 수준이 지금과 비교해 초보적이라고 해도 단군조선의 건국사화는 인간에 대한 자각으로부터 비롯되었다는 것을 분명하게 보여주고 있습니다. 이로부터 단군조선의 건국 사건은 참다운 의미에서 인류 역사의 시작이라고 봐도 지나치지 않을 것입니다.

이렇게 인간에 대한 자각을 세워가는 과정에서 국가가 건설되었고, 또 사회적 활동을 하는 과정에서 인간으로서의 참된 존재 의미를 찾으려고 하였지만, 그것은 손쉽게 해결되지는 못했습니다. 인간이 동·식물과는 질을 달리하는 존재라는 것을 초보적으로 자각하기는 하였지만, 그것이 무엇인지를 명확히 밝힐 수 없었기 때문입니다.

실상 인간이 어떤 존재인가를 파악하자면 그렇게 규정할 수 있는 근거와 바탕이 마련되어야 합니다. 근거와 바탕의 마련 없이 이루어진 주장은 그저 일방적인 자기주장에 지나지 않습니다. 지금 사회에서 철학적 입장이 없는 것은 아니지만, 하나의 주장으로 전락하여 별반 설득력을 갖지 못하는 것이나, 철학의 필요성에 대해 의문을 갖고 공감하지 못하는 이유는 이런 상황에 근거한 측면이 많습니다. 근거와 바탕이 명확하게 존재해야만 옳은지 그른지, 정합적인지 부정합적인지를 판단할 수 있습니다. 그래서 인간 존재를 파악하자면 우선적으로 그 근거와 바탕을 마련하는 과정이 이뤄져야 했습니다. 이를 마련하는 과정이 인류사의 전개이자 철학의 시작이었다고 말할 수 있습니다.

인간 존재를 설명하기 위한 그 근거와 바탕의 마련 과정

철학이 대체로 주인 행세하는 지배계급의 이해와 요구를 반영한 이유는 무엇일까?

인간이라는 존재가 무엇인지를 설명하기 위한 근거와 바탕을 마련하자면 우선 존재 일반은 물론이고 존재자들 간의 차이가 무엇인지를 해명해야 합니다. 인간이란 존재를 설명하자면 존재 일반이 무엇인지 이해하면서도 인간이 다른 존재자와 어떤 차이가 있는지를 밝혀야 하기 때문입니다. 그뿐 아니라 인간 존재에 대한 이해가 과연 옳은 근거와 바탕에 서 있는지를 명확히 하자면 어떤 것을 파악하고 인지한다는 것, 즉 인식의 문제가 무엇인지에 대해서도 이해해야 합니다. 인식한다는 것이 무엇인지도 모르면서 인간이라는 존재를 설명할 수는 없습니다. 아울러 세상과 인간을 설명할 때, 서로 모순된 관계가 발생하지 않도록 논리적 구성 체계를 갖추어서 전개해야 합니다. 서로 모순을 일으키는 논리 구조를 띠고 있다면 그만큼 체계적이지 못하게 되어 설득력을 잃게 될 것입니다.

그런데 이 모든 근거와 바탕을 이루는 내용과 체계는 결국 존재론과 인식론, 논리학, 방법론 등으로 구성됩니다. 인류사에 철학사가 전개되면서 존재론과 인식론, 논리학, 방법론 등의 문제를 놓고 오랫동안 논쟁을 거듭해왔던 이유가 바로 여기에 있습니다.

인간이란 존재를 이해하기 위한 근거와 바탕이 되는 내용과 체계는 단번에 해결되지 못했습니다. 그 이유는 인간으로서 자각해가고는 있었지만, 인류 역사가 비로소 시작되어 아주 초보적인 발전 단계를 밟고 있었던 점에 기인합니다. 진정한 의미에서 인류사가 처음 시작된 단계에서 이 모든 문제를 다 해결한다는 것은 거의 불가능에 가까웠습니다. 그만큼 인류사의 초기 시기에 있어서 세계에 대한 이해는 아주 초보적인 단계였습니다.

거기에다가 인간 존재에 대해 초보적이지만 먼저 자각하고 우월한 위치에 있던 사람들은 그런 깨달음을 모든 인간에게 도움이 되는 방향이 아니라 자신들의 이익을 실현하는 측면으로 이용하였습니다. 사상과 철학은 우선적으로 자신의 처지와 이해관계를 반영하기 때문입니다. 이것이 인류사가 시작된 이래 왜 계급적으로 분열하여 대립, 대결하는 방식으로 진행되었는가의 이유입니다.

먼저, 불완전하게나마 인간으로서 자각하면서 우월한 위치에 서게 된 사람들은 그들만을 신성한 존재로 여기고, 나머지 사람들을 동물이나 사물과 다름없는 하찮은 존재로 바라보며 지배, 통치받는 대상으로 취급했습니다. 이것이 노예제 사회입니다. 한마디로 인간이냐, 인간이 아니냐를 기준으로 대립, 대결하는 사회제도가 형성되었습니다. 사람이 아니면 동물이나 사물과 다름없는 존재로 갈라보았던 것입니다. 그리고는 자신들을 제외한 사람들을 동물이나 사물로 취급하여 지배 통치하면서 주인 행세하였는데, 이들이 바로 노예주입니다.

인류가 동물과 같은 원시적 생활에서 벗어나 최초로 사회 활동을 하는 데서 나타난 인류사의 첫 사회제도가 왜 노예제 사회로 성립되었는지의 이유가 여기에 기인합니다. 초보적 수준에서의 인간이라는 자각적 이해를 그들의 욕망을 실현하는 데로 이용했던 것입니다. 이것은 결국 인간이란 존재 문제를 계급적 처지를 기준으로 살펴보게 되었다는 것을 의미합니다.

인간이 국가를 건설하여 사회 활동을 하게 된 것은 사람을 다른 존재와 구별 짓는 근본 요인이었습니다. 그런데 사람이 사회 활동을 하기 위해서는 사람 자체를 조절 통제하는 기능이 필요합니다. 그런 기능이 없다면 사회는 혼란에 빠지면서 유지될 수 없기 때문입니다. 이것은 정치적 기능이고, 공적인 권력 기구인 국가에 의해서 담보됩니다. 그런데 자신들의 이익과 욕망을 실현하는 데로 국가권력을 이용하니, 인간 사회는 주인 행세하는 지배계급과 그들의 지배와 통치를 받는 피지배계급의 형태로 분열하게 된 것입니다.

계급적으로 분열된 조건에서 인간 존재를 해명하려는 철학 또한 계급적 처지와 이해를 반영하게 되었습니다. 그런데 철학의 바탕과 근거가 되는 존재론이나 인식론, 논리학, 방법론 등을 전개하자면 일정한 지식이 요구되었기에 그런 지적 작업을 할 수 있는 사람은 주되게 지배계급에 해당하는 사람들이었습니다. 지금껏 철학이 피지배계급보다는 주인 행세하는 지배계급의 이해와 요구를 대변하는 형태로 되었는지의 이유가 이 때문입니다.

노예제 사회에서의 철학적 해명

인간으로서 신성한 존재인 노예주 / 인간이 아닌 하찮은 존재로서의 노예

노예제 사회에서의 철학은 노예주들의 이해와 요구를 대변하는 방식으로 진행되었습니다. 철학과 사상이라는 것 자체가 자신이 처한 처지에서의 이해와 요구를 직접적으로 반영하여 표현하는 것이기 때문입니다. 그렇다고 해서 피지배계급의 이해와 요구를 대변하는 철학이 없었다는 것은 아닙니다. 매우 적을 수밖에 없고, 설사 등장했다고 해도 지배계급에 의해 각종 탄압을 받아야 했기 때문에 적잖은 한계가 있을 수밖에 없었습니다. 물론 주인 행세하는 지배계급의 통치 철학이라고 해서 아무런 의미가 없다거나 불필요했다는 것을 뜻하지는 않습니다. 비록 잘못되고 불완전했으며, 또 인류를 기만하고 호도하는 역할을 했더라도 인류의 재부로서 철학사의 발전에 기여했습니다. 인간의 철학사는 그것을 토대로 발전해갈 수 있는 길이 열렸기 때문입니다.

이런 노예주들의 이해와 요구를 반영하는 기본적인 입장을 일괄적으로 표현하자면 노예주들은 신성한 존재이고, 그 외에는 동물이나 사물과 같이 다 하찮은 존재라고 대비하는 방식이었습니다. 그렇게 대비하는 방식으로 전개되어야 노예주들이 주인 행세하면서 다른 피지배계급을 통치하고 지배하는 것이 정당화되기 때문입니다.

그 방식은 먼저 부족신으로 여겨진 토템처럼 상상의 동물을 신성화하여 지배계급과 동일시하는 것이었습니다. 허나 토템처럼 상상의 동물을 지배계급과 동일시하며 신성시하는 것은 존재 일반의 의미가 무엇이고 존재자들 간의 차이가 무엇인가를 떠올리게 하였습니다. 이것은 결국 세상이 무엇으로 구성되어 있고, 어떻게 변화 발전할 것인가와 연결됩니다. 그리스에서 데모크리토스의 원자론 철학이 나오게 된 것이나 동양에서 음양론과 목화토금수의 오행철학은 이런 과정에서 발생한 것이라고 할 수 있습니다. 이것은 철학의 바탕과 토대가 되는 존재 일반에 대한 이해와 함께 존재자들 간의 차이를 파악하게 하는 것으로서 당연한 요구라고 할 수 있습니다.

하지만 이런 철학적 입장은 노예주들의 계급적 요구에 철저히 부합하지 못했습니다. 자신들의 이해와 요구를 신성시해서 지배와 통치의 정당성을 찾아야 했는데, 그런 측면보다는 세상이 어떻게 객관적으로 발전해가는지를 설명하는 방식으로 전화될 수 있었기 때문입니다. 세상이 그 무엇이 아닌 객관적인 물질세계에 의해 발전해간다면 지배계급의 통치와 지배를 받을 이유가 없게 됩니다.

이런 상황을 타개하고자 통치계급은 자신들의 이해와 요구에 복무하는 입장을 정립하기 위해 세상에서 완전무결한 것을 신성시하고 찬양하는 방향으로 전개하였습니다. 선천적으로 흠이 하나도 없이 완전무결하고 순수한 것은 신성시되어야 하고, 그렇지 않은 건 보잘것없고 하찮다는 방식으로 대비하는 것이었습니다. 그런데 이것은 존재 일반이나 존재자의 차이로 설명할 수 없었습니다. 그런 방식으로 전개되면 완전무결함이 손상될 수밖에 없기 때문입니다. 그래서 그것은 추상화방식으로 진행되었습니다. 서구철학에서 진, 선, 미, 덕이 언급되는 것이나 동양에서 천, 도라는 추상적인 개념의 도입은 이런 까닭이었습니다.

이렇게 진, 선, 미, 덕과 천, 도의 개념을 도입하면서 이런 완전하고 흠이 없는 이치를 피지배계급은 제대로 인식하거나 이해하지 못한다는 방식으로 전개하였습니다. 그래서 피지배계급은 지배계급의 통치를 받아야 한다는 논리였습니다. 노예제 사회에서 진, 선, 미, 덕과 천, 도의 개념은 노예주 계급의 이해와 요구를 대변하는 주된 철학적 입장으로 되었습니다.

그러면 노예제 사회에서 왜 존재 일반이나 존재자들의 차이에 대한 철학적 입장보다는 진, 선, 미, 덕, 천, 도와 같은 관념적이고 추상화된 개념이 주된 철학적 입장으로 되었을까요? 이것은 앞서도 말했다시피 노예주들의 통치계급이 존재 일반이나 존재자들의 차이를 주장하는 철학을 탄압했다는 점에서 우선 기인합니다. 물론 통치계급이 자신들의 이해와 요구를 대변하지 않는 철학적 입장 모두를 다 탄압했다는 것은 아닙니다. 노자의 무위자연無爲自然이나 불가의 색즉시공色卽是空, 공즉시색空卽是色과 같이 자신들의 사상적 입장을 직접 비판하지 않는 철학은 일정하게 허용하기도 합니다. 하지만 그들의 입장을 비판하고 허물 수 있는 철학은 그대로 두고 보려고 하지 않습니다. 플라톤이 데모크리토스의 책이 아예 세상에 나올 수 없도록 불태우려 했다는 사실은 이런 진실을 일정 부분 반영한다고 볼 수 있습니다.

하지만 탄압에만 그 원인이 있지 않습니다. 철학이라고 하면 어찌

됐든 가치관의 문제를 담아야 하기에 인간이 어떻게 살 것인가에 대해 대답해야 합니다. 이 점에서 볼 때 존재 일반과 존재자들의 차이를 파악하고자 하는 입장은 세상이 무엇으로 형성되어 있으며 어떻게 변화 발전하는지에 대해서는 초보적인 이해를 가져다주기는 하지만, 인간이 어떻게 살아야 하느냐의 문제에 대해서는 직접적으로 대답하지 못했기 때문입니다. 반면에 진, 선, 미, 덕과 천, 도의 추상화된 개념은 비록 그것이 통치계급의 이해와 요구를 반영하여 피지배계급은 지배받고 통치받아야 한다고 주장하는 것이기는 하지만, 인간이 어떻게 살 것인가에 대해 직접적으로 언급하고 있다는 것입니다. 바로 이로부터 노예제 사회에서 진, 선, 미, 덕, 천, 도와 같은 관념론 철학이 왜 주된 영향력을 끼쳤는지 그 이유를 이해할 수 있습니다.

허나 이런 노예주들의 이해와 요구를 대변하는 철학적 입장은 계속 통용될 수 없었습니다. 흠결이 없이 완전한 것을 신성시하면서 노예주들의 통치계급과 동일시하였으나, 실상 현실을 보면 노예주들이 그런 인물이 아니었다는 것을 눈으로 보게 되니 그런 사상적 주장을 믿지 못하게 되었던 것입니다. 그뿐 아니라 사회를 유지하기 위해 농업이나 목축 등에서 이뤄지는 경제 활동 과정은 자연과 물질세계에 대한 이해를 높였고, 그로부터 같은 식물이나 동물은 동종의 특성들을 갖게 된다는 것 또한 알게 되었습니다. 이로부터 똑같은 사람인데, 누구는 신성시되어 주인 행세하는 노예주가 되고, 누구는 하찮은 노예가 되어 지배 통치받는다는 것이 불합리하다는 것 또한 깨닫게 되었습니다. 다 같은 동종의 인간이라는 인식이 성립되었던 것입니다.

이로부터 노예라고 해도 맘대로 사고팔거나 학대하고 살인하는 것 자체가 점차 어려워지게 되었습니다. 이렇게 노예를 동물이나 사물처럼 대하지 못한다면 노예제 사회는 유지될 수 없게 됩니다.

신분제적 사회질서에서의 여러 사상

동종의 인간이긴 한데 그 씨가 다르기에, 고귀한 신분 / 비천한 신분

노예주들을 대신해 새로운 지배계급으로 등장한 양반과 봉건영주, 성직자들은 새로운 사회질서를 내오게 됩니다. 그것은 모든 인간을 동물이나 사물로 대하지는 않고 사람으로 인정하겠다는 것이었습니다. 그러나 사람 간에는 신분적인 차별이 존재한다는 것이었습니다. 식물과 동물에도 각각 차이가 있듯 인간은 동물이나 사물이 아니고 사람인 것은 분명 맞지만, 같은 알곡에도 쭉정이와 알맹이가 있고, 같은 동물이어도 비쩍 말라빠진 짐승과 토실토실한 짐승이 있듯이, 인간 간에도 선천적으로 고귀한 신분으로 태어난 사람과 비천한 존재로 태어난 사람이 있다는 것이었습니다.

허나 이것을 하나의 철학적 입장으로 전개하는 것은 그렇게 만만찮았습니다. 존재론과 인식론, 논리학, 방법론 등의 전반적 영역에 걸쳐 전개해야 했기 때문입니다. 특히 차별성을 정당화하자면 범주를 등장시키고 논리적으로 그 차이가 왜 정당화되는지까지 밝혀내는 것이 그럴듯해야 했습니다. 비록 강압적인 방식을 동원하기는 하지만, 그만큼 사람들에게 차별 속에서 살아야 하는지를 강제하자면 철학적 논리 전개의 엄밀성을 요구했던 것입니다.

그렇기 때문에 새롭게 등장한 통치계급은 흠결이 없는 완전 무결성을 갖는 신이나 천(天, 하늘)과 동일시할 수 없었습니다. 그 대신 완전무결한 신과 천에 가장 근접한 위치에 있는 존재로 등장시키면서 차별화하였습니다. 이에 부합하게 형성된 사회가 신분제 사회였습니다.

신분제 사회의 초기에, 동양에서 이에 가장 부합한 첫 사상은 불교였습니다. 여러 사상 중에서도 불교는 특히 여러 개념과 범주들을 등장시키면서 매우 논리적 전개를 펴는 사상이었습니다. 그뿐만 아니라 그 주된 논리적 전개로 되는 인연론은 그 당시의 신분적 차별을 정당화할 수 있는 면모를 지니고 있었습니다. 전생의 업보 내지는 인연으로 인해 지금 이렇게 하찮은 신분으로 태어났으니 대항하지 말고 고귀한 신분으로 태어난 지배계급에 순응하라는 입장이 녹아들어 있었던 것입니다. 이로부터 동양에서는 신분제 사회 초기에 불교가 융성하게 되었습니다.

그러나 신분적 차별에 반대하는 사람들을 내리누르면서 차별을 정당화하자면 그저 인연론 같은 두루뭉술한 차원만으로 점차 해결될 수 없었습니다. 신분적 차별을 강압적으로 유지하자면 그만큼 강한 강제성이 동반되어야 했습니다. 그래서 더욱 신분적 차별을 정밀화하게 전개할 수 있는 사상 체계가 요구되었습니다. 이에 동양에서는 불교의 논리적 체계와 도교의 천과 도의 개념까지 차용하여 유학의 내용과 구성을 전반적으로 체계화시킨 주자학과 성리학이 주된 사상적 입장으로 자리 잡게 되었습니다.

서구에서도 중세 봉건사회 내지는 신분제 사회 초기엔 불교에서처럼 차별을 정당화할 수 있는 사상으로 플라톤의 이데아론을 이용하여 교부철학을 전개하였습니다. 이데아가 아닌 것은 다 허상에 불과하다는 플라톤의 이원론적인 이데아론은 영원하고 완전한 존재인 신과 하나가 되거나 최소한 가까워질 수 있는 근거를 제공하는 것이었고, 그것은 신분적 차별을 정당화할 수 있는 근거가 되었습니다. 허나 이런 두루뭉술한 입장으로서는 이 또한 불완전한 상황으로 치달았습니다. 그래서 여러 개념과 범주들을 등장시켜 논리 체계를 구체적으로 전개시킨 아리스토텔레스의 철학에 기반한 스콜라 철학으로 자리 잡게 되었습니다. 차별성을 정당화시키자면 그만큼 논리적으로 합당하게 설명해야만 했던 것입니다. 얼마나 논리적으로 합당하게 설명하는 것이 중요했는지는 우주 전체에 대한 설명도 태양 중심이 아니라 지구를 중심으로 돌아가는 것처럼 설명하였습니다.

이렇게 양반과 봉건영주, 성직자들이 고귀한 신분으로 태어났다면서 주인 행세하며 새로운 지배계급으로 등장한 이래, 그들의 이해와 요구를 추구하는 데에 복무되었던 사상은 철저히 신분적 차별을 정당화하기 위한 것이었습니다. 그래서 사회는 철저히 신분적 위계질서를 확립하는 방향으로 꾸려졌습니다. 동양에서는 완전무결함을 상징한 천(하늘)으로부터 왕-신하-사대부-양인-천민으로 신분 질서화되었고, 서양에서는 완전무결하고 전지전능한 신으로부터 왕-영주-기사-농노 내지는 교황-성직자-신자 등으로 위계적 차별 질서를 꾸린 것이 그것이었습니다.

여기서 노예가 포함되지 않았다고 해서 그들이 완전히 사라진 것은 아닙니다. 의연히 존재하였습니다. 인간 간의 차별을 정당화하고 착취와 억압이 존재하는 곳에서는 노예적 처지나 사실상의 노예적 삶이 결코 사라질 수 없습니다. 누구나 자유롭고 평등하다고 주장하는 자본주의 사회에서도 자본에 의한 착취와 억압이 존재하기에 일부 사회의 한편에선 여전히 자본에 의한 노예적 삶이 강요되고 있는 맥락과 같은 이치입니다.

하여튼 아무리 논리적 구성 체계를 갖춰 그럴듯하게 주장한다고 해도 인간을 신분에 따라 차별을 가하는 입장은 계속 유지될 수 없었습니다. 이것은 산업혁명이 일어나면서 자본주의적 생산이 진행되고, 도시가 형성되며, 상품 유통이 활성화됨에 따라 더욱 가속화되었습니다. 자본제적 생산 활동이 이뤄지면서 도시가 형성되고 상품 유통이 활성화되면 사람들 간의 이동이 촉진될 수밖에 없습니다. 이것은 신분제적 차별을 허물어가는 요소로 작용하였습니다.

신분적 차별을 공고하게 유지하는 사회질서는 기본적으로 생활공간이 고정적이어야 합니다. 사람들의 이동이 자유롭다면 신분적 차별을 가할 수 없습니다. 그 삶의 공간이 싫어 떠난다는데, 어떻게 신분적으로 얽매어 차별을 가하는 사회질서를 유지할 수 있겠습니까? 그래서 신분제 사회는 상품 유통이 전개되지 않는 것은 아니지만 기본적으로 장원경제나 자급 자족적인 경제 질서를 주되게 가지고 있습니다. 사람을 고정적인 지역 공간에 붙잡아두지 못하면 신분적 차별을 가하는 사회는 유지될 수 없다는 뜻입니다. 유목인처럼 이동한다고 해도 그 지역 사람들이 동시에 이동한다면 여전히 유지될 수는 있겠지만 말입니다. 이것은 신분제적 사회가 서구에서는 산업혁명의 과정으로 일찍 타파되었지만, 동양에서는 자급 자족적인 측면이 강하게 유지되었기에 늦은 시기까지 유지되었던 것에서 확인할 수 있습니다.

게다가 자본주의적 생산과 상품 유통의 활동 전개는 인간 간의 관계가 자유롭고 평등한 것을 요구합니다. 공장에서 상품으로 팔기 위해 생산물을 만들어 낼 때에 노동자들을 고용해야 하는데, 그러려면 지역 공간에 얽매여 두는 것이 아니라 자유롭게 이동할 수 있어야 하고, 자본가와 노동자가 노동력을 사고팔 때 형식적으로는 자유롭고 평등하게 거래되어야 합니다. 아울러 상품 유통과 시장경제의 활성화로 노동자가 노동의 대가로 일한 만큼의 임금을 받는 것이 아니라 노동력의 가치로 평가받았고, 상품 매매 과정에서 헌돈이든 새돈이든 관계없이 똑같은 가치로 평가되었습니다. 이것은 비록 화폐를 매개로 한 것이지만 자연스럽게 평등한 관계가 인간의 사회생활에 깊숙이 스며들게 하였습니다. 그 결과로 돈을 더 벌려는 욕심으로 사유화의 과정은 빠르게 퍼져 갔습니다. 그 과정에서 농촌의 토지로부터 농민들을 사실상 쫓아내는 영국의 인클로저 운동은 자본주의적 생산 활동을 더욱 급속히 확산시켰습니다.

이런 과정에서 신분적 차별을 정당화하는 주장은 설득력을 잃게 되었고, 동시에 신분적 차별에 기초해 유지되었던 신분제 사회는 더는 지탱될 수 없었습니다. 그리고 앞으로 전개될 사회는 인간 간에 차별이 이뤄져서는 안 되고, 누구나 자유롭고 평등한 관계로 되어야 한다는 주장이 새롭게 등장하게 되었습니다.

자본주의 사회의 등장

인간은 모두 자유롭고 평등한 존재다!

이런 시대적 상황에서 새로운 지배계급으로 등장한 세력이 자본가입니다. 이들 자본가의 이해와 요구에 맞게 형성된 사회제도가 자본주의 사회입니다. 자본가는 자본을 소유한 사람입니다. 사회가 유지되자면 생산 활동을 벌여야 하는데, 그 생산 활동은 기계나 재료 같은 생산수단에 인간의 노동력이 결합하여 진행됩니다. 여기서 자본가들은 자본을 소유했기에 생산수단을 장악하게 되고, 노동자는 노동력을 팔아야만 그 돈을 받아 생계를 꾸려갈 수 있게 됩니다.

그런데 이런 자본주의적 생산 활동을 하는 데 있어서 인간관계가 신분적 차별로 되는 것보다는 자유롭고 평등한 관계가 되는 것이 자본가들의 이해와 요구에 부합하였습니다.

인간 간의 관계가 자유롭고 평등한 관계가 되어야 한다는 사상의 등장은 인류사의 발전 과정에서 하나의 획을 긋는 사건이라고 할 수 있습니다. 인간 자체를 가지고 차별하고 억압을 가하는 형태가 더 이상 통용될 수 없게 되었기 때문입니다. 실상 인간이 어떻게 살 것인가를 고민하고 결정하자면 인간 자체를 놓고 차별하고 억압을 가해서는 안 됩니다. 인간 자체를 놓고 차별하고 억압한다면 인간이 어떻게 살 것인가를 논하는 것 자체가 별반 의미가 없습니다. 그런 결정보다는 차별과 억압적 요소가 더 큰 영향을 끼치기 때문입니다. 그런 의미에서 인간관계가 자유롭고 평등해야 한다는 것은 인간이 어떻게 삶을 살 것인가에 대한 본격적인 대답을 요구하는 계기가 되었습니다.

하지만 자본가들은 인간이 실질적으로 자유롭고 평등한 관계가 되는 문제에 대해서는 외면하였습니다. 대신에 자본의 법칙에 순응할 것을 요구하였습니다. 자본의 법칙에 순응한다는 것은 인간이 인간 외적 사물이나 법칙에 복종해야 한다는 것을 의미합니다. 자본의 목적은 이윤추구인데, 자본이 무한하게 이윤 추구할 수 있도록 복종하라는 것이었습니다. 이것은 지난날 노예제나 신분제 사회에서는 인간 자체를 놓고 차별하면서 지배 통치하는 방식이었으나, 자본가들은 인간 자체로서는 차별하지 않겠다고 하면서도 자신이 소유하고 있는 인간 외적 사물인 자본에 근거해 차별을 가하여 노동자들을 지배, 통치하며 사회에서 주인 행세하겠다는 것이었습니다.

그럴 수밖에 없는 게 사람은 먹고살아야 하는데, 노동력밖에 없으니 굶어 죽지 않으려면 일을 해야 합니다. 일을 한다는 것은 노동력을 파는 것인데, 겉으로는 평등하게 매매되는 것처럼 보이지만, 노동력이 어디 다른 데서 나오는 것이 아니라, 사람의 육체에서 나오는 것이기에 노동력을 산다는 것은 결국 사람을 맘대로 부려먹을 수 있는 관계가 되는 것입니다. 게다가 자본의 법칙에 의하면 노동의 대가를 주는 것이 아니라 노동력의 가치(노동자가 생활하면서 노동력을 다시 제공할 수 있는 데 들어가는 재생산 비용)를 임금으로 준다는 것입니다. 이를 거부하고 노동력을 팔지 않겠다고 한다면 돈을 구할 수 없기에 굶어 죽어야 할 것입니다. 이것은 엄밀히 말해 일하지 않을 자유가 있는 것이 아니라 굶어 죽을 자유가 있을 뿐임을 의미합니다.

결국 자본가들은 자신들이 소유하고 있는 자본의 이해와 요구에 맞게 자본주의 사회제도를 구축함으로써 주인 행세하며 노동자들을 비롯한 제반의 사람들을 지배 통치하는 지배계급으로 등장하였습니다.

이런 자본가들의 이해와 요구를 정당화하기 위해서는 사람 자체가 자유를 누리고 평등하다고 한 조건에서 사람 밖의 존재인 자본의 법칙이 통용되어야 하는데, 이것은 결국 시장경제의 질서가 통용되고 이를 찬미하는 것으로 되어야 했습니다. 그러나 이를 철학적으로 정당화하는 것은 만만치 않았습니다. 지난 신분제 시기보다도 더욱 엄밀한 내용과 구성을 갖춰야 했습니다. 지난날에는 인간 자체를 가지고 차별했기에 차별적 질서를 정당화하면 되었지만, 자본주의 시기에 와서는 인간관계가 자유를 누리고 평등한 관계가 되어야 한다고 했으니만큼, 그에 걸맞게 세상을 설명하는 것이 필요했습니다.

존재론의 문제도 전지전능하고 완전무결한 신의 영역으로 치부해 넘길 수만은 없었고, 어떤 식으로든 인간이 자유를 누리고 평등하다는 시각으로 해명하는 것이 필요했습니다. 그에 대한 해명은 결국 인식론의 문제와도 연결되었습니다. 진정 인간은 세상을 제대로 이해할 수 있는가, 아니면 불가능한지에 대한 입장도 밝혀야 했습니다. 아울러 세상을 정말로 파악하려면 어떤 방법론에 의거해야만 해결할 수 있는가의 문제도 밝혀야 했습니다.

자본주의 사회 초기 단계에서의 철학적 해명

자본가야말로 사회를 발전시키는 원동력이자 개척자적 정신을 가진 사람이다?

자본주의 사회에서 제기된 과제의 해결은 사실상 존재론과 인식론, 논리학, 방법론 등을 다 포괄하는 전반적이고 총체적인 이해를 요구하였습니다. 인간이 자유를 누리고 평등한 관계여야 한다는 주장이 인류사의 획기적인 전환점이 되었던 만큼, 철학사에 있어서도 당연히 그에 상응해 그 내용과 구성 체계를 갖추어야 했습니다.

허나 이에 대한 철학적 입장은 합리론과 경험론의 주장에서 보는 바와 같이 서로 상반된 입장으로 드러났습니다. 물론 합리론과 경험론이 처음 거론된 시기는 산업자본주의가 직접적으로 전개된 시대는 아닙니다. 하지만 철학은 시대를 앞서 제시되기도 합니다. 게다가 인간의 눈으로 바라보고자 했던 인문주의적 활동의 전개는 신의 눈으로 인간을 차별화하는 것을 정당화하는 것이 아니라, 인간이 자유를 누리고 평등하게 살아야 한다는 입장을 반영하는 자본가들의 이해와 요구에 일정하게 상통되는 측면으로 작용하였습니다.

합리론은 세상의 어떤 회의와 의심에도 불구하고 생각하고 있는 것은 분명히 존재한다고 주장한 것에서 드러나듯, 생각 즉 이성과 의식을 주된 존재로 놓고 파악하였으며, 이렇게 명징한 이성에 근거하여 연역법을 통해 진리를 인식할 수 있다고 보았습니다. 그에 반해 경험론은 이 세상의 사물과 존재자를 인식하는 것은 경험을 통해서이며, 그래서 각 사물과 존재를 파악하자면 여러 구체적인 경험과 사례들로부터 추리해내는 귀납법적인 방법을 통해 이뤄져야 하는데, 여러 제한과 한계가 존재하기에 근사적으로 이해할 뿐 각 사물과 존재자체를 정확히 파악할 수는 없다고 보았습니다.

이렇게 서로 대비된 입장이 나온 것은 일정하게 초기 산업주의 단계에서 자본가들이 끊임없이 경쟁의 길로 나아가 어떤 자본가는 살아남고, 어떤 자본가는 파산하는 자본가들의 처지와 일정 부분 부합하였습니다. 그뿐 아니라 이렇게 서로 상충되는 입장이 나오는 것은 자본이 이윤을 추구하는 시장경제의 특성을 드러내는 것이기도 했습니다. 이윤추구가 시장경제에 의해서 달성되는 것은 분명하지만, 그 법칙이 관철되는 구체적인 과정을 정확히 예측하는 것은 거의 불가능에 가까웠습니다. 지금 시기에도 시장가격을 정확히 예측하기 어렵기는 마찬가지입니다.

여기서 시장경제의 법칙이 관철되는 것은 이성이 작용하여 세상을 이해할 수 있다는 입장으로 전개되고, 반면에 여러 상황과 조건에 의해 수요와 공급이 예측할 수 없을 정도로 변화하는 특성은 각 사물과 존재를 정확히 알 수 없고, 여러 경험과 추리를 통해 근사적으로만 파악할 수 있다는 입장과 맞아떨어진다고 할 수 있습니다.

그러면 이렇게 혼란스러운 상황이 전개되는 조건에서 어떻게 사는 것이 올바르겠습니까? 바로 여기서 이성처럼 명징한 것은 무조건 따르고, 구체적으로 잘 알 수 없는 것은 적극적으로 탐구하고 개척해 나가는 것이 올바른 자세라고 할 수 있을 것입니다. 그렇게 해야만 세상이 인간에게 개척되는 방향으로 열린다는 것입니다. 그런데 이것은 전적으로 자본가의 처지에서 그 이해와 요구를 직접적으로 반영한 입장이라고 할 수 있습니다.

자본의 이윤추구는 시장경제의 법칙처럼 명확하지만, 그것이 실질적으로 실현되는지 안 되는지는 구체적인 상황에 의해 결정되기에 이런 상황을 극복하자면 탐구하고 개척하는 역할을 적극적으로 벌여야 한다는 것입니다. 이것은 결국 세상을 개척하는 역할을 하는 진정한 사람은 기업가적 정신, 즉 자본가의 정신을 가진 사람이라는 것입니다. 바로 이들에 의해서 세상이 개척되는 것이니만큼 이들은 사회에서 존경받아야 하고, 아울러 이들을 이렇게 움직이도록 몰아넣은 것은 자본의 이윤추구를 보장하는 시장경제 법칙이니만큼 여기에 절대 복종해야 한다는 것입니다. 다시 말해 사회를 발전시키는 원동력이 이윤추구를 보장하는 시장경제에 있고, 이 시장경제의 법칙을 가장 충실히 따르는 사람은 기업가적 정신, 즉 자본가적 정신을 가진 사람이기에 노동자들을 포함한 제반 사람들은 자본가들을 존경하고 적극적으로 따라 움직여야 한다는 것입니다. 이것은 이윤을 추구하는 자본가들의 상을 사회와 역사의 발전을 추동하는 동력이라고 주장하는 격이고, 동시에 이윤을 추구하는 기본바탕은 사적 소유에 기반하고 있는데, 사적 소유는 인간 간에 있어서 자유를 보장하면서도 자본가적 정신을 발휘하게 하는 것이니만큼, 사적 소유와 시장경제의 법칙은 절대적으로 보장되어야 한다는 것입니다. 이런 주장이야말로 자본가들의 이해와 요구를 적극적으로 반영하는 것이 아니고 무엇이겠습니까?

이렇듯 자본주의 초기 사회에서는 인간 간의 관계가 자유롭고 평등하다는 것을 인정한 조건에서, 자본을 가진 자본가들이 사회를 발전시키는 원동력이자 개척자적인 정신을 가진 사람들이니만큼, 그들이 사회를 지배하고 통치하면서 주인 행세하는 것이 정당하다는 것을 확립하고자 하였던 것입니다.

산업자본주의에서 독점자본주의로 전화함으로 나타난 사상 조류

자본의 무한한 이윤추구 속에서 등장한 독점자본을 찬양하라!

허나 자본주의 사회는 산업자본주의 단계에 머무는 것이 아니라 자본축적은 물론이고 여러 개별 자본을 합병하는 집적과 집중을 통해 독점자본으로 전화하여 나갑니다. 그러다 보니 기업가적 개척 정신, 즉 자본가적 정신보다는 독점자본이 자연스럽고 우월하다는 것을 명확히 할 필요성이 새롭게 요구되었습니다. 자본 일반이 아니라 독점자본이 우위를 점하게 되니 이들이 사회에서 지배적 지위를 점하게 되었고, 그로 인해 이들이 주인 행세하는 것이 정당하다는 것을 합리화할 필요성이 요구된 것입니다.

이것은 시장경제의 법칙이 전개 발전하여 독점자본으로 되는 것이 필연적이고 자연스러운 결과라는 식으로 되어야 했습니다. 이것은 단순한 이성적 작용이 아니라 존재의 씨앗이 되는 정신 내지는 의식을 일반화하여 승화시킬 것을 요구하였습니다. 즉 정신 내지는 의식의 합법칙적인 발전 과정에서 자연스럽게 전개되어 발현되는 과정으로 그려낼 것을 필요로 하였습니다. 한마디로 존재론과 인식론, 논리학, 방법론 등의 전반에 걸쳐 그 내용과 구성 체계를 의식 내지는 정신으로 통일성 있게 설정하여 그것이 자연스럽게 발전하는 과정으로 설명해내는 것을 요구한 것이었습니다.

이것은 독점자본의 등장이 그 어떤 우연이나 폐해에 의해 나타난 것이 아니라 자연스럽고 합리적인 과정이라는 주장이었습니다. 그래서 이 세상에 대한 이해를 정신으로 설정하여 설명하면서 나타나는 최종적인 결론은 결국 헤겔이 정신현상학에서 밝힌 것처럼 절대정신으로 발화되어 나타나야 했습니다. 즉 이성적인 것은 현실적인 것이고, 현실적인 것은 이성적이라는 것입니다. 이것은 시장경제에서 자연스러운 발전 과정으로 전개되어 독점자본으로 진화하는데, 이것이 곧 절대정신의 운동 과정으로 볼 수 있다는 뜻이 됩니다.

산업자본주의 단계에서는 자본가 일반의 이해와 요구를 대변하는 것이 중요했지만, 독점이 형성되는 단계에서는 자본 일반이 아니라 독점자본의 이해와 요구가 더 중시되었다는 것입니다. 이것은 독점자본이 사회의 지배적 지위를 차지하면서 사회에서 주인 행세하는 것은 절대정신이 발화되는 것처럼 매우 자연스러운 귀결이라고 주장하는 것과 같은 입장으로, 독점자본의 이해와 요구를 직접적으로 반영하는 격이라고 할 수 있습니다.

절대정신이나 의식을 통해 존재론과 인식론, 논리학, 방법론 등에 걸쳐 총체적으로 통일시켜 철학을 정립시킨 것은 비록 관념론의 형태를 띠고 있기는 하지만 인류 철학사의 발전에 크게 기여했다고 할 수 있습니다. 무릇 철학이라고 하면 인간에게 가치관을 확립시켜 주어야 하는데, 그러자면 세계와 사회, 인간의 문제에 대해 총체적으로 바라볼 수 있는 기초와 토대를 마련해주어야 합니다. 그래서 존재론과 인식론, 논리학, 방법론 등을 총체적으로 바라볼 수 있는 기초를 하나로 통일시켜 파악할 수 있게 한다면 그만큼 그 철학의 완성도가 높다고 할 수 있습니다. 이것은 이후 그와 다른 입장의 철학이 등장할 때에도 그 완성도를 높이는 데 공헌했다고 할 수 있기 때문입니다.

허나 절대정신이나 의식을 통해 철학적 입장을 총체적으로 통일시켜 정립시킨 것은 앞에서 말했듯 관념론에 기반한 것이었습니다. 그런데 세상이 변화하는 것은 생각이 바뀜에 따라 저절로 바뀌는 것이 아니라 객관적인 물질 토대가 변해야 합니다. 그 때문에 세계와 사회, 인간을 옳게 이해하자면 객관적 토대에 기초해서 파악해야 합니다. 아울러 존재론, 인식론, 논리학, 방법론 또한 이에 근거하여 총체적이고 통일적으로 파악해야 합니다.

하지만 이런 객관적 토대에 근거하여 총체적이고 통일적인 파악은 그렇게 간단하지 않았습니다. 당장 완전무결하고 흠이 없다고 보는 신의 존재만 놓고 보더라도 이것을 어떻게 이해해야 하는지가 명확하지 못했습니다. 하지만 인간 간의 관계가 자유를 누리고 평등하다는 것이 인정되는 상황에서 인간의 눈으로 세상을 설명하려는 입장은 여러 방면에서 적극적으로 제기될 수밖에 없었고, 또 실제로 그렇게 되었습니다. 그래서 자본가들의 이해와 요구를 반영하는 사상만이 아니라 그에 반하는 입장 또한 적극적으로 개진되었습니다. 이것은 인간 자체를 놓고 차별했던 노예제와 신분제 사회와는 다른 자본주의 사회가 지닌 진전된 측면이었습니다.

물론 그렇다고 자본가들이 그들의 이해와 요구에 반하는 사상을 탄압하지 않고 그대로 두고 보았다는 뜻은 아닙니다. 그렇지만 그 공간이 훨씬 넓어진 것은 분명합니다. 게다가 자본주의적 생산을 위한 과정에서 이루어진 과학기술의 획기적인 발전은 물질세계를 파악하는 데에 과학적 이해의 토대를 높여주었습니다. 그래서 전지전능하고 흠 없이 완전한 신에 대한 이해도 유적 존재인 인간이 만들어 낸 것에 불과하다는 주장까지 등장하기에 이르렀습니다. 아울러 인류의 미래 세상에서는 착취와 억압이 없이 모두가 행복한 삶을 살아가기를 꿈꾸는 사회주의, 공산주의 사상까지 전개되었습니다.

과학기술의 발전으로 인한 물질세계에 대한 이해의 확대와 더불어 신과 같은 정신과 관념은 물질세계의 반영에 불과하다는 이해, 아울러 억압과 착취가 없는 이상사회를 지향하는 입장의 등장은 정신과 의식으로 세계를 총체적이고 통일적으로 설명하는 것과 상반되는 변증법적 유물론의 철학과 사상을 등장시켰습니다.

변증법적 유물론의 등장은 철학을 과학적 토대 위에 올려 세우다

변증법적 유물론은 정신과 관념이 현실 물질세계의 반영이라는 것으로부터 인간이 전개하는 철학과 사상도 사회 속에서의 계급적 처지와 이해를 반영하는 것이라고 보았습니다. 그래서 억압과 착취가 없는 세상인 이상사회를 만들자면 정신과 관념에서가 아니라, 현실 세계에서 자본가들이 주인 행세하며 억압과 착취를 실현하고 있는 자본주의 사회를 변혁시켜 사회주의, 공산주의 사회를 만들어야 한다고 보았습니다. 그래서 지금까지의 철학은 세계를 여러 다양한 방식으로 해석해 왔지만, 정작 중요한 것은 세계를 변혁시키는 것이고, 철학은 사상의 힘으로 세계를 변혁하는 데 복무해야 한다고 주장했습니다.

이런 입장에서 세상을 바꾸자면 변증법적 유물론 철학을 견지해야 한다면서 지금까지의 철학사를 관념론과 유물론의 투쟁사라고 설명하였습니다. 아울러 유물론이냐 관념론이냐는 존재(물질)와 의식(정신)의 관계에서 무엇을 선차적으로 보느냐와 함께, 물질세계의 변화 발전을 인식할 수 있느냐, 없느냐의 문제로 구별된다고 주장하였습니다. 의식과 정신을 선차적으로 보면 관념론이고, 존재와 물질을 선차적으로 보면 유물론이라는 것입니다. 아울러 물질세계의 변화 발전을 인간이 옳게 인식하여 옳은가, 그른가를 판단할 수 있는 근거 기준은 실천에 의해서 담보된다고 주장하였습니다. 이런 각도에서 변증법적 유물론은 세계가 물질에 의해서 합법칙적으로 변화 발전한다는 것을 총체적이면서도 통일적으로 설명하였습니다. 한마디로 변증법적 유물론의 입장에서 존재론과 인식론, 논리학, 방법론 등을 총체적으로 통일시켜 설명한 것이었습니다.

아울러 철학의 변혁적 역할을 강조했다는 측면에서 역사에 있어서도 사적 유물론을 전개하여 그 합법칙적인 발전사를 주장하였습니다. 그런데 물질적 측면을 강조하다 보니 역사 발전에서 생산력과 생산관계, 즉 경제적 측면의 역할을 주되게 강조하게 되었습니다.

변증법적 유물론의 등장은 철학사에서 획기적 전환을 이룩하게 하였습니다. 철학은 주되게 가치관을 정립하여 인간이 어떻게 살 것인가에 대해 해답을 내려주어야 합니다. 그런데 가치관이라고 하여 아무렇게나 주장해서는 안 됩니다. 과학적 토대 위에서 전개되어야 합니다. 과학적 토대 없이 전개된다면 그것은 공상적 소설과 같은 창작물이나 몽상가의 주장에 지나지 않게 됩니다.

이 점에 있어서 세계가 물질로 구성되어 있고, 그 물질이 합법칙적으로 변화 발전한다는 주장은 인간이 어떻게 살 것인가를 정립하는

데 있어서 과학적 토대 위에 확고히 올려세워 준 격이라고 할 수 있습니다. 이것은 인간을 이해하는 데서도 적용됩니다. 즉 인간이 사회를 구성하고 살아가는 사회적 존재라고 규명하였으며, 사회 속에서 차지하는 계급적 처지에 따라 이해관계를 달리하는 계급의식을 갖게 된다고 밝히고 있습니다.

인간이 사회적 존재이고, 계급의식을 가진다는 주장은 이 세상을 바라보는 입장이 다를 수 있다는 것을 명확히 한 것이자, 동시에 인간이 참다운 삶을 살기 위해서는 우선적으로 억압과 착취가 없는 세상을 만들어야 한다는 것을 분명하게 확립시켰습니다. 이것은 변증법적 유물론 철학이 지금까지 사회 통치계급의 이해와 요구를 대변했던 지배적 사상과는 달리 노동자는 물론이고 피억압 계급, 계층의 이해와 요구를 대변하는 사상이라는 것을 명확히 한 것이라고 볼 수 있습니다. 지금까지와는 달리 피억압 계급, 계층의 이해와 요구를 대변하는 사상이 이렇게 확고히 등장하게 된 것은 그 실현 가능성의 전망이 활짝 열렸기 때문이기도 합니다. 자본가들이 인간 자체의 차별이 아니라 인간 외적 부분인 자본을 가지고 억압과 착취를 가하는 조건에서 이 부분에서마저 그렇게 하지 못하도록 만든다면 앞으로의 인류 미래는 진정으로 억압과 착취로부터 해방된 세상이 열릴 수 있는 객관적 토대가 형성될 것입니다.

이렇듯 세계와 사회, 인간을 파악하는 데 있어서 그 객관적 전제 조건에 대한 이해를 과학적 토대 위에 확고히 올려세운 것은 바로 이를 기반으로 인간이 어떻게 살 것인가의 문제를 본격적으로 해명할 수 있게 활짝 길을 열어 놓았다고 할 수 있습니다. 그 전제 조건에 대한 이해를 과학적 토대 위에서 명확히 해결한 상태라면 이제부턴 정말로 인간이 어떻게 살아야 할 것인가의 문제를 전면적으로 해명해 갈 수 있기 때문입니다.

03
현시기는 애민철학이 요구된다

세계와 사회, 인간에 대한 이해를 과학적 토대 위에 확고히 세웠다고 한다면 이젠 인간이 어떻게 살 것인가에 대해 본격적으로 해명해야 할 것입니다. 인간의 운명을 안고 태어난 이상 궁극적으로 이 질문의 답을 찾아야 하는 것은 피할 수 없는 당연한 요구입니다.

지금껏 인간을 인간이 아닌 사물이나 동물로 취급하거나 신분적 차별을 가하는 조건에서는 인간의 문제를 부수적 문제로 취급할 수밖에 없었습니다. 인간 간에 차별을 가하는 것을 정당화하기 위한 방식으로 전개되었기 때문입니다. 게다가 물질세계가 어떻게 합법칙적으로 변화, 발전하는지에 대한 과학적인 이해 부족은 그런 문제점을 명확하게 지적할 수 없었습니다.

자본주의 사회의 자유 평등 사상과 과학기술의 발전은
인간의 가치관 문제를 적극 제기하게 하다!

하지만 이제 인간은 누구나 자유를 누리고 평등하게 살아야 한다는 것이 정립되고, 또 과학기술의 엄청난 발전은 인간 자신의 문제에 대해 심사숙고하게 만들었으니만큼, 결국 어떤 삶이 진정 가치 있고 행복한가를 적극 제기하고 당면한 과제로 삼게 하였습니다. 그것도 자본주의 사회의 시대적 높이에 의해서 제기되었고, 또 자본주의 사회의 발전은 일정 부분 이의 실현을 물질적으로 담보해주었습니다.

자본주의 사회는 물질의 생산능력을 고도화하였고, 지난 시기와 비교할 바 없이 급속도로 성장시켰습니다. 현시기를 볼 때 정보 통신의 발달과 세계적인 인터넷 연결망의 확충은 세계를 하나로 연결했으며, 세계 곳곳에서 만든 생산물을 세계 곳곳으로 빠르게 유통시키고 있습니다. 옛날엔 신만이 창조한다는 생명체 또한 생명공학의 발달로 생물체를 인위적으로 조작하는 단계에 이르렀고, 눈으로 바라보기만 했던 우주도 이제 우주선을 쏘아 올려 탐색하거나 실제 우주여행을 계획해가는 상태로 나아가고 있습니다. 심지어 우주의 탄생 기원에 대한 신비를 풀기 위해 과감히 도전하고 있기도 합니다.

이런 과학기술의 발전은 자본의 능력이 비약적으로 확대되는 것과 맥락을 같이하고 있습니다. 하지만 과학기술의 발전 자체만 바라보게 되면 사람들의 이해관계를 살펴보기가 어렵습니다. 과학기술 자체가 아니라 그것을 누가 어떻게 이용하느냐가 더 중요한 의미를 띠고 있기 때문입니다. 그래서 이를 살펴보자면 사회 체제가 어떻게 형성되고 운영되는가를 살펴보아야 합니다. 사람의 이해관계는 사회 체제를 누가 어떻게 형성하고 운영하는지에 의해서 명확하게 드러나기 때문입니다.

자본의 법칙이나 경제 법칙 또한 마찬가지입니다. 그것을 어떻게 이용하는가는 전적으로 사람의 이해관계에 따라 달라집니다. 실상 자본은 눈이 없습니다. 그러나 자본을 소유한 자본가들은 눈이 있습니다. 그래서 자본주의 사회가 어떻게 전화해가고 있느냐를 살펴보는 것은 자본가들이 사회 속에서 그들의 이해와 요구를 어떻게 실현해 나갔는지를 이해할 수 있게 해줍니다.

자본의 원동력이자 목적은 이윤추구입니다. 이윤추구가 된다면 세계 어디든지 진출할 준비가 되어 있습니다. 물론 그렇게 하려면 자본의 힘이 뒷받침되어야 합니다. 그 자본의 힘을 형성하고자 처음엔 자본축적을 통해 진행했으나 점차 자본의 집적과 집중을 이용했습니다. 그것도 처음엔 동종의 자본을 흡수하는 방식이었으나 점차 이질적인 업종은 물론이고, 덩어리가 더 큰 자본까지 통합했습니다. 더 큰 자본을 흡수 통합하면 그만큼 더 빨리 자본이 커지는 것은 당연한 이치입니다. 거기에다가 독점적인 산업자본과 은행자본까지 결합하여 금융자본으로 진화하여 그 힘은 더욱 배가 되었습니다.

독점자본 세력은 제국주의 길로 나아가다

제국주의 간의 전쟁으로 1, 2차 세계대전이 벌어지다!

이렇게 자본의 집적과 집중을 통한 막강한 힘을 기반으로 독점자본이 지배 세력으로 등장하고, 국내는 물론이고 국외로까지 진출해 나갔습니다. 당연히 국내는 몇몇 독점자본이 장악하였습니다. 허나 독점자본 간에도 자본의 이윤추구를 향한 무한경쟁은 피할 수 없었고, 더욱 치열해졌습니다. 국내 독점자본은 물론 다른 나라의 독점자본 간에도 경쟁은 이뤄졌습니다. 독점자본이 독점가격을 형성해도 시장에서 경쟁의 법칙은 피할 수 없었다는 것입니다. 자연 상태에서 정글의 법칙이 예외 없이 통용되는 것과 같습니다. 도리어 덩치 큰 독점자본 세력이 서로 싸움을 벌이니 그것은 더욱 격렬해지고 격화되었습니다.

이런 독점자본 세력의 경쟁에서 매우 중요한 부분은 물건을 생산할 수 있는 원료, 자원과 노동력의 안정적 확보였습니다. 이를 위해 독점자본 세력은 식민지를 확보하기 위해 적극 나섰습니다. 이것은 독점자본이 되기 전까지 자본가세력이 약소국을 침략하여 자원을 약탈하지 않았다는 뜻은 아닙니다. 자본의 목적은 이윤추구에 있으니만큼 그것을 위해서는 모든 것을 수행합니다. 그래서 자본주의 사회가 된 그때로부터 약소국을 침략하는 형태가 서슴없이 벌어졌습니다.

하지만 독점자본이 지배 세력으로 형성된 사회는 그전과 질을 달리합니다. 한마디로 약소국을 완전히 식민지화하여 광물을 비롯한 자원과 노동력의 안정적인 공급지이자 상품 시장의 판매처로 자리매김하여 체계적으로 지배 통치하고자 한 것입니다. 독점자본이 형성되자 이를 실행할 수 있는 능력이 확고히 담보되었다는 것입니다. 그들은 이를 체계적으로 진행하고자 국가와 민족을 위한다는 명분을 내걸었습니다. 국가권력을 이용해야만 국가적 차원에서 체계적으로 진행할 수 있었기 때문입니다. 이렇게 해서 식민지 쟁탈전을 전개한 것이 바로 제국주의 세력의 등장이자 제국주의 전쟁입니다.

그런데 자본의 이윤추구는 끝이 없습니다. 동물의 왕인 호랑이나 사자는 한번 사냥해서 배불리 먹고 나면 더 이상 사냥하지 않습니다. 그러나 자본은 아무리 먹어도 배가 부르지 않습니다. 도리어 먹으면 먹을수록 허기가 질 뿐입니다. 자본이 이윤추구를 멈추는 날은 더는 먹을 것이 없을 때입니다. 이 지구상의 땅이 한정되어 있는데, 계속 식민지가 늘어날 수는 없습니다. 일정 정도 식민지 분할이 끝나자 결국 식민지 영토의 재배분을 놓고 서로 뺏기 위해 싸움을 벌이게 됩니다. 이것이 제국주의 전쟁이고, 1차 세계대전과 2차 세계대전입니다.

여기서 1차 세계대전 시기에 제국주의 전쟁을 내전으로라는 구호를 내건 러시아의 볼셰비키 당은 차르 체제를 붕괴시키고 사회주의 혁명을 성공시킵니다. 이로써 소련이 등장하게 되는데, 이것은 자본주의 사회가 영원불멸한 사회제도가 아니라 사회주의 사회로 대체될 수 있다는 것을 보여준 사건이었습니다.

1차 세계대전 시기에 자본주의 사회의 대체로 사회주의 사회가 등장했으니, 그에 대해 위협감을 느꼈다면 독점자본끼리 싸우지 않아야 했겠지만, 그들은 또다시 2차 세계대전까지 일으킵니다. 그 이유는 소련이 후진 자본주의 국가 단계에서 사회주의 혁명이 일어났기에 그렇게 위협적이지 않다고 보았기 때문입니다. 그뿐 아니라 1차 세계대전이 영국과 프랑스의 독점자본 측의 승리로 귀결된 결과 파리 강화회의가 열려 이후 베르사유체제가 형성되었는데, 이것은 패배한 독일에 엄청난 배상금을 물려 다시는 재기 불능하게 만든 것이었습니다. 한마디로 승리한 국가 측의 독점자본이 서로 나눠 먹으면서 세계를 분할 지배하는 방식으로 재편했던 것입니다.

이런 상태에서 독일은 배상금을 지불하기 위해 허덕일 수밖에 없었습니다. 독일에서는 이에 불만이 컸기 때문에 베르사유체제를 파괴하고 새롭게 국제질서를 재편해야만 했습니다. 그건 결국 그 당시 국제질서를 주되게 지배 통제하고 있던 제국주의 국가와 또 한 번의 혈투를 벌이는 것을 의미했습니다. 그런데 그 전쟁에서 이기자면 국가적인 총력전을 벌어야 했습니다. 기존의 국제 지배 질서를 깨부순다는 것은 그만한 역량을 동원해야 가능했기 때문입니다. 그 과정에서 독일에서 나치즘이 나타나고, 이후 이탈리아의 무솔리니, 일본의 군국주의 등 파시즘 세력이 서로 삼국동맹을 맺게 됩니다.

이렇듯 파시즘이 등장한 요인을 보면 독점자본 세력 간의 치열한 경쟁이 자리 잡고 있습니다. 이 과정에서 이겨야 살아남고, 그래야 세계를 지배 통치하며 독점적 이윤을 얻을 수 있기에 모든 것을 이기는 방향으로 나아가게 됩니다. 그러자면 사상과 언론의 자유는 물론이고, 어떤 항거도 용납지 않고 무조건 복종할 것을 요구합니다. 이런 극악한 형태가 파시즘입니다. 그럴 수밖에 없는 게 영국, 프랑스, 미국이라는 나라는 일정한 식민지를 확보하고 있어 그 수탈을 통해 개량적으로 부를 분배할 여력이 있었습니다. 거기에다가 그런 이점을 활용해 파시즘의 억압적 측면을 부각해 대항하게 할 필요가 있었습니다. 허나 독일은 그럴 수 있는 형편이 아니었습니다.

일본 또한 대륙을 침략할 때부터 군국주의 길을 걷는 데에는 이런 여건이 작용하였습니다. 원래 다른 나라를 침략하는 것 자체가 패권의 추구이니 극악한 형태를 띠는 것은 당연합니다. 그렇지만 영국과 프랑스와 달리 일본의 경우에 처음부터 파시즘 같은 군국주의의 길을 걸은 것은 이런 요인이 크게 작용했습니다. 섬나라의 힘으로 대륙을 침략하여 지배하려고 하니 힘에 부칠 수밖에 없었고, 그래서 대륙 침략의 길로 나아갈 때부터 강력한 파시즘 체제를 형성할 수밖에 없었습니다. 일본이 다른 나라를 침략한다는 것은 결국 대륙의 넓은 땅의 민족과 국가를 침략한다는 것이니 말입니다. 이런 점은 일제가 패망한 이후에도 식민 지배를 자행했던 행위를 반성하지 않고 또다시 팽창 야욕을 꿈꾸게 되면 그 정치 형태가 군국주의의 모양새로 치닫는다는 것에서 확인됩니다.

이렇게 1차 세계대전 이후에 또다시 서로 먹느냐, 먹히느냐의 싸움이 전개될 수밖에 없는 형편이 조성되었으니 그 과정에서 2차 세계대전이 발생하였습니다. 하지만 그 결과는 1차 세계대전의 결과와는 사뭇 달랐습니다. 1차 대전은 영국과 프랑스가 주로 이익을 추구하는 형태로 되었지만, 이제는 이들을 제치고 미국이 이익을 독점하는 형태가 되었습니다. 그것은 미국의 독점자본 역량이 영국과 프랑스와는 비교도 되지 않을 만큼 상대적으로나, 절대적으로 우월적 위치를 점했기 때문입니다. 그렇게 된 이유는 특히 1차, 2차 세계대전의 과정에서 가장 적은 피해를 보면서도 가장 많은 이득을 보면서 급성장했기 때문입니다. 그래서 1차 세계대전의 결과는 영국과 프랑스의 독점자본 세력의 이익을 중심으로 재편되기는 했어도 거의 대등한 형태를 띠었지만, 2차 세계대전 이후엔 미국의 우월적 지위에 의해 오직 미국 중심으로만 재편되었습니다. 자본주의 사회에서의 우월은 다름 아닌 자본의 능력에 의해서 결정되기 때문입니다.

아울러 지난날 1차 세계대전의 과정 중에 거의 유일하게 소련만 사회주의화 되었지만, 2차 대전의 결과로 동구권을 비롯해 아시아 지역에서도 사회주의 국가가 탄생함으로써 사회주의 역량도 국제적인 힘을 갖추게 되었습니다. 게다가 1차 세계대전의 결과는 영국과 프랑스 등을 중심으로 승전국이 패전국의 식민지역을 빼앗는 식의 재편 방식으로 진행되었지만, 2차 세계대전의 결과는 식민지 민족과 국가들이 민족해방투쟁을 적극 전개함으로써 실질적인 독립을 이루었거나 혹은 형식상으로나마 독립 국가로 인정하지 않으면 안 되는 상황으로 내몰리게 되었습니다.

이렇게 사회주의 역량의 강화와 민족해방 세력, 독립 국가를 이루려는 세력의 강화는 특히 미국의 독점자본 세력에게 위기감을 느끼게 했습니다. 이로부터 미국은 그 대응책을 마련하기 시작했습니다. 이 당시 독점자본 내지는 제국주의 세력의 이익을 대표하는 세력은 미국이었기 때문입니다. 이런 상황에서 미국은 독일과 이탈리아, 일본 등이 항복하자마자 기다렸다는 듯 발 빠르게 대응해 나섰습니다.

미국을 우두머리로 하는 현대제국주의의 형성

그것은 미국을 우두머리로 해서 지난날의 제국주의 세력을 종속적인 하위 세력으로 끌어들이는 현대제국주의 세력의 형성이었습니다. 이를 확고히 하기 위해 국가권력을 완전히 장악해 독점자본의 이해를 관철시키는 국가독점자본의 형태로 전화해갔습니다. 한마디로 국가독점자본세력이 지배적인 세력으로 등장했다는 것입니다.

물론 지난날 제국주의 시기에도 독점자본은 국가를 장악하고 독점자본의 이해와 요구를 관철하였습니다. 그런 형태로 해서 제국주의 전쟁도 벌어졌습니다. 하지만 현대제국주의 단계에서의 국가독점자본주의는 단순히 독점자본의 이해와 요구를 관철한다는 차원이 아니라 완전히 체계적으로 장악하는 방식이었습니다. 그럴 수밖에 없는 것이 국제 사회주의 역량과 신생 독립 국가, 나아가 식민지 상태에서 완전한 민족해방을 이루려는 수많은 국가들을 상대로 제국주의 정책을 펼쳐나가야 했기 때문입니다. 당연히 미국에 종속된 다른 제국주의 국가들 또한 미국의 요구에 따라 국가독점자본주의로 전화해 나갔습니다.

미국이 국가독점자본의 세력에 기초해 현대제국주의로 전화해 다른 제국주의 국가를 아우르며 나아갈 수 있었던 것은 그만큼 미국의 국가독점자본의 힘이 상대적으로나 절대적으로 막강했다는 것입니다. 반면에 다른 제국주의 국가는 승전국이든 패전국이든 간에 전쟁으로 피폐해져 있었습니다. 미국은 다른 제국주의를 수하로 둔 우두머리 국가로서 국제 사회주의 세력의 확산을 저지하고, 나아가 고립 붕괴시키기 위해 사회주의 국가를 전체주의 사회 내지는 독재국가로 매도하며 악마화하였습니다. 이를 관철하는 방식으로 냉전체제를 형성해 대립, 대결정책을 펼쳐갔습니다.

그리고는 신생독립국가의 길을 걷는 나라와 식민지 상태로부터 완전한 독립해방을 이루려는 국가들을 또다시 현대제국주의의 수탈 체제에 끌어들이기 위해 기만적 방식을 활용하였습니다. 처음엔 지원과 원조라는 형식으로 도와주는 것처럼 하면서 여러 조건을 내걸었습니다. 이것은 독립 국가의 길을 가야 할 때 꼭 필요했던 자립적 경제 구조의 형성을 저지하면서 동시에 현대제국주의의 경제 체제에 편입시키려는 목적 때문이었습니다.

이렇게 현대제국주의의 경제 체제에 편입시키고 나서, 그다음엔 경제 성장을 이룩하자면 경공업을 발전시켜야 한다고 주장하였습니다. 중공업 같은 것에 국가적 힘을 기울이면 자립적 발전을 걸을 수 있는 여력이 생기기에 그것을 차단하기 위해서였습니다. 그리고 경공업의 발전을 위해 차관의 형식으로 돈을 빌려주었습니다. 이것은 국가독점자본주의에서 더 이상 돈벌이가 되지 않아 사양산업으로 되는 경공업을 후진국에게 떠넘기면서도 계속 간섭할 수 있는 명분을 만들면서 동시에 후진국 사회에서 일정하게 자본주의적 상품 시장이 형성되도록 만드는 것이었습니다. 처음부터 시장을 개척하려면 많은 자본이 들어가기 때문에 중소기업이 시장을 개척하도록 하였다가 일정하게 시장이 형성되면 대기업이 그 중소기업을 먹어버리는 방식과 같은 이치입니다.

이렇게 시장이 개척되자 이제는 선진 자본주의 국가에게는 사양산업으로 되고 있는 중공업의 일부도 점차 후진국에 넘기고 자신들은 첨단산업에 박차를 가하면서 본격적으로 직접 투자의 길을 열기 시작합니다. 한마디로 시장을 개방하도록 압박을 가해 문을 열게 만들었습니다.

이런 과정은 현대제국주의의 수탈 체제의 특성을 띨 수밖에 없었기 때문에 제국주의 국가와의 관계 속에서만 경제 체제가 형성되는 방식으로 되었습니다. 이는 약소국의 경제 구조 자체를 형해화 파편화했고, 그것은 필연적으로 제3세계 약소국가의 자립적 발전은 물론이고 그 이해와 요구를 가로막는 과정이었습니다. 그래서 그 반발을 막기 위해서는 강력한 압박과 강제력을 동반해야 했습니다. 그 때문에 이 과정에는 제국주의 국가의 이해와 요구를 충실히 추종하는 앞잡이, 즉 매국노들의 등장이 필연적이었고, 제국주의 세력은 이들을 적극 지원하여 양산하였습니다. 이들은 제국주의 세력의 이해와 요구를 앞장서 실현하기 위해 그 지원을 등에 업고, 제국주의 국가에 편입시키는 정책을 반대하는 자국민을 가차 없이 탄압하는 독재정치를 자행할 수밖에 없었습니다. 제3세계 국가에서 민주적 발전이 지체되고 독재정치가 쉽게 청산되지 못한 이유가 여기에 있었던 것입니다.

이렇게 사회주의 진영의 확산을 저지하고 고립 붕괴시키는 대결정책을 펴면서 제3세계 국가를 제국주의 체제에 편입시켰으니 현대제국주의 세력은 다시금 강력한 세력을 형성할 수 있게 되었습니다. 물론 그렇다고 하여 독립 국가의 열망이 줄었다거나 그 힘이 약화된 것은 아니었습니다. 비동맹세력이 강력하게 형성된 것은 그 힘이 얼마나 성장했는가를 단적으로 보여줍니다.

하지만 결과적으로 1990년대 전후에 동구권이 무너지면서 제국주의 세력이 냉전체제의 승리자가 되었습니다. 여기에는 사회주의 국가의 특성에 맞게 사회를 발전시켜 나가지 못했던 측면과 함께 사회주의 세력의 분열도 큰 요인으로 작용하였습니다. 중소이념분쟁이 바로 그것입니다. 그 결과 중국은 소련과의 이념 차이를 근거로 미국과 핑퐁외교를 통해 국교를 수립하고 손을 잡았습니다. 그로 인해 소련은 고립됨과 동시에 일부 배신세력의 등장으로 사회주의의 길을 끝까지 견지하지 못했고, 결과적으로 미국의 승리로 귀결되었습니다.

세계제국주의의 탄생

세계 유일의 패권 국가인 세계제국주의 세력의 등장으로 국가 간의 장벽마저 무력화되다!

미국의 승리는 국제질서에서 또 한 번의 큰 변화를 가져오게 되었습니다. 다른 제국주의 국가를 아우른 현대제국주의에서 세계제국주의로 전화해 미국이 세계 유일의 패권 국가로 등극하게 된 것입니다. 당연히 그 자본의 힘은 세계거대독점자본이었습니다. 이제는 세계거대독점자본 세력이 지배적 위치를 점하게 되었다는 것입니다.

현대제국주의에서는 국가독점자본의 힘을 기초로 하였기에 국가를 매개로 하여 다른 국가를 지배하고 통치하였습니다. 하지만 세계제국주의 단계에서는 세계 유일의 패권 국가를 지향했기에 국가의 장벽조차도 무력화하여 무차별적이며 직접적이고 전면적으로, 그것도 유일적으로 지배 통치하겠다는 것이었습니다. 국가의 장벽조차도 무력화하겠다는 것을 드러낸 정책이 바로 세계화 정책입니다.

미국은 세계제국주의 국가로서 세계 유일적 패권을 행사하기 위해 직접적이고 전면적으로 지배 통치하고자 하였고, 이를 반대하는 세력이나 국가에 대해서는 무자비하게 침략하여 탄압하였습니다. 동구권의 붕괴 이후 미국이 세계 유일의 패권 국가로 등극하여 유고슬라비아, 아프카니스탄, 이라크, 리비아, 시리아 등에 대한 침략과 탄압을 자행한 것은 이런 세계제국주의 국가로서의 면모를 보여준 모습이었습니다. 이렇게 세계 유일의 패권 국가가 형성되니 현대제국주의 단계에서보다 빈익빈 부익부가 더욱 심화되었습니다. 그것도 세계적 차원에서 유일 패권을 형성하기 위해 거미줄처럼 연결되는 방식이었으니 국제적 차원은 물론이고 각 나라 내부에까지 그 양상이 극대화되었습니다.

미국은 이런 세계 유일의 패권 시대가 영원무궁할 것으로 기대했을 터이지만, 달이 차면 기우는 법, 세계 유일의 패권적 지위를 형성하던 그때로부터 쇠락의 길로 가는 것은 필연이었습니다. 이를 가속화시킨 것은 앞에서 보았듯 세계 유일의 패권 국가를 유지하기 위해 수많은 침략 전쟁을 벌임으로써 미국에 반대하는 세력을 더욱 확산시키는 결과를 가져왔고, 동시에 그에 따른 엄청난 전쟁 비용이었습니다. 게다가 미국이 세계 유일적 패권 국가로서 돈을 벌어들이는 수입 형태가 금융기법을 통한 투기자본의 방식이었습니다. 결과적으로 돈은 많이 벌었으나 이렇게 손쉽게 투기 형식으로 돈을 번다면 구태여 제조업을 적극 운영할 필요가 없게 될 것입니다. 결국 미국 경제에서 제조 산업은 공동화되었습니다.

미국이 현대제국주의에서 세계제국주의 국가로서의 힘을 갖게 된 것은 자본의 힘인 것은 분명하지만, 그 이면에는 세계에서 가장 자립적인 경제 구조와 형태를 담보하고 있었던 데에 있었습니다. 그런데 제조업이 공동화되었으니 그만큼 미국의 경제력은 약화되었습니다.

반면에 사회주의 국가로서의 단결을 배신하고 미국과 손을 잡았던 중국은 미국의 지원으로 WTO에 가입하면서 세계 경제 체제에 편입하여 경제력을 적극 향상시켰습니다. 그리고 G2라고 불리듯 대국으로 성장하였고, 조만간 미국을 추월할 것이라는 예측마저 불러일으켰습니다.

제국주의의 발전 과정

구분	제국주의	현대제국주의	세계제국주의
제국주의 간의 관계	대립과 전쟁	미제를 우두머리로 한 동맹 결탁	미제의 세계 유일 패권
주체	독점자본	국가독점자본	세계거대독점자본
지배 영역	식민지	신식민지	세계적 차원
수탈 방식	자본수출	다국적 기업	직접적 전면적 침탈
역사적 위치	자본주의의 최후 단계	제국주의의 최후 단계	자본주의·제국주의의 최후 단계

이에 미국은 세계 유일의 패권적 지위를 유지하자면 중국을 내리눌러야만 하는 상황에 이르게 되었습니다. 미국이 중국을 WTO에 가입시킨 것은 그 과정을 통해 중국을 길들이려는 목적이 담겨 있었습니다. 하지만 중국은 세계 경제 체제와 연계시키면서도 국가적 차원에서의 발전 방식의 길을 고수하였고, 이를 통해 급성장하게 되었습니다. 그 결과 중국이 미국을 추월할 경우 미국이 중국을 제압할 시기마저 놓칠 것을 우려할 정도가 되었습니다. 그 때문에 미국은 이제 중국과의 새로운 대결 양상을 벌이기 위해 신냉전체제를 형성해 나갔고, 그로 인해 세계는 더욱 첨예한 대립, 대결 양상으로 전개되고 있습니다. 사실상 미국과 러시아의 대리전이라고 할 수 있는 우크라이나 전쟁을 비롯해 한반도를 포함한 동북아에서 대립과 대결 속에 전쟁 위

기가 심화되고 있고, 실제로 세계대전이자 핵전쟁까지 일어날 수 있는 상황으로 전개되고 있는 것이 오늘날의 현실이 되고 있습니다.

이렇듯 자본주의 사회가 들어선 이래 산업자본주의 단계로부터 제국주의, 현대제국주의, 세계제국주의 단계로 전화해갔고, 이렇게 된 내막은 산업자본에서 독점자본, 국가독점자본, 세계거대독점자본으로 지배 세력이 전화해가면서 그 이해와 요구를 관철해 갔던 방식에 있었던 것입니다.

자본주의 사회의 현실 상황을 정당화하기 위한 실증주의 철학

그러면 이렇게 자본주의 사회가 전화해가는 것을 정당화하기 위해서는 어떤 입장을 세워내야 하겠습니까? 자본주의 사회가 시작되었던 초기엔 인간의 눈으로 세상을 보려고 하였지만, 여전히 신과 같이 범접할 수 없는 절대적 진리가 존재할 것처럼 여기는 경향이나 잔재가 많이 남아 있었습니다. 게다가 마르크스주의는 물질이 합법칙적으로 변화 발전하는 것처럼, 사회 또한 자본주의에서 사회주의로 발전할 것이라고 주장하고 있었습니다.

이런 형편에서 자본주의 사회가 전화해가는 가는 것을 합리화하자면 어찌하든지 간에 과학적 토대에 근거하여 입장을 펼쳐야 했습니다. 자본주의 사회에서의 물질적 발전은 기본적으로 과학적 법칙에 근거해야 했고, 실질적으로 과학기술의 엄청난 진전으로 물질문명을 크게 발전시켰습니다. 그런데 과학은 변화된 양상에 대해 그 이면의 법칙을 밝히는 것이지만, 주되게 존재하고 있는 사실에 기초해서 진행합니다. 그렇지 않으면 외부적 존재자인 힘, 즉 신 같은 존재를 끌어들이기 때문에 과학적 이해에 어긋나게 됩니다. 즉 존재하고 있는 사실에 대해 관찰과 실험 같은 절차를 통해 얻은 자료들을 모아 이론이나 모형을 만들어냅니다.

바로 이런 점을 차용해 사회 현실에 적용해서 해석하고 풀어가는 입장을 전개합니다. 이의 대표적인 것이 실증주의 철학입니다. 한마디로 인간의 눈으로 바라봐야 하는 입장에서 신학이나 형이상학 같은 초월적인 개념들을 부정하고 인간 사회가 현재 전개되고 있는 사실에 대해 경험적으로 분석하고 해석하고자 하는 것입니다. 이것은 결국 지금 벌어지는 사회 현실 상황을 그대로 인정하고 풀어 가자는 입장이라고 할 수 있습니다. 이로써 자본주의 사회가 산업자본에서 독점자본, 국가독점자본, 세계거대독점자본의 단계로 나가는 것에 맞춰 산업자본주의, 제국주의, 현대제국주의, 세계제국주의로 전화해 나가는 것을 정당화할 수 있게 됩니다. 심지어 이 입장에 따르면 역사에서 승자가 된 세력은 언제든지 합리화될 수 있게 됩니다. 역사의 수많은 기록은 주로 승자의 기록이고, 패자의 입장은 거의 없을 뿐만 아니라 사라지거나 폐기되기 일쑤이기 때문입니다.

자본주의 사회의 운영 원리를 정당화하기 위한 철학 조류

최대 다수의 최대 행복의 공리주의,
그리고 유용성과 실용성을 중시한 실용주의

실증주의가 자본주의 사회가 전화해간 현실 상황을 정당화했다면 이제 이런 사회가 운영되는 합리적인 기준을 정해야 할 것입니다. 바로 여기서 공리성을 가치 기준으로 삼아 최대 다수의 최대 행복의 실현을 행위의 목적에 두는 공리주의 철학이 전개됩니다. 인간이 계급적 처지에 따라 어떤 상황에 처해 있는가를 따지지 않고 누구나 자유를 누리고 평등하게 산다는 것을 전제로 한다면 매우 상식적인 주장이라고 할 수 있습니다. 신과 같이 전지전능하여 완전무결한 진리를 가지고 모든 사람에게 불편함 없이 적용하는 게 불가능하다고 여겨지는 조건에서 인간이 자기 나름대로 자유롭고 평등하게 풀어갈 수 있는 사회의 활동방식을 제시했다는 점에서 제법 합리적으로 보입니다.

공리적 기준이든 뭐든 간에 이렇게 인간의 각도에서 가치를 따지게 되니, 이제는 더욱 유용성과 실용적 측면을 중시하게 됩니다. 이것이 바로 실용주의 철학입니다. 이 주장은 사상 자체가 아니라 그 사상이 만들어낸 행위의 결과, 즉 유용성에 의해 결정된다는 것이고, 그 유용성은 신과 같이 고정불변한 것이 아니라 꾸준히 만들어진다고 봅니다. 이것은 자본의 이윤추구를 위해 끊임없이 생산물을 만들어 상품화시키는 자본가들의 활동을 적극 찬양하고 뒷받침하는 이론으로 작용합니다.

이렇듯 실증주의와 공리주의, 실용주의 등은 그 구체적인 내용이야 다르지만, 기본적으로 신적인 존재를 부정하고 인간이 누구나 다 자유를 누리고 평등한 삶을 살아야 한다는 것을 인정하는 조건에서 인간이 사회 속에서 지향해야 할 가치와 이해관계를 반영했다고 할 수 있습니다. 그런데 형식적으로만 인간관계가 자유롭고 평등하다고 전제했을 뿐, 구체적인 조건에서는 결코 자유롭고 평등한 관계가 아님을 외면한 것이었습니다. 이것은 자본주의 사회에서 물질생활이 급속도로 발전하는 측면을 긍정적으로 바라보는 것이었고, 동시에 이를 수행하는 자본가들의 이해와 요구를 반영하고 정당화하면서, 자본 능력의 확충에 따라 자본주의 사회가 새롭게 전화하는 현실 상황을 합리화하는 입장이라고 볼 수 있습니다.

하지만 자본의 능력이 확대되어 독점자본, 국가독점자본, 세계거대독점자본으로 전화해가는 것은 빈부격차를 심화하며 사회의 양극화를 확산하였습니다. 이미 마르크스는 자본주의 사회가 독점자본 단계로 이행되면 독점이윤을 얻게 되고, 그러면 노동자는 더욱 궁핍화되기에 이를 해결하자면 생산수단을 사회화하여 사회주의 사회로 이행되어야 한다고 보았습니다.

인간 외적 조건의 불평등 문제를 명확하게 따지는 것은 당연한 요구입니다. 형식적이든 간에 인간관계가 누구나 자유를 누리고 평등한 관계라고 인정한다면 인간관계 자체로서는 차별을 가해서는 안 될 것입니다. 그런데 사회를 운영하고 유지하자면 인간을 조절하고 통제해야 합니다. 여기서 인간 간에 자유롭고 평등한 관계를 훼손하지 않고서 인간을 조절 통제하는 방식을 취하자면 그 방식은 인간 외적 조건에서 찾아야 할 것입니다.

여기서 인간 외적 조건이 대체로 공평하다면 문제 될 것이 없겠지만, 심각한 차별적 조건에 처해 있다면 상황은 크게 달라집니다. 그 외적 조건에 의해서 사실상 인간 간의 관계가 자유롭고 평등한 관계가 형성되지 못하기 때문입니다.

자본주의 사회의 구조와 체계를 비판한 구조주의, 그리고 종속이론

여기서 총체적인 구조와 체계를 탐구하는 철학이 등장합니다. 일명 구조주의입니다. 구조주의는 소쉬르의 언어학으로부터 발전했는데, 소쉬르는 일명 책상이라는 말을 나타내는 형식이 나라마다 다르듯이, 단어는 어떤 사물을 곧바로 지칭하는 것이 아니라, 그 언어가 사용되는 문맥과 관계에 따라 이해된다는 것입니다. 이렇듯 사물의 의미는 전체 체계와 구조 안에서 인식되고 의미도 변화한다고 보는 것입니다. 한마디로 구조의 체계 안에서 의미를 살펴보는 것이기에 외적 조건이 불평등하다면 이를 바꾸지 않는 조건에서는 그 불평등함이 사라질 수 없다고 보는 것입니다.

인간이 처한 외적 조건이 불평등하면 그로 인해 고통을 겪는다는 사실은 특히 제3세계 국가에서 극명하게 드러났습니다. 자본주의가 독점단계로 이행하고 더욱 확대되면서 제국주의와 현대제국주의, 세계제국주의로 나아가 제3세계 국가를 약탈하고 수탈하는 관계가 되니 결코 빈국에서 벗어나지 못했던 것입니다. 말로야 국가 간에는 대등하고 평등하다고 하고, 또 선진국의 자본을 받아들이고 경제발전을 추구하면 부국으로 잘살 수 있다고 하였으나 그렇게 되지 못했습니다. 이에 중심국가와 주변국가와의 관계 속에서 그 원인을 찾으려고 시도하였습니다. 이른바 종속이론의 등장입니다. 이것은 중심국가와 저개발국가가 관계를 맺게 되면 중심국가는 주변국을 착취한 관계로 더 발전하고, 주변국은 저개발의 발전이 일어나 중심과 주변의 격차가 더욱 커지게 되므로, 이런 관계가 성립되면 개발이 되기는커녕 더 주변국화되고 정치적으로는 억압적인 체제가 된다고 주장하였습니다. 이런 종속 관계를 끊어야만 참다운 발전이 이뤄질 수 있다는 것입니다.

이렇게 제3세계와 저개발국에서 인간 외적 조건의 불평등 문제가 사회적 문제로 대두되자 가톨릭 신학자들은 이의 해결을 위해 나서게 됩니다. 해방신학이나 민중신학의 등장입니다. 가난하고 억압받는 사회적 약자의 입장에서 교리를 새롭게 해석하면서 이들을 사회적 불평등과 부조리로부터 해방시키기 위해 교회가 사회적 문제에 적극 참여해야 한다는 것입니다.

그러나 사회 구조와 체계가 엇비슷하다 하더라도 그 속에서 사는 사람이 어떻게 대응하느냐에 따라 그 결과가 같을 수는 없습니다. 어차피 사회는 사람의 활동 속에서 풀어지는 것이기에 똑같은 상황이라 하더라도 그에 대한 대응이 달라지면 그 결과는 달라질 수밖에 없기 때문입니다.

실상 레닌은 사회주의, 공산주의 사회는 소비에트 정권에 전기화를 더하면 실현될 것이라고 보았고, 그래서 물질 발전의 고도화가 이뤄지면 자연스럽게 인간이 꿈꾸는 이상적인 사회가 실현될 것이라고 기대했습니다. 하지만 실상 소련 사회는 그렇게 되지 못했습니다. 개발도상국의 경제발전을 바라보는 데서도 여러 시각이 존재할 수 있지만, 분명한 것은 아시아 지역은 라틴아메리카의 지역과 달리 고도성장을 이루면서 신흥공업국으로 등장하게 되었다는 사실입니다.

이런 상황은 사회 구조적 측면이 중대한 영향을 미치는 것은 분명하지만, 모든 원인을 구조적 조건 탓으로만 떠넘길 수 없음을 보여주었습니다. 결국 사회가 발전되고, 그 열악한 조건을 바꾸는가의 관건은 인간이 어떻게 대응하느냐에 달려 있다는 것을 확인시키는 과정이었습니다.

인간의 주체적 측면을 의식의 문제로 접근한 현상학과 실존주의

이렇게 되니 인간의 대응 문제를 따질 수밖에 없었고, 그것은 결국 인간의 주체적인 측면으로 접근할 필요성을 대두시켰습니다. 그런데 인간이 주체적으로 접근하려면 세상을 파악해야 하니만큼 의식의 문제를 원리적으로 따져보아야 했습니다. 그리하여 세계가 의식에 나타나는 것을 현상이라고 하고, 그런 현상의 보편적인 특징과 조건들을 탐구하는 철학이 등장합니다. 이것이 후설의 현상학입니다. 의식은 지향성을 갖고 있기에 대상과 관계되어 나타나고, 대상은 의식과 관계되어 나타나는 상관관계를 파악함으로써 인식의 문제를 원리론적으로 해결하려 했던 것입니다. 그래서 실재가 인간의 주관적 의식에 드러나는 현상을 탐구하는 이러한 관점 전환을 현상학적 환원이라고 하였습니다.

이것은 지난날 철학이 정신과 이성을 거론할 때 인간은 지적 사고능력을 갖추고 있기에 당연히 인식할 수 있다고 본 것인데 반해, 현상학은 세계와 의식이 관계 맺는 상관관계의 인식 원리를 제시함으로써 그 정당성을 확보하려고 하였습니다. 그래서 실재가 의식에 드러난 상태를 제대로 파악하기 위해서는 이성이나 정신, 법칙과 같은 것으로 객관화하기보다는 자연스럽게 체험된 본체의 생활세계를 찾아야 한다고 보았습니다. 이것은 실재를 나타내는 의식의 다양성과 독자성, 개별성을 강조해서 드러낸 것이라고 할 수 있습니다. 실상 인간이 주체적으로 대응해야 한다고 주장하자면 인간이 갖게 되는 의식이 모두 다 똑같다고 말하기보다는 다양성과 독자성, 개별성을 지니게 된다고 강조하는 것이 훨씬 자연스럽게 여겨질 것입니다.

그런데 인간의 주체적 대응 문제에 정확히 대답하려면 단순히 인식의 원리 문제에만 머무를 수는 없었습니다. 인간이 인식하고 행동하지 않으면 의미가 없기 때문입니다. 그러니 인간이 어떤 존재인가에 대해 언급해야 합니다. 그런 존재가 되어야 인식하고 행동하는 것이 자연스럽게 설명될 수 있습니다. 여기서 하이데거는 현존재와 세계 내 존재를 언급합니다.

인간은 다른 존재자와 달리 존재 물음을 던지는 유일한 존재자로서 현존재가 되고, 이런 현존재의 방식을 실존이라고 말합니다. 그런데 자기만 실존으로 존재하는 것이 아니라 타자도 존재하니만큼 이들과 관계 맺고 배려의 관계가 생기는 것은 당연합니다. 그래서 우리 인간은 세계 내에 존재하는 것이고, 이런 것이 통일적 현상이라는 것입니다.

그런데 여기서 중요한 것은 어떤 실존으로 존재하느냐입니다. 왜냐하면 타자와의 관계를 어떻게 배려하고 관계 맺을까는 결국 어떤 실존 의식을 가졌는가에 좌우되기 때문입니다. 물론 그런 실존적 의식을 확고하게 확보하는 것을 하이데거는 일상생활에서가 아니라 죽음이라는 극한 속이라고 상정하지만, 어쨌든 그가 나치에 부역하는 정도가 아니라 나치당원이 되었다는 사실을 염두에 둔다면 그 철학

사상에서 왜 나치가 되었는가를 이해하는 부분이 되기도 합니다. 그가 나치와 같은 실존 의식을 가졌기에 그런 관계를 가졌다고 보는 것이 합리적이라는 것입니다.

물론 실존주의자라고 다 똑같을 수는 없습니다. 어떻게 실존적 의식을 확립하는지 보는 입장에 따라 그 대응은 전혀 달라질 수 있습니다. 여기서 사르트르는 무신론적 실존주의를 주장합니다. 우선 실존이 본질에 선행한다고 말합니다. 본질이 결정되어 있다면 개인은 그 결정에 따라 살기만 하면 되므로 수동적 존재가 된다고 보기에 실존이 앞서 존재하여 본질을 결정한다고 생각하는 것입니다. 게다가 신이 존재하지 않는다고 보는 무신론 입장이기에 개인이 스스로 인간의 존재방식을 선택하고 결단해야 한다고 보았습니다. 결국 자신의 선택이 매우 중요하다는 말을 하고자 한 것입니다. 허나 그 자신의 선택에 따라 얼마든지 대응 양식은 달라질 수밖에 없을 것입니다.

실상 사르트르는 제국주의 전쟁은 물론이고 그 침략과 약탈로 인한 폐해에 대해 비판적 태도를 취했습니다. 이것은 나치가 등장하고 1차, 2차 세계대전은 물론이고 그 이후에도 미국이 베트남을 침략하는 등 자본주의의 폐해가 등장하는 것을 목격하고 이를 외면할 수 없었기 때문입니다. 그래서 민족과 국가처럼 이념, 이성 같은 본질이 먼저 존재하는 것이 아니라 개별성, 즉 실존이 우선한다고 하면서 개인의 선택과 책임을 강조하여 이에 대처하려고 했던 것입니다.

그런데 참으로 이상한 것은 왜 실존을 똑같이 강조했는데, 하이데거는 나치 당원이 되고, 사르트르는 파시즘 및 제국주의 정책에 비판적인 입장을 취했을까요? 왜 다른 입장이 되는 것이고, 서로 다르더라도 그에 대해 뭐라고 말할 수 없냐는 것입니다.

그것은 인간의 문제를 존재와 의식의 관계 안에서만 살펴보았기에 발생한 것입니다. 그것도 인간이 지각하는 의식 안에서 고찰하는 관계로 아무리 실존을 강조하고 개인의 책임과 결단을 요구한다고 하더라도 그것의 옳고 그름을 판단하는 잣대가 없기 때문입니다.

인간은 분명 세계를 인식하고 그에 따라 활동을 합니다. 하지만 인간이 지각하는 것 자체가 세계가 될 수 없습니다. 먼 우주에서 날아온 유성이 지구에 떨어지는데 인간이 지각하지 못했다고 해서 그 유성이 없는 것은 아니지 않습니까? 그래서 세계는 물질이 합법칙적으로 변화 발전한다고 말하는 것입니다. 게다가 의식 자체로는 그것이 맞았는지 틀렸는지 확인할 길이 없습니다. 그것을 확인하자면 실천적으로 확인해보아야 합니다. 그래서 마르크스는 인식의 기준 잣대를 실천에서 찾았던 것입니다. 아울러 인간이 의식을 갖는 것은 개인적으로 실존적인 의식만 갖는 것이 아니라 계급, 계층에서 집단의식을 갖기도 하고, 또 나라와 민족 단위에서의 민족의식과 국가의식을 갖기도 합니다. 실상 집단의식과 민족의식이 있기에 사람이 그에 맞춰 행동하는 것입니다. 그렇다면 이런 집단의식과 민족의식을 부정하고 개인의식만 강조할 것이 아니라, 옳지 않게 형성되어 있는 집단의식과 민족의식을 바로잡으려고 해야 하지 않겠습니까? 그런데 이에 대해 명확하게 답을 못하게 되니 모든 것을 개인에게 맡겨버리는 현상이 나타나고, 그 잘못된 행위에 대해서도 비판할 수 있는 길이 막혀버리게 되는 것입니다.

이성을 바로잡기 위한 비판이론과 의사소통행위이론

결국 인간이 주체적 대응을 해야 하는 것은 맞지만 그것을 옳게 행하도록 하는 그 뭔가가 정립되어야 했습니다. 여기서 프랑크푸르트학파의 비판이론이 등장합니다. 비판이론은 이성 자체가 문제인 것이 아니라 억압적 도구로 왜곡되었기 때문이므로 도구적 이성에서 벗어나 비판적 이성을 회복해야 한다고 보았습니다. 기계적 도구 역할에서 벗어나 이 자본주의 사회에 대한 끊임없는 비판적 사고를 전개해 인간과 이성을 회복해야 한다는 것입니다. 이런 비판적 이성의 회복이라는 연장 선상에서 하버마스는 의사소통행위이론을 통해 공론의 장을 회복하고 민주주의를 실질적 차원으로 정착시켜야 한다고 말합니다.

실상 인간이 능동적으로 주체적 대응을 하자면 의식의 역할을 높여야 합니다. 주체적인 의식이 없는 상태에서 인간이 적극적 활동을 한다는 것은 거의 기대하기 어렵습니다. 사실 자본주의 사회가 바뀌지 못하고 계속 제국주의, 현대제국주의, 세계제국주의 전화해갔던 것은 그들이 헤게모니를 통해 이데올로기를 장악하고 있기 때문입니다. 그래서 주체적인 의식의 역할을 높여야 한다는 것은 맞겠는데, 과연 비판적 이성을 통해서 그것이 가능할까요? 더욱이 미국이 세계제국주의로 등장하여 국가의 장벽까지 무력화하여 세계 유일의 패권을 행사하며 사회 밑바닥까지 체계적으로 장악, 지배하고 있는 조건에서 비판적 이성으로 대응해 바꿔내는 것이 가능할까요? 바로 여기서 이성 자체에 대해 근본적인 회의를 내포하는 사상과 정치적 경향이 나타납니다. 일명 포스트모더니즘입니다.

이성은 물론 거대 담론 자체까지 부정하고 해체해 버리는 포스트모더니즘

포스트모더니즘은, 이성과 완전성을 신뢰한 모더니즘이 초래한 것은 산업화와 합리화로 치장된 감옥 같은 비극이었다고 봅니다. 그 때문에 이에 벗어나 해방되자면 이성이나 합리화로 정당화하는 거대 담론 같은 수사가 아닌 개별자들의 차이 자체를 존중하는 것이 중요하다고 봅니다. 그래서 이성, 합리성, 근대성 등으로 대표되는 모더니즘의 담론 자체를 해체하려고 합니다. 미국에 의해 세계 유일의 패권이 형성되었듯이, 그런 담론 자체가 미시적인 영역에까지 권력을 형성하고 감옥 같은 세상을 만들고 있기 때문이라는 것입니다. 그래야 개별성과 소수자의 차이 등 다양성이 인정되고 존중받게 된다는 것입니다.

허나 건설하기 위해서 잘못된 부분을 파괴해야 하겠지만, 파괴 자체가 건설은 아니지 않습니까? 그렇듯 해체한다고 해서 해방이 이뤄진 것은 아닙니다. 도리어 거대 담론 자체가 해체됨으로써 도무지 무엇이 옳은지 그른지, 그래서 무엇을 해야 하는지 알 수 없게 만들어 버린 격입니다. 실상 사회가 올바르게 유지되자면 사람을 조절하고 통제해야 합니다. 그런데 그런 것이 없는 조건에서 어떻게 사회를 올바르게 세워갈 수 있겠습니까? 이건 달리 보면 사회를 옳게 고칠 수 없게 만드는 것이니만큼 결과적으로 현 사회 체제의 유지에 이바지하는 것으로 귀결될 뿐이었습니다.

올바른 사회를 하루빨리 건설해 살아가야 하는데 그에 대한 해답을 찾지 못한 입장을 드러낸다면 그 결과는 철학과 사상의 혼란이자 부정일 것입니다. 그 때문에 철학과 사상을 논한다면서 일방적인 자기주장을 펼치게 됩니다. 어차피 인간으로 태어난 이상 어떻게 살아야 할지에 대해 생각할 수밖에 없는데, 그 어떤 기준도 없이 해체해 버렸으니 그저 자기주장을 펼치는 것이 당연한 수순으로 다가오는 것입니다. 출세를 위해 돈을 많이 버는 방법 같은 책을 비롯해 시골이나 산골 같은 곳에서 자연인으로 사는 것이 참다운 행복이라고 말하고, 또 신에 귀의하여 사는 것이 참다운 행복이라고 주장하는 이도 나타납니다.

이런 식이라면 결국 사회과학적 학문이 죽고, 철학이 실종되어 버리게 될 것입니다. 그런데 인간이 사는 세상에서 철학이 실종되어 버린다면 과연 그곳에서 인간의 행복을 가져다주는 세상이 건설될 수 있을까요? 이런 점에서 인간이 어떻게 살아야 할 것인가에 대해 그 기준과 잣대를 마련하는 것은 더 이상 피할 수 없는 중차대한 문제로 다가오게 되었습니다.

그러면 모든 거대 담론을 해체시켜 버리는 포스트모더니즘 같은 사상 경향까지 나타나는 이유가 도대체 어디에 있을까요? 그것은 인간에 대한 파악을 존재와 의식과 연결해서 파악하고 있기 때문입니다. 인간이 분명 의식을 형성하고 활동하는 것은 분명합니다. 그리고 어떤 의식을 견지하느냐에 따라 활동에 지대한 영향을 받는 것은 분명합니다. 하지만 인간은 결코 의식으로 한정되지 않습니다. 육체를 가지고 사회를 구성해서 활동하며 살아가는 사회적 존재라는 것입니다.

인간과 세계와의 관계 문제가 철학의 또 다른 근본문제로 다가오다

인간의 주체적 요구를 총체적으로 파악할 새로운 방법론의 필요성이 제기되다!

그렇다면 인간을 파악하려면 어떻게 해야 하겠습니까? 존재와 의식 내지는 관념론과 유물론의 관계라는 틀 속에서 인간을 파악할 것이 아니라 인간 자체를 온전하게 파악하는 방법을 제시해야 합니다. 존재와 의식, 물질과 정신이라는 틀 속에서 파악하게 되면 결국 인간은 어떻게 되든지 간에 그런 의식을 갖는 인간이라는 식으로 편협하게 이해되기 때문입니다. 그 때문에 그토록 주체적 측면을 찾으려고 하였지만 그런 의식을 가진 존재로 한정되고, 그렇게 제한되어 파악되는 관계로 그 해답을 찾지 못하고 해체해야 한다는 주장에까지 이르게 된 것입니다.

그러면 온전히 파악하는 방법은 무엇이겠습니까? 그것은 인간을 놓고 세계와의 관계 속에서 살펴보는 것입니다. 그래서 사람과 세계와의 관계 문제를 어떻게 해결하느냐가 철학의 주되고 기본적인 문제로 다가오게 되었다는 것입니다.

인간과 세계와의 관계 문제가 철학의 주되고 기본 문제로 다가오게 된 것은 민이 사회 역사의 당당한 주체로 등장했기 때문입니다. 한마디로 주체시대, 애민시대가 시작되었기 때문입니다.

지난날 노예제와 신분제, 자본주의 사회에서는 그 지배자들이 자신들의 통치 질서를 정당화하기 위해 세계와 인간을 그들의 통치 질서에 맞게 왜곡하였으나, 이제 민이 사회 역사의 주체로 등장한 시점에서는 그런 왜곡에서 벗어나 참다운 인간이 무엇인지를 파악할 수 있게 되었습니다. 민이 사회 역사에서 주체의 역할을 다하자면 왜곡된 부분에서 벗어나 참다운 주체적 특성을 찾아야 하기 때문입니다. 이런 점에서 인간과 세계와의 관계 문제가 철학의 근본문제로 설정되어 철학사에 획기적 전환을 가져오게 한 것은 이런 사회 역사의 시대적 배경이 크게 작용했다고 보아야 합니다.

인간과 세계와의 관계 문제를 해결하는 데에서 중요한 건 세계는 인간이 어떤 의식을 갖고 있느냐에 따라 결정되지 않는다는 것입니다. 세계는 물질로 구성되어 있고, 그 물질의 합법칙성에 따라 변화 발전합니다. 인간이 우리 은하계만이 아니라 다른 수많은 은하계가 있다는 사실을 몰랐다고 해서 그 은하계가 없었던 것도 아닙니다. 당연히 은하 세계는 그 합법칙적인 발전 법칙에 따라 움직여 갑니다. 이것은 인간이 지금까지 세계를 개척해오면서 확보해왔던 과학성의 토대입니다.

이런 과학적인 토대에 기초해야 하지만 분명한 것은 물질적 법칙은 물질적 법칙이라는 것입니다. 그리고 정작 중요한 것은 그런 물질적 법칙을 어떻게 이용하느냐는 온전히 인간에 달려 있다는 것입니다. 과학적 법칙을 바꿀 수는 없으나 그것을 어떻게 대하느냐는 인간의 가치관에 의해 좌우됩니다. 인간에 이로운 것은 이용하고, 해로운 것은 억제한다는 것입니다. 바로 여기서 인간의 가치관이 중요한 역할을 하게 되는 것입니다.

그런데 인간의 가치관 중에서 최고의 가치를 부여할 수 있는 것은 인간이 세계와의 관계에서 자기 삶을 주인답게 개척하며 살아가는 것이라고 할 수 있습니다. 그래서 민은 사회에서도 주인의 권리를 누리며 살아가려고 하는 것입니다.

그런데 민이 세계와의 관계에서 주인답게 삶을 개척하며 살아가려면 민 자체가 어떻게 존재하며 살아가는가를 살펴보아야 합니다. 민의 존재방식과 활동방식을 따져보아야 한다는 것입니다. 여기에서 주인의 권리를 누리고 살 수 있는 방식이 되어야 세계와의 관계에서 자기 삶을 주인답게 개척하며 살아간다고 말할 수 있기 때문입니다.

그런데 민은 개성을 가진 존재로서 집단을 구성하여 나라와 민족 단위로 살아가고 있습니다. 그렇다면 당연히 이 모든 부분에서 주인의 권리를 누리고 살 수 있어야 할 것입니다. 그렇지 못하면 세계와의 관계에서 자기 삶을 주인답게 개척하며 살아간다는 것은 그저 빈말에 지나지 않을 것이니까요.

이런 점에서 민이 주체로 등장한 시점에서의 철학은 개인과 집단, 나라와 민족 단위의 모든 부분에서 주인의 권리를 실현하는 측면을 밝히는 것으로 되어야 합니다. 바로 이 부분에 대한 총체적인 파악이 주체시대, 애민시대의 철학이 필연코 풀어야 할 새로운 과제로 되었다는 것입니다.

2장

철학은 물질세계를 어떻게 이해해야 할 것인가?

01
물질세계에 대한 이해와 철학과의 관계

철학은 인간이 어떻게 살 것인가에 대한 가치관을 주는 학문이라고 하였습니다. 그렇다면 물질세계에 대한 이해는 철학과 직접적인 관계가 없는 것처럼 이해될 수 있습니다. 어차피 인간은 세계를 대할 때 가치관에 근거하여 대한다는 것이 기본 입장으로 되기 때문입니다. 이런 입장은 지금까지 철학을 대하는 입장과 좀 색다르게 느껴질 것입니다. 허나 철학사의 내막을 살펴보면 철학이 어떤 발전 과정을 겪으면서 자기 학문의 고유 영역을 확보하게 되었는지를 명확히 이해할 수 있습니다.

지난날의 철학은 세계관을 주는 학문이라고 바라보았다

세계관이라고 하면 결국 물질세계에 대해서도 일정한 입장을 밝히는 것이 당연합니다. 변증법적 유물론만 보더라도 철학을 전개하는 데서 인간의 가치관 영역은 매우 적은 부분이고, 대신에 물질이 합법칙적으로 변화 발전하는 것을 매우 장황하게 설명하고 있습니다. 더 노골적으로 말한다면 물질의 합법칙성에 의해 인간의 역사도 그에 따라 진행된다고 말하는 격입니다. 그만큼 물질세계의 발전 법칙이 인간의 세계관에 영향을 주었다는 것입니다.

이런 연장 선상에서 인간이 어떻게 살 것인가에 대한 가치관의 물음에 답을 찾으려 한다면 물질세계의 합법칙성에 대한 언급은 당연하게 여겨집니다.

그럼 인간이 어떻게 살 것인가의 가치관을 주는 학문으로 철학을 받아들였을 때 철학과 과학과의 관계는 어떻게 될까?

이에 대해 결론부터 말한다면 철학은 과학적 토대 위에서 전개되어야 할 뿐만이 아니라 과학적 법칙에 대해 어떤 입장에서 접근해야 할 것인지를 밝히는 기준과 잣대를 제시하는 학문이라고 할 수 있습니다. 과학적 법칙 자체를 밝히는 것은 아니지만, 과학적 토대 위에서 자신의 논리를 전개해야 하고, 거기에서 그 법칙을 어떻게 이용해야 하는지에 대한 가치관을 밝히는 영역으로 되어야 한다는 것입니다. 그 때문에 철학은 인간에 더 유용한 과학적 법칙을 발견하도록 고무시켜 주면서 동시에 그 과학적 토대에 근거하여 인간의 주체적 요구를 더욱 잘 실현하게 해주는 학문이라고 말할 수 있습니다.

철학은 기본적으로 인간이 어떻게 살아야 할 것인가에 대해서 대답해야 합니다. 인간인 이상 인간이 어떻게 살 것인가에 대한 질문을 피할 수 없고, 또 거기에서 나온 답이 구체적으로야 제각각일 수 있으나, 궁극적으로 세계에서 자기 삶을 주인답게 개척하는 것으로 되어야 하기 때문입니다.

세계에서 자기 삶을 주인답게 개척하자면 세계에 대한 이해가 선행되어야 한다

일찍이 고대 그리스에서는 세계를 이해하기 위해 노력하는 가운데 원자론이나 이데아론이 등장하였습니다.

세계를 파악할 때 먼저 다가오는 것은 세계가 무엇으로 구성되어 있고, 어떤 원리에 의해 변화 발전하는가 하는 문제였습니다. 여기서 데모크리토스는 분할할 수 없는 원자로 구성되어 있고, 그 원자가 모였다 흩어졌다 하여 세상이 변화한다고 보았습니다.

분할할 수 없는 원자로 구성되어 있다고 본 것은 아킬레우스와 거북이의 경주에서 드러난 제논의 역설처럼, 두 경주자가 경기를 시작한 다음, 아킬레우스가 앞부분에서 출발한 거북이가 있었던 지점에 도착했을 때, 어쨌든 거북이는 느리더라도 아킬레우스보다는 조금이라도 앞에 있게 될 것입니다. 이런 차원으로 계속 무한으로 분할해 살펴보면 그때마다 거북이는 아킬레우스보다도 조금이라도 앞에 있는 꼴이 되므로 아킬레우스는 결코 거북이를 이길 수 없다는 식으로 되어버립니다.

그러나 현실은 아킬레우스가 거북이를 이깁니다. 이를 논리적으로 파악하자면 아무리 분할해도 무한으로 되는 게 아니라 어차피 유한으로 되고, 그래서 아킬레우스가 그 유한으로 해서 거북이를 이기게 되어야 합니다. 그래서 이런 원리가 적용되려면, 즉 아무리 나눠도 유한으로 되려면 결코 분할할 수 없는 것이 존재할 것이라고 보았고, 그것을 원자라고 명명했던 것입니다.

이에 반해 이데아론은 파르메니데스가 말한, 즉 있는 것은 있고, 없는 것은 없다는 매우 당연한 원리에서 출발합니다. 없는 것이 없다고 했으니 있는 것만 있어야 할 것입니다. 그것도 하나여야 합니다. 왜냐하면 있는 것이 여러 개 있다면 그 사이에 없는 것이 있어야 한다는 것인데, 없는 것은 글자 그대로 없는 것이기 때문에 있다고 하면 모순이 됩니다. 그러면 결국 없는 것이 없으니 일자一者, 즉 하나만 있게 되는 것이고, 나머지는 허상에 불과하게 됩니다. 이런 연장 선상에서 이 세상의 본질로 존재하는 것은 이데아이고, 나머지는 해가 비친 그림자처럼 허상에 불과하다는 논리가 나오게 되는 것입니다.

이처럼 세상을 이해하자면 원자로 파악하든, 이데아로 파악하든, 첫 공정으로 세계가 무엇으로 구성되어 있고 어떻게 변화 발전하는지에 대해 설명해야 합니다. 이것이 자연스러운 과정입니다. 세계가 어떻게 구성되어 있고 움직이는지도 모르는데 인간이 세계에서 자기 삶을 개척해 간다는 것은 있을 수가 없기 때문입니다. 그래서 인간은 처음에 원자든, 이데아든 세계 그 자체에 대해서 우선 파악하려고 시도하였습니다.

하지만 인간 사회가 노예제와 신분제로 형성되어 서로 차별을 가하는 조건에서 세계 그 자체에 대한 파악은 심히 제약받았습니다. 인간의 눈으로 세계를 보게 되는데, 과학적으로 확증되지 않는 조건에서는 인간 사회에서 형성된 이해관계를 중심으로 세상을 파악하는 것이 자연스럽기 때문입니다. 그래서 세계에 대한 이해는 주되게 노예제와 신분제 사회를 정당화하기 위한 방편으로 이용되었습니다.

이것은 단군조선에서 인류사 최초로 인간으로 자각해 곰과 범 같은 짐승의 삶에서 벗어나고자 국가를 세웠지만, 그 후 하늘과 천天을 거론하며 노예제 사회를 정당화하는 방편으로 이용하는 현상이 나타났던 데에서 확인할 수 있습니다. 인간 자체를 놓고 노예나 신분으로 차별하는 사회에서는 그만큼 세상을 있는 그대로 바라보기가 힘듭니다. 세계가 객관적으로 존재하고 굴러가더라도 그것을 바라보는 것은 어차피 인간의 눈이기 때문입니다.

그래서 세상을 있는 그대로 바라보게 되려면 주되게 인간관계가 서로 자유롭고 평등하다는 입장이 어느 정도 세워져야 합니다. 물론 이런 입장이 세워지는 것도 일정한 과학의 발전이 뒷받침되어야 합니다. 하지만 그렇다고 하더라도 인간관계가 실질적으로 자유롭고 평등한 관계가 아니라 형식적으로만 인정되는 방식이라고 한다면 또 그것을 정당화하기 위한 입장이 여러 형식으로 나타납니다.

실상 자본주의 사회는 인간관계는 자유롭고 평등하다고 하지만, 인간이 살아가는 데 있어서 생산물을 필수적으로 이용해야 하는데, 여기서 자본을 소유한 사람과 노동력만 소유한 사람의 처지가 같을 수 없습니다. 그래서 자본을 소유한 사람과 그렇지 않은 사람의 처지는 형식적으로 자유롭고 평등하다고 말하지만, 실제로는 결코 그렇게 되지 않습니다. 바로 이런 부분을 합리화하기 위한 방식이 이뤄집니다. 그 방식은 주로 신이나 이성, 의식을 통해서 전개됩니다.

신이나 이성을 통한 방식이 이뤄지는 이유는 세계에 대한 이해가 올바르다는 것을 전제해야 하기 때문입니다. 세계에 대한 이해가 그르다고 한다면 벌써 전제가 틀렸다는 것인데, 거기에서 논리가 전개된다면 그 논제는 유지되기 어렵습니다. 게다가 인간이 우월한 것은 어찌 보더라도 세계에 대해 의식 활동을 전개하여 올바르게 인식할 수 있다는 기반이 확립되어야 합니다. 그 때문에 완전성을 보장하는 방편으로 이성과 의식에 기댈 수밖에 없었습니다. 이런 상황 때문에 인류사에서는 아주 오랜 기간 신, 이성과 같은 의식의 문제에 주되게 기대어 설명해 왔던 것입니다.

이를 해결하자면 의식이 무엇인가를 분명하게 해결하면서 세계가 어떻게 변화 발전하는지를 해명해야 했습니다. 여기서 의식은 뇌라는 물질이 벌이는 특수한 활동이고, 그 의식이 옳은가 그른가는 의식 자체가 아니라 실천에 의해 검증된다는 것이 밝혀지게 되었습니다. 그래서 세계는 물질로 통일되어 있고, 그 물질의 합법칙성에 의해 변화 발전한다는 것이 파악되었습니다.

철학이 과학적 토대 위에 올려 세워지는 합법칙적 발전 과정

세계가 물질로 통일되어 있고, 합법칙적으로 변화 발전한다는 원리는 인류사의 학문과 철학사에 획기적인 전환을 가져왔다!

세계가 물질로 통일되어 있고, 합법칙적으로 변화 발전한다는 원리는 철학과 학문을 확고히 과학적 토대 위에 올려세웠습니다.

과학적 토대 위에 올려세웠다는 것은 무엇이 옳은지 그른지에 대해 판별하는 기준과 잣대가 등장했다는 것을 뜻합니다. 실상 뭐가 옳은지 그른지에 대해 판별할 수 없다면 그 주장 자체를 판단할 수 없기 때문에 자기주장만 난립하게 될 것입니다. 그 때문에 학문과 철학이 발전하려면 일차적으로 해결해야 할 과제가 옳고 그름을 판별할 수 있는 기준과 잣대의 마련이었습니다.

그런데 기준과 잣대를 마련하는 작업은 존재와 의식, 내지는 물질과 정신과의 관계 문제를 놓고 살펴볼 수밖에 없었습니다. 의식이 올바른지, 그른지를 확인하자면 존재와의 관계에서 따져보아야 하기 때문입니다.

여기서 물질세계의 변화 발전을 객관적인 합법칙적 과정으로 보지 않고 의식 내지는 정신의 작용으로 보는 것처럼 세계관이 뒤틀려버렸다면 거기에서 전개되는 철학이 올바른 역할을 할 리 만무합니다. 그래서 이를 해결하려는 입장에서는 존재와 의식의 관계 문제를 철학의 기본 임무로 제기했습니다. 그 연상 선상에서 철학의 기본적 대립이 존재와 의식의 관계 문제라고 보고, 철학의 역사는 유물론과 관념론의 투쟁사라고 결론 내렸습니다. 그리고 철학은 세계관을 주는 학문이라고 정의하면서 물질세계의 합법칙적인 변화와 발전 과정을 주된 내용으로 다뤘습니다.

하지만 시대의 발전에 따라 철학 또한 발전합니다. 게다가 철학의 궁극적인 기본 임무가 인간이 어떻게 살 것인가와 관련된 만큼 이에 대해 대답해야 합니다. 이것은 인간으로 살아가는 이상 피할 수 없는 문제입니다. 그렇다면 이제 세계가 합법칙적으로 변화 발전한다는 것을 전제한 조건에서 인간이 어떤 입장을 가지고 세계를 대해야 하는가가 주된 과제로 등장하게 됩니다. 인간이 어떤 입장에서 세계를 대하고 살아갈 것인가의 가치관 문제가 전면에 나서게 된다는 것입니다.

인간이 세계를 어떻게 대하고 살아갈 것인가의 가치관 문제를 해결하자면 인간과 세계와의 관계를 근본문제로 다루면서 인간의 주체적 특성까지 밝혀내야 한다

인간과 세계와의 관계 문제를 다뤄야 하는 이유는 그래야만 인간을 온전하게 파악할 수 있기 때문입니다.

지금껏 인간을 이해하는 바탕이 주되게 존재와 의식 내지는 물질과 정신의 관계 속에서 파악해 왔기 때문에 인간은 부분적으로만 이해되었습니다. 인간 자체가 온전히 파악되지 못하고 존재와 의식으로 분할되어 파악되었다는 것입니다. 존재와 의식의 관계 속에서 인간을 파악했기 때문입니다. 하지만 인간은 물질적 존재이기도 하지만 의식을 가지고 있는 존재입니다. 그래서 이 모든 것을 가지고 있는 존재로서 파악해야 하는데, 그러자면 인간과 세계와의 관계 문제로 설정해서 이해해야 합니다. 또 그래야만 인간의 주체적 특성 또한 전면적으로 파악할 수 있습니다.

하지만 인간과 세계와의 관계 문제의 해명을 기본과제로 놓으면서 주체적 특성을 밝히는 문제는 사회 역사에서 저절로 해결되지 않습니다. 그렇게 되자면 사회 역사의 발전 과정에서 민이 사회 역사의 전면에 등장해 주체로서의 자기 모습을 드러내야 했습니다.

주체적 특성을 밝히는 것은 그야말로 가치관의 문제를 전면에 등장시킵니다. 한마디로 사람의 이해와 요구를 직접적으로 드러내게 된다는 것입니다. 사람의 지향과 요구를 직접 드러내는 조건에서 이를 확고히 풀어가자면 주체가 형성되어야 합니다.

주체의 형성이 중요한 문제로 나서는 이유는 주체적 특성이 주체적 요구에서 나오는 것이기 때문입니다. 주체가 없는 조건에서 주체적 특성이 밝혀진다는 것은 있을 수가 없는 일입니다.

실상 과학만 놓고 말할 때 주되게 가치 중립적임을 강조합니다. 물론 맞는 말입니다. 과학은 세계 내지 물질이 어떻게 합법칙적으로 변화 발전하는가의 법칙을 밝히는 것이기에 일정하게 객관성을 띠게 됩니다. 하지만 역사적 발전 과정을 살펴보면 그 객관적 법칙의 주장조차도 사회에 속한 사람들의 이해관계에 따라 달리 대응하는 양상이 벌어졌습니다. 다시 말해 사회의 통치계급은 과학적 법칙조차도 자신들의 지배에 난관을 조성할 것 같으면 그 법칙을 외면하고 통제하려고 하였습니다.

단적으로 갈릴레이는 망원경으로 천체를 관측하면서 지구 또한 태양을 중심으로 도는 하나의 행성이라고 생각했습니다. 하지만 신 중심의 통치자들은 지구가 우주의 중심이 아니라 일개 행성이 되어 태양을 돈다는 사실을 받아들이는 것은 신의 질서를 부정하고, 이것은 결국 자신들의 통치 질서에 해악을 미칠 것이라고 여기고 갈릴레이를 종교재판에 회부하였습니다. 이에 갈릴레이는 종교탄압을 벗어나고자 자기 입장을 부정해야만 했고, 재판이 끝난 후 재판대에서 내려오면서 그래도 지구는 돈다고 말했던 것입니다.

이렇게 과학적 사실조차도 사회의 지배계급은 자신들의 통치 질서에 난관이 초래된다고 판단되면 탄압을 서슴지 않았습니다. 그런데 과학적 사실과 법칙 자체가 아니라 그것을 어떻게 이용할 것인가의 가치관의 문제라면 그 양상은 더더욱 첨예한 이해관계의 대립으로 나타날 것입니다. 그래서 가치관의 문제가 제기되려면 기본적으로 인간관계가 서로 자유롭고 평등해야 한다는 것을 당연한 원리로 인정해야 할 뿐만이 아니라 자기 삶을 주인답게 풀어갈 수 있는 주체의 형성 조건이 필요하다는 것입니다. 사회 역사에서 주체의 등장 시기와 가치관의 문제가 전면적으로 제기되는 때를 떨어뜨려 놓고 생각할 수 없는 이유가 여기에 있습니다.

그래서 민이 사회와 역사의 주체로 등장한 사실이야말로 또 한 번 철학사의 획기적 전환을 가져오게 하였습니다. 바로 인간이 어떤 관점에서 세계를 대하고 풀어가야 하는지를 핵심 과제로 떠안게 했던 것입니다. 그 핵심 과제를 해결하자면 결국 인간과 세계와의 관계 문제가 해명되는 속에 인간의 주체적 특성을 밝히는 것으로 되어야 했습니다.

철학사에서 획기적인 전환을 가져오는 과제를, 즉 인간과 세계와의 관계 문제가 해명되는 속에 인간의 주체적 특성을 밝히게 되면 인간은 기본적으로 철학적 문제를 해결하는 것으로 되고, 그래서 인간은 세계에서 자신의 삶을 주인답게 개척할 수가 있게 될 것입니다.

주체적 특성을 주관적 요구로 잘못 이해해서는 안 된다

주체적 특성을 밝히는 문제를 이해하는 데에 있어서 안타깝게도 여러 혼란스러운 상황이 발생하고 있습니다. 그중의 하나는 주체적 특성을 주관적 요구로 잘못 이해하는 데서 나타나고 있습니다. 자신의 취미나 취향 같은 인생관을 철학의 형태로 발표하고 있는 것이 그것입니다. 그러다 보니 서로 모순되는 수많은 주장이 난무하고 있는 형국입니다.

물론 이런 주장들이 모두 잘못되었다거나 해악을 준다는 뜻은 아닙니다. 일정하게 사람들에게 감동을 주는 부분도 많습니다. 어찌 보면 이런 모습은 꼭 자본가들이 이윤추구가 보장되면 어떠한 방법을 통해서든, 어디에서든지 자본 활동을 하는 모양과 많은 부분 닮아 보이기도 합니다. 그 때문에 어찌 보면 이런 주체적 요구에 대답하는 역할은 주로 부르주아지 철학이 담당하고 있는 것 같은 착각이 벌어질 정도입니다.

분명 주체적 요구는 가치관의 문제를 담고 있습니다. 그래서 주체의 가치관에 따라 여러 대답이 나올 수 있습니다. 하지만 그렇다고 해서 주체적 특성에 대한 파악이 주관적인 대답으로 된다는 뜻은 아닙니다. 어차피 가치관은 그 누구의 가치관이 아니라 인간의 가치관이기 때문입니다. 인간의 가치관이기에 객관적 근거를 가지게 된다는 것입니다.

그런데도 왜 주체적 특성을 주관적 요구로 잘못 받아들이게 되는 것일까요? 그것은 인간의 주체적 특성을 세계와의 관계 속에서 살펴보지 않고, 그저 개인적인 선호도 같은 것으로 여기기 때문입니다. 분명 개인의 취미와 취향, 성격 등이 다를 수 있습니다. 그에 따라 여러 부분과 영역에서 다양하게 주장할 수 있습니다. 하지만 그것이 주관적인 요구로 그쳐서는 안 됩니다. 주관적인 대답은 옳고 그름을 말해줄 수 없을뿐더러 가치의 우열을 매길 수도 없습니다. 이것은 겉으로는 철학의 다양성을 보장해주는 것처럼 보이나 실상은 철학을 죽이는 결과를 가져옵니다. 자기주장만 하는 형식이라면 그것은 철학이 존재할 객관적 근거를 박탈해버리기 때문입니다. 현시기 생존 방법과 기술의 습득을 매우 중시하면서 그에 관한 책들이 시중에 수많이 나오지만, 반면에 철학적 사고를 필요로 하는 서적이 점차 줄어들고 있는 것은 바로 이런 양상을 보여주는 격이라고 할 수 있습니다. 그 결과로 가치관 혼란 같은 아노미 현상이 나타나고, 철학에 대한 부정적인 현상이 팽배해지고 있습니다.

이런 현상을 극복하기 위해서는 개인의 선호도 같은 주관적 요구를 언급하지 말라는 것이 아니라, 그것을 하더라도 세계와 사람과의 관계에서 주체적 특성을 밝혀내는 가운데에서 주장하라는 것입니다. 이것이 바로 철학을 살리는 길이고, 그 다양성을 풍부히 하는 방식입니다.

철학은 과학적 법칙에 대해 어떻게 접근할지의 가치관 문제를 다루기에 그만큼 그 중요성이 증대된다

주체적 특성을 주관적 요구로 잘못 받아들이는 것이 현시기 철학적 과제를 풀어가는 데에 혼란을 주는 하나의 형식이라고 한다면, 또 하나는 인간으로서 과학적 법칙을 어떻게 대할 것인지에 대한 가치관 문제를 애써 외면하려는 경향입니다.

물론 과학적 법칙 자체에 대해서도 철학은 민감하고 엄밀하게 반응하여야 합니다. 과학적인 이해가 잘못되어 있다면 엉뚱한 방향으로 나갈 것입니다. 그래서 최신의 과학적 발견에 대해 엄격하게 끊임없이 이해도를 높여야 합니다. 하지만 과학적 법칙 자체에 대해 옳고 그름을 판단하는 주된 담당자들은 과학자들입니다. 그렇다고 해서 철학은 과학적 법칙 자체에 대해 거론해서는 안 된다는 뜻은 아닙니다. 어차피 인간이 세계에서 자신의 삶을 주인답게 개척하자면 세계가 어떻게 합법칙적으로 변화 발전하는지에 대해 언제나 엄중하게 관심을 기울여야 합니다. 그리고 인간에 유용한 과학적 법칙이 적극 발견되고 확립되도록 노력해야 합니다.

하지만 철학의 기본 임무는 과학적 법칙 자체의 발견보다는 그 법칙을 어떻게 대할 것인가의 입장을 제시하는 부분입니다. 과학적 법칙은 인간이 부정한다고 해서 없어지는 것이 아닙니다. 그렇지만 인간은 그 법칙을 어떻게 이용할지를 판단하고 결정할 수 있습니다. 여기서 과학적 법칙에 가치관을 적용하는 문제를 중심 부분으로 놓고 풀어가야 합니다. 이런 연장 선상에서 과학적 법칙 자체도 인간에게 유용한 것이 더욱 발견되도록 고무해야 합니다. 이렇듯 어떤 가치관을 적용하느냐에 따라 인간 세상은 사뭇 달라질 수 있습니다. 그 때문에 철학적 입장이 중요하게 제기되는 것입니다.

그런데 어떤 정책을 펼칠 때 어떤 과학적 법칙에 무슨 의미가 담겨 있는지 엄정하게 따져보지도 않고 주되게 현실이 이러하다면서 다수결로 결정하는 모습을 보입니다. 과학적 법칙은 엄정한 객관성을 확보하는 문제이지만, 어떤 과학적 법칙을 어떻게 활용하느냐는 가치관을 적용하는 문제입니다. 이것은 다수결로 결정되는 문제가 아닙니다.

그렇다면 이에 대해 어떤 가치관을 적용해야 하는지에 대한 진지한 고민이 필요합니다. 그런데 이를 진지하게 수행하지 않고 짧은 기간 내에 형식적으로 진행하고 다수결로 결정해버립니다. 이것은 인간이 세계와의 관계에서 자신의 삶을 주인답게 개척해야 하는 가치관을 적용해야 하는데, 그 책무를 저버리는 모습이라고 말하지 않을 수 없습니다. 이러니 철학이 설 땅이 없게 되는 것입니다.

이런 상황이라면 사회적으로 추진되느냐, 마느냐는 자신의 주장을 얼마나 많은 사람에게 잘 선전해내는가의 역량에 달려 있게 된 셈이니, 결국 사회의 기득권 세력이 자신들의 요구를 관철하는 모습이 될 것입니다. 많은 부분을 다수결로 결정하는 방식을 취하고서 민주주의 사회라고 주장하지만, 실상은 인간이 참으로 견지해야 할 가치관의 확립을 방해하고 있는 격입니다. 현 사회에서 과학이 여러 방면에서 발전하고 있고, 또 수많은 사람이 교육을 받아 문맹률은 낮아졌지만, 정말로 문장을 독해할 수 있는 문식률이 떨어지는 것도 이런 상황의 반영이라고 볼 수 있습니다.

이렇게 가치관을 제기하는 철학이 죽어 버릴 때 그런 상황이 얼마나 사회에 심각한 문제를 던져줄지는 인공지능이 야기할 수 있는 문제를 떠올려보면 쉽게 이해할 수 있습니다. 바둑에서 알파고가 등장한 이래 인공지능의 이용 범위는 점차 확대되어 가고 있습니다. 그런데 인공지능에게 어떤 것을 물을 때 단순히 어떤 상황 파악에 대한 문제라면 별 상관이 없을 수 있습니다. 하지만 인공지능에게 가치관이 개입되는 문제를 질문할 때엔 상황은 크게 달라집니다. 왜냐하면 인공지능에 가치관을 내장해주어야 하기 때문입니다.

만약 인공지능에게 가치관을 빼고 단순히 과학적인 법칙이나 효율성, 방법적 측면만을 내장시켰다면 인공지능의 대답은 그런 입장에서 대답이 나올 것이고, 그것은 인간의 가치관에 저해되는 차원을 넘어 사회 유지에 해악이 되는 답을 줄 수도 있을 것입니다. 이것은 단순히 인공지능의 문제가 아니라 인간의 가치관을 분명히 확립하지 못할 때 인류의 미래 사회가 어떻게 전개될지를 가늠해주는 판단의 잣대가 될 것입니다.

그 때문에 과학 자체가 아니라 과학에 대해 어떻게 접근해야 하는지의 가치관이 매우 중요한 문제로 다가오게 되기에 그만큼 철학의 중요성은 커진다고 말할 수 있습니다.

이런 점에서 인간이 어떻게 살 것인가에 대한 가치관을 제대로 확립하자면 세계와 인간과의 관계 문제로 놓고 인간의 주체적 특성을 밝히는 것으로 되어야 합니다. 그리하면 주관적 입장에서 벗어나게 해줄 뿐만이 아니라 철학의 존립 근거를 형성시켜 줄 것입니다. 과학적 법칙에 대해서도 인간의 주체적 요구를 실현하는 입장으로 접근하도록 해줄 뿐만이 아니라 주체적 요구에 부합하는 과학적 발견을 고무함으로써 과학적 발견을 더욱 다그치고, 그로써 철학이라는 학문을 확고히 과학적 토대 위에 올려세워 놓게 될 것입니다.

02
세계는 물질로 통일되어 있고 합법칙적으로 변화 발전한다

인간이 어떻게 살 것인가에 대한 가치관을 세워주는 것이 철학의 기본 임무라고 하니, 언뜻 보면 세계가 합법칙적으로 변화 발전한다는 것을 부정하는 소리로 들립니다. 하지만 정반대입니다.

가치관에 따라 세계를 대한다는 것은 주관적 사고에 따라 자기 맘대로 세계의 합법칙성을 인정하거나 인정하지 않는다는 뜻이 아닙니다. 실상 세계의 합법칙성은 인간의 가치관에 따라 좌우되지 않습니다. 그러나 객관적 법칙을 어떻게 이용할지는 인간의 가치관에 따라 판단하고 결정할 수 있습니다. 반면에 객관적인 법칙 자체가 성립되지 않는다면 가치관 자체를 적용시킬 수가 없습니다. 그러기에 인간이 어떻게 살 것인가에 대한 가치관을 세워주는 철학은 물질세계의 합법칙성을 인정하는 조건에서 그것을 어떻게 대할지를 판단하고 결정하는 역할을 한다는 것입니다.

물질세계의 합법칙성을 인정한다는 것은 물질의 객관적 법칙을 인정만 한다는 뜻이 아닙니다. 도대체 물질의 합법칙적인 변화 발전을 누가 가르쳐줍니까? 물질의 합법칙적인 변화 발전은 다른 누구도 아닌 인간 자신이 이해하고 판단한 것입니다. 그 이해가 맞는지 그른지는 물질이 가르쳐주지 않으나 인간이 자신의 필요성에 의해서 결정합니다. 여기서 어떻게 살 것인가의 가치관을 정면으로 제기하고 올바로 풀자면 물질의 객관적인 법칙을 찾아낼 필요성이 얼마나 절실히 요청되는지를 이해할 수 있을 것입니다. 물질의 합법칙적인 발전 법칙을 찾는 것도 결국 인간이 자신의 이해와 필요 때문에 진행한다는 것입니다. 그러나 그 법칙의 판단은 인간이 하는 것이 아니라 자연의 물질세계가 결정합니다.

이런 이해가 바탕이 된다면 인간이 자신의 주체적 요구를 실현하는 데 있어서 물질세계의 발전 법칙에 대해 이해하고 파악하는 것이 얼마나 중요한가를 알 수 있을 것입니다. 이 부문이 무너진다면 인간은 자신의 주체적 요구를 실현할 수 없다는 것이고, 그렇게 되면 결국 인간은 자신이 바라는 바를 실현할 수 없고, 오로지 우연 내지는 자신의 주관적 욕구를 실현하는 부분으로 전락하게 될 것입니다. 세상이 합법칙적으로 해결될 수 없으니 무조건 우연에 맡길 수밖에 없게 될 것입니다.

여기서 인간이 주체적 요구를 실현하자면 어떤 방식이든 간에, 그것을 자연이 인정하든 아니든, 인간은 세상이 어떻게 변화 발전하는지에 대해 자신의 관심을 기울여야 하고, 그에 대한 명백한 이해관계를 가질 필요성이 등장하게 되는 것입니다. 자연과 물질세계에 대한 파악이 가치관과는 별반 관계가 없는 것처럼 보였으나, 실상은 바로 자연과 물질세계에 대한 이해가 그 기본전제로 될 수밖에 없는 이유가 여기에 있습니다.

철학은 자연과 물질세계에 대한 이해를 기본전제로 삼는다

자연과 물질세계에 대한 이해를 기본전제로 삼는다는 것은 철학의 주된 과제는 아니지만, 그것을 기본 근거로 삼아 인간이 어떻게 살 것인가에 대한 과제를 풀어가야 한다는 것입니다.

자연과 물질세계에 대한 이해를 기본전제로 삼지만, 가치관의 문제를 주된 과제로 삼아야 하는 것은 철학과 학문의 발전 과정에서 자연스러운 현상입니다.

실상 철학과 학문이 등장한 이유는 인간이 자신의 삶을 어떻게 살 것인가에 대한 요구에서 출발했습니다. 여기서 무엇보다 세계가 어떻게 구성되고 변화 발전하는가는 첫 출발 지점에서 매우 중대한 과제로 등장했습니다. 그 때문에 철학이 처음 전개될 때 종합적인 학문의 위치를 차지하면서 자연과학의 문제 또한 주된 영역으로 포괄할 수밖에 없었습니다. 그래서 철학과 학문이 시작되는 초기에는 그런 내용을 포함하고 있습니다. 하지만 인류사는 끊임없이 발전하였고, 그 과정에서 과학기술은 물론 제반의 학문 분야 또한 크게 발전하였습니다. 이런 상황에서 과학을 비롯한 제반 학문은 점차 여러 분야로 분화되어 나갔습니다. 얼마나 분화하여 발전하고 있는가는 생물학만 보더라도 생화학, 미생물학, 분자생물학, 세포생물학, 발생학, 유전학 등으로 분화한 것에서 알 수 있습니다.

이렇게 학문 분야가 전문적으로 분화되어 가는 조건에서 물질세계의 발전 법칙을 밝히는 것은 자연스럽게 과학자들의 영역으로 자리 잡습니다. 여기서 철학의 고유 영역의 문제가 제기되고, 인간이 어떻게 살아야 할 것인지의 문제가 자연스레 철학의 담당 영역으로 됩니다.

물론 그렇다고 해서 물질세계의 발전 법칙에 대한 이해가 과학자들의 영역으로 되었으니 철학이 관심을 가지거나 개입해서는 안 된다는 뜻은 아닙니다. 전제조건으로 되느니만큼 물질세계의 합법칙적인 변화 발전에 대한 이해를 더욱 명확히 해야 합니다. 이것은 학문이 분화되는 것만이 아니라 융합된 형태로도 나타나고 있는 것에서 확인됩니다.

현시기에 어떤 제품을 만들려고 해도 여러 과학 분야가 이용됩니다. 스마트 혁명 같은 것이 바로 그런 모습입니다. 그런데 이것은 자연과학적 측면의 결합만으로 그치지 않고 인문학적 영역까지 융합이 이뤄지고 있습니다. 단적으로 도시 건설만 놓고 보더라도 자연과학적 측면은 당연히 고려되겠지만 그 부분으로 끝나지 않습니다. 도시 건설로 인해 인간이 어떻게 문화적 혜택을 누리고 살 것인가의 문제까지 판단해야 할 때 인문학적인 영역까지 고려되어야 합니다. 이렇게 여러 학문 간의 영역이 융합되는 것은 그렇게 해야 창조적 과정이 잘 이뤄질 수 있기도 하지만, 그 근본 원인은 인간이 어떻게 살아갈 것인가와 관계되어 있기에 필연적으로 그렇게 되어야 한다는 것입니다.

이런 측면에서 물질세계가 어떻게 합법칙적으로 변화 발전하는가에 관한 과학적 연구는 과학자들이 주된 담당자라고 해도 철학은 그에 대해 항상 고도의 관심을 기울여야 합니다.

특히 철학이 우선해 관심을 가져야 할 부분은 물질세계의 변화 발전에 대해 객관적 토대를 명확히 하는 것이다

물질세계에 대한 객관적 토대가 사라지게 되면 융합학문은 물론이고 가치관의 영역에까지 적용할 수 있는 근거를 잃고 흔들려버립니다. 이런 점에서 철학은 물질세계의 법칙으로 세계가 물질로 통일되어 있고 합법칙적으로 변화 발전한다는 것을 항상 명확히 해야 합니다.

물질세계가 합법칙적으로 변화 발전한다는 것은 세계가 객관적 토대에 의해 움직인다는 것을 말합니다. 너무도 당연하게 여겨지는 이 전제가 명확해야 할 필요성은 지금 현시기 가치관의 아노미 상태가 이뤄지고 과학계에 이르기까지 그와 관련해 여러 혼란이 나타나고 있기 때문입니다. 이런 혼란은 그만큼 인간이 자기 삶을 주인답게 풀어가는 데에 제약을 주게 될 것입니다.

이런 혼란을 극복하는 데서 세계가 물질로 통일되어 있고 합법칙적으로 변화 발전한다는 변증법적 유물론의 등장은 철학사의 발전에 획기적인 전환을 가져왔습니다.

변증법적 유물론의 성과와 제한성

변증법적 유물론은 철학사에 획기적인 진전을 가져왔으나 동시에 제한성을 가지고 있습니다. 변증법적 유물론이 일정한 한계를 지니게 된 것은 물질세계의 법칙을 양질전환이나 부정의 부정 법칙, 대립물의 투쟁과 통일의 법칙으로 설명하기 때문입니다. 그 결과 물질이 자체의 합법칙성에 의해 낡은 것에서 새것으로의 질적 전환을 통해 발전한다는 것을 명확히 하지 못했습니다.

양질전환은 각기 다른 범주를 혼용시켜 양적인 변화가 질적인 변화로 나타난다고 보는 것입니다. 하지만 어떤 대상을 파악하자면 비교 검토할 수 있는 범주로 바라보아야 합니다. 어느 부분을 비교 검토할지를 명확히 하지 않으니 질에서 질로 발전하는 질적 전환의 형태임을 분명하게 설명하지 못했다는 것입니다. 질적 전환을 인정하지 않았다는 것이 아니라 물질의 변화 발전은 질적 전환으로 이해하고, 또 그렇게 되어야 한다는 것을 명확히 하지 못했다는 것입니다.

실상 양은 질과 떨어져 존재할 수 없습니다. 마찬가지로 질 또한 일정한 양들이 공고하게 결합되어 있는 상태라고 할 수 있습니다. 따라서 질 따로 있고, 양 따로 있다는 식으로 이해해서는 안 됩니다. 질과 양이 따로따로 존재하지 않고 연결되어 있다면 결국 양이 변했더라도 질이 변한 것이라고 할 수 있을 것입니다. 쉽게 말해 (새로운 양을 포함하고 있는) 새로운 질이 힘을 형성하여 (낡은 양을 포함하고 있는) 낡은 질을 극복한 것이라고 할 수 있습니다. 이런 방식의 양의 축적이라고 할 것 같으면 결국 새것이 낡은 것을 극복하는 것이기에 양질전환이라고 하지 않고 질에서 질로 발전하는 형태라고 말해야 할 것입니다.

그런데 변증법적 유물론의 양질전환은 이런 의미의 양질전환이 아닙니다. 양을 거론할 때는 낡은 질보다 더 큰 범주를 사용합니다. 그리고선 양의 축적이 이루어지니 자연스레 질적 전환이 전개된다는 식입니다. 허나 양이 질과 떨어질 수 없다는 것을 생각할 때 더 큰 범주에서 형성된 양은 벌써 새로운 질과 관련된 양이라고 봐야 합니다. 결국 그 양이 공고하게 결합하여 형성된 그 자체가 새로운 질의 탄생을 의미합니다.

그런데 양질전환에서는 양이 새로운 질과 전혀 관계없는 듯이 설명한다는 것입니다. 넓은 범주의 양은 넓은 범주의 질과 관련되어 있는데 말입니다. 그러다 보니 양의 의미가 모호해지게 됩니다. 즉 새로운 질과 관계된 양인지, 아니면 낡은 질과 관계된 양인지가 헷갈리게 됩니다. 여기서 새로운 질과 관계된 양이라면 구태여 양질전환을 말할 필요가 없고 질에서 질로 발전한다고 말하면 될 것입니다.

하지만 낡은 질과 관계된 것이라고 하면 전혀 상황은 달라집니다. 이런 경우에는 아무리 양적인 것이 축적된다고 해도 그 양이 많아질 뿐이지 낡은 질과 연관되어 있기에 질적인 변화가 일어날 수 없기 때문입니다.

이런 부분을 명확히 하지 않으니 양적인 것이 축적되면 저절로 질적 전환이 이뤄지는 것처럼 바라보는 잘못된 현상이 나타나게 되는 것입니다. 그러다 보니 질적 변화를 이루려고 적극 노력할 필요성이 제거됩니다. 실상 양적으로 축적되면 저절로 질적 전환을 이루어질 것 같으면 무엇 때문에 힘들게 노력해야 하겠습니까? 그러나 이것은 큰 오산입니다.

실상 물질세계는 기존의 낡은 질과는 다른 돌연변이 같은 새것의 탄생에 의해서 변화 발전합니다. 그런 새것의 탄생 과정은 인간의 눈으로 보니 저절로 된 것처럼 보이겠으나 그 내막은 심각한 투쟁이 동반되는 속에서 승리해야만 질적 비약이 이뤄진다는 것입니다. 이런 점에서 양질전환이라고 모호하게 혼란을 줄 것이 아니라 물질세계의 변화는 질에서 질로 바뀌는 형태라는 것을 명확히 해야 합니다.

양질전환은 변화의 양태를 가지고 말하는 것이지만 방향을 가지고 말할 때는 부정의 부정 법칙을 말합니다. 일상적으로 전개되는 방향을 보면 점차 서로 반대되는 방향에서, 즉 이 방향에서 이뤄졌다가 그 반동으로 점차 반대되는 방향으로 나아가는 게 자연스럽게 보일 수도 있습니다.

허나 물질의 법칙을 설명하는데 왜 물질이 자기를 부정해야만 한다는 것입니까? 자신을 부정하는 물질의 법칙은 허용되지 않을뿐더러 존립 근거의 객관성도 부정당하게 할 것입니다. 물질의 특성이 이러한데, 갑자기 그렇지 않은 방향으로 간다면 어떻게 봐야 하겠습니까? 결국 부정의 부정 법칙은 그런 방향으로 전개될 수 있다는 것을 말해줄 뿐이지 법칙으로 될 수는 없습니다. 물질 자체의 성질에 따라 진행되는 것으로 파악해야 한다는 것입니다. 그렇지 않다고 한다면 그것은 물질의 법칙에 어긋납니다.

설사 여러 상황과 조건 때문에 물질 자체의 성질을 드러내지 못하더라도 그 물질은 여전히 자체의 특성을 발휘하려는 것으로 보는 것이 맞지 않겠습니까? 이것이 물질의 법칙이라는 것입니다. 그렇다면 부정의 부정이 아니라 물질 자체의 특성을 실현하기 위한 방향에서 움직인다고 보는 것이 맞는 것입니다. 그런데 그것은 결국 새것이 낡은 것을 극복하는 방향이라고 할 수 있습니다.

그렇지 않고 부정의 부정 법칙이 맞다면 인류의 미래 사회는 민이 주인의 권리를 더욱 적극 실현하는 방향으로 나아가야 할 터인데, 도리어 주인의 권리 행사를 부정해야 한다는 꼴이 되어버리니 이치에 맞지 않게 됩니다. 그래서 부정의 부정 방향이 아니라 물질 자체의 특성과 요구에 의해서 결정되고, 그것은 결국 새것이 낡은 것을 극복하는 방향으로 진행된다고 봐야 합니다.

더욱이 심각하게 고려해야 할 점은 물질의 변화 발전의 근본 동인을 대립물의 투쟁에서 찾고 있다는 것입니다. 물질이 합법칙적으로 변화 발전하는 것은 그 물질 자체의 이해와 요구를 실현하기 위해서입니다. 그렇다면 자신의 이해와 요구를 가로막는 부분에 대해서는 싸울 것이고, 도와주는 세력에 대해서는 함께할 것입니다. 이것이 당연한 이치 아니겠습니까? 그런데 싸우는 것, 대립물의 투쟁이 절대적이고, 그것이 원동력이라고 한다면 어떻게 생각해야 하겠습니까? 자신의 이해와 요구와 관계없이 무조건 싸워야만 할 것입니다. 그런데 이는 세상의 이치와 맞지 않습니다. 이것은 싸우는 것이 물질 발전의 원동력이 아니라 물질 자체의 특성에 달려 있다는 것을 의미합니다.

결국 물질은 자체의 합법칙적인 변화 발전에 따라 이뤄지고, 그것도 질에서 질로, 즉 새것이 낡은 것을 극복하는 방식으로 이뤄진다는 것을 말해줍니다.

물질세계의 합법칙적인 변화 발전에 대한 이해에서의 혼란이 쉽게 해결되지 않는 이유는 무엇 때문일까?

물질세계의 변화 발전에 대한 혼란이 쉽게 해결되지 않는 것은 그만큼 인간이 물질세계의 법칙을 파악하기가 단순하지 않기 때문입니다. 단순하지 않은 것은 그만큼 물질세계가 무한하고 무궁무진하다는 뜻입니다. 그래서 인간이 물질세계의 변화와 발전 법칙을 이해했다고 하지만, 그와 다른 현상, 즉 배치되는 현상이 발생하면 그에 따라 또 물질세계를 바라보는 생각이 바뀌어야 합니다. 지금껏 과학사의 발전만 보더라도 끊임없이 변화되어왔고, 또 그런 과정을 겪어왔습니다.

원자만 놓고 보더라도 예전에는 이것이 가장 작은 물질이라고 보았습니다. 하지만 원자는 벌써 원자핵과 전자로 구성되어 있고, 원자핵은 양성자와 중성자로 결합되어 있다는 것이 확인되었습니다. 그러나 여기서 멈추지 않고 양성자와 중성자는 그보다 더 작은 쿼크로 결합되어 있고, 전자를 기본입자의 구성요소로 가지고 있는 렙톤(경입자)에도 전자만이 아니라 타우, 뮤온이 존재하고 있습니다.

게다가 6개인 쿼크[업(up), 다운(down), 참(charm), 스트레인지(strange), 톱(top), 보텀(bottom)]는 각기 3개의 색(깔)을 가지고 있고, 거기에 반입자까지 존재하는 것으로 이해되고 있습니다. 그러니 쿼크의 기본입자만 해도 6*3*2=36개나 됩니다. 당연히 전자와 성질이 같고 그 방향이 반대인 전자중성미자가 있는 것처럼 타우중성미자와 뮤온중성미자도 존재하고, 그 반입자도 존재하는 것으로 확인되고 있습니다. 이 렙톤(경입자)도 3*2*2=12개나 됩니다.

이런 쿼크와 렙톤 같은 페르미온 물질 입자만 있는 것이 아니라 이를 매개하는 기본입자, 즉 보손(boson)도 존재하는 것으로 파악되고 있습니다. 물질에 작용하는 힘은 강력과 약력, 전자기력, 중력이 존재하는 것으로 파악되고, 그중 중력엔 중력파가 작용하지만, 미시세계에선 너무 미미해 거의 큰 영향을 미치지 못하는 것으로 여겨집니다. 이에 중력을 제외한다면 강력에는 글루온이라는 8종의 색깔을 가진 매개 입자가 있고, 전자기력에는 광자가, 약력에는 Z보손과 W+, W− 등이 있는데, 여기에다가 질량을 부여한다고 하는 힉스입자까지 존재하는 것으로 이해되고 있습니다. 결국 기본입자만 해도 36+12+12+1=61개나 됩니다.

이렇게 기본입자가 많다면 단순하게 설명하는 것이 매우 어려울 것입니다. 원소주기율표만 놓고 보더라도 양성자와 중성자, 전자의 결합 관계로 설명합니다. 그 원소주기율표의 위치를 보면 대략 물질의 화학적 성질을 예측할 수 있습니다. 적용되는 그 수가 적으면 적을수록 아무래도 단순하게 법칙성을 설명할 수 있을 터인데, 이렇게 기본입자가 많다면 아무래도 간단하게 설명하기에는 많은 제약이 따를 것입니다. 게다가 쿼크는 하나씩 있는 상태로 드러나지도 않고 항상 결합상태로 드러난다는 것입니다. 그러니 도무지 그 결합과 변화에 대해 쉽게 파악할 수 없어 물질세계에 대한 설명이 어렵게 됩니다.

이런 현상은 소립자 같은 미시세계에서만 나타난 것은 아닙니다. 거시세계의 흐름에서도 나타나고 있는지라 우주 천체의 변화 과정을 이해하는 데서도 여러 어려움이 발생하고 있습니다. 중력은 모든 물체를 끌어당기기에 결국은 하나로 모여 대폭발할 것으로 예측됩니다. 그런데 우주 천체는 중력에 의해 수축되는 것이 아니라 팽창하는 것으로 확인되고 있습니다. 그것도 어느 곳에서 보아도 우주의 공간은 균일한 것으로 파악됩니다. 그래서 우주는 빅뱅이론, 즉 태초에 한 점에 에너지가 모여 있다가 어느 순간 대폭발에 의해 팽창된 것으로 파악되었습니다.

그런데 우주가 거리에 따라 팽창 속도가 더 빨라지는 것으로 파악되는 상황에서 그렇게 되려면 팽창할 수 있는 어떤 물체가 있어야 할 것입니다. 그래서 아직은 알 수 없지만 인간의 눈에 보이는 물질뿐만이 아니라 보이지 않는 암흑물질과 암흑에너지를 상정하게 되었습니다. 여기서 암흑물질은 어차피 물질이니 중력에 영향을 미칠 것이기에 팽창은 암흑에너지와 관련된 것으로 추측됩니다.

그러면 이렇게 물질과 암흑물질, 암흑에너지가 있는 조건에서 우주 천체는 계속 팽창할 것인가, 아니면 다시 수축의 과정으로 갈 것인가, 이도 아니면 지금의 상태가 계속 유지될 것인지 우주의 미래를 떠올려보지 않을 수 없을 것입니다. 이에 대해 우주론이 전개되고 각기 자기 생각에 따라 다양한 주장이 제기되고 있는 상황입니다. 그러다 보니 매우 혼란스럽기만 합니다.

거시세계를 이해하는 데에서 관건 중의 하나는 중력의 문제이다

중력은 시공간의 문제에 대해 일정한 재고를 요구했습니다. 중력이 작용하여 공간을 휘어지게 한다면 시간에 영향을 미치게 될 것입니다. 중력은 뉴턴이 만유인력으로 제시했지만 왜 그것이 발생하는지 그 이유를 온전히 설명하지 못했습니다. 이에 대해 아인슈타인은 무거운 질량을 가진 물체는 공간을 휘게 한다고 주장하였습니다. 고무판 위에서 무거운 물건을 올려놓으면 그곳이 내려가면서 고무판을 휘게 하는 것과 같은 이치입니다.

그러면 중력이 작용할 때 속도와 시공간의 관계는 어떻게 되냐는 것입니다. 뉴턴역학은 시간과 공간의 문제를 데카르트의 좌표계에 따라 절대적인 개념 차원으로 놓으면서 독립 변수로 파악하였습니다. 그런데 맥스웰은 그때까지의 실험결과와 전자기 공식을 정리하면서 전기장과 자기장이 파동 방정식을 따른다는 것을 알아내고 전자기파 방정식을 발표하였습니다. 이 파동 방정식에서 파동의 속력을 나타내는 항은 전자기파의 속력으로 되는데, 그것은 관찰자와 관계없이 광속으로 일정한 것으로 파악되었습니다.

빛이 진공상태에서 관찰자와 관계없이 일정한데, 중력에 의해 시공간이 휘어진다면 뉴턴역학으로 설명할 수 없는 상황이 발생하게 됩니다. 한마디로 시공간을 절대적이고 독립 변수로 볼 것이 아니라 상대적이고 서로 연관시켜 바라보아야 한다는 것입니다. 중력이 강하게 작용하면 공간이 휘어짐으로 시간이 느려지게 됩니다. 그런데 중력은 속도와의 관계, 즉 관성력 내지는 가속도와 같습니다. 이것은 결국 관측자에 비해 상대적으로 빠른 속도로 움직이는 물체는 시간이 지연되고 그 거리는 짧아진다는 것입니다. 한마디로 속도와 관련해 시간의 지연과 빨라짐이 공간의 축소와 늘어남과 연계되어 나타난다는 것입니다. 그래서 공간의 3차원에 시간을 더해 4차원의 시공간으로 이해해야 한다는 것입니다. GPS에서 시간 보정이 이뤄지는 것도 이와 관계됩니다. 물론 그렇다고 해서 뉴턴의 법칙이 전혀 쓸모없어지는 것은 아닙니다. 물체의 속도가 빛과 같이 빠른 속도라면 몰라도 그렇지 않고 무시할 수 있을 정도의 속도라면 뉴턴의 법칙은 여전히 근사치로서 적용될 수 있기 때문입니다.

시공간의 이해가 이렇게 상대적으로 연계되어 이해되니 문제는 이것으로 끝나지 않습니다. 지금껏 시간은 앞으로만 가는 것으로 여겼는데, 만약 빛보다 더 빨리 움직일 수 있다면 과거로 갈 수 있다는 이론이 제기되게 됩니다. 이른바 타임머신의 등장입니다. 아직껏 질량과 에너지 관계로 볼 때 빛의 속도에 도달할 정도의 에너지를 공급하려면 질량 또한 무한대로 되어야 하기 때문에 빛보다 빠른 것이 나올 수 없다는 것으로 판단하고 있습니다. 하지만 이미 타임머신의 등장과 같은 사고방식이 전개된다는 사실입니다.

게다가 이런 논리는 여기서 끝나지 않습니다. 중력이 무한대가 되면 어떻게 되냐는 것입니다. 예를 들어 빛조차 빠져나올 수 없을 정도로 무거운 상태가 되는 경우 말입니다. 이른바 블랙홀의 발견입니다. 게다가 중력이 계속 작용한다면 결국 우주는 하나로 모여 폭발할 수밖에 없게 될 것입니다. 그러나 인간의 각도에서 우주가 정상적인 상태를 유지할 것이라고 보기도 합니다. 이를 위해 아인슈타인은 우주상수를 집어넣었습니다. 나중에 일생일대의 실수라고 하였지만 지금은 그 우주상수의 문제를 고려할 수밖에 없게 되었습니다. 허블의 천체 관측에 의하면 우주는 계속 팽창하는 것으로 밝혀지고 있습니다. 우주가 계속 팽창한다면 언젠가는 파멸을 맞을 것이고, 그렇지 않고 다시 대수축과 같은 반대 형태도 벌어진다고 해도 우주는 파멸을 맞이하게 될 것입니다. 어차피 그 어떤 경우든 인간은 생존할 수 없으니 말입니다.

미시세계를 다루는 양자역학에서 제기되는 문제

물질세계를 이해하는 방식의 혼란은 여기에서 끝나지 않습니다. 지금 한창 유행하고 있고, 또 현재 과학의 발전을 이끄는 양자역학의 방식은 인간의 물질 이해 자체를 심각하게 재고하게 하고 있습니다. 현실에서는 양자역학이 과학기술의 발전을 실질적으로 진전시키고 있는데 말입니다.

양자역학에서 소립자인 양자는 파동과 입자의 이중성을 가지고 있는 것으로 이해됩니다. 그런데 이놈은 관찰하면 파동성은 없어지고 입자의 성질만 관측된다는 것입니다. 관측하지 않았을 때 간섭 현상 같은 것이 벌어지지만 관측하면 그 현상은 사라지고 입자만 관찰된다는 것입니다. 아울러 소립자의 위치와 속도를 파악할 때 위치를 알려고 하면 속도를 파악할 수 없고, 속도를 파악하려고 하면 위치를 알 수 없게 됩니다.

한마디로 양자는 슈뢰딩거의 파동함수와 하이젠베르크의 불확정성원리에 의해 진행되지만, 관측자는 그 가능한 고유상태 중 어느 하나만을 볼 수 있을 뿐이라는 것입니다. 이로부터 모든 가능한 고유상태 중에서 어느 것을 볼 것이냐는 확률론적 인과율을 따를 뿐 예측할 수 없다는 주장이 나오게 됩니다. 여기서 더 나아가 심지어 소립자의 세계는 관찰자에 의해 결과를 만들어 낼 뿐 진짜 소립자가 어떻게 존재하는지조차 의심하기까지 합니다. 다시 말해 관찰자에 의해 측정해서 만들어지는 것이지 진짜 그 존재에 대해서 말할 수 있는 것은 없다는 주장까지 나오게 된 것입니다.

이런 입장에 대해 EPR, 즉 아인슈타인과 포돌스키, 로젠이 그들 이름의 앞 머리글자를 따서 양자역학이 완전한 물리 이론이 아님을 보여주기 위해 EPR 역설을 발표합니다. 한마디로 사고실험을 통해, 즉 빛의 속도로도 도달하지 못하는 멀리 떨어진 곳에 있는 상태에서 A를 측정했는데, B의 상태를 즉각 알게 되는 현상이 발생한다면 이것은 국소성의 원리를 벗어나기 때문에 B에서 일어난 특수한 현상을 설명할 수 없으므로 양자역학은 불완전한 이론이라는 것이고, 아직도 뭔가 알지 못하는 추가적인 변수, 즉 숨은 변수이론이 필요하다는 것이었습니다. 여기서 신이 정말 주사위 놀이를 하는 것인지, 아니면 숨은 변수이론이 맞는지를 확인하고자 벨의 부등식이 발표되었습니다. 그리고 이의 실험결과는 양자의 얽힘은 국소성의 원리를 벗어나 비국소성을 띤다는 결과를 가져왔습니다.

양자역학과 상대성이론을 결합하면 해결될 것인가?

숨은 변수이론으로 양자역학이 불완전한 이론이라고 주장하려 했으나 도리어 양자의 얽힘은 비국소성을 띤다는 결과를 얻게 되니 물질세계에 대한 이해는 더욱 어려워지게 되었습니다. 결국 이 문제를 해결하자면 양자역학과 상대성이론을 서로 결합하면 되지 않겠느냐는 예측이 나왔습니다. 일반상대성이론의 예측으로 블랙홀이 발견되었는데, 이를 파악하자면 거대한 별이라는 측면에서는 일반상대성이론을 적용하고, 그 중심 내부의 특이점을 파악하자면 양자역학을 적용해야 할 것처럼 보였습니다. 게다가 우주가 양자적 수준의 점으로부터 빅뱅의 대폭발이 일어나 행성, 은하, 블랙홀이 형성되었다면 이로부터 이 모두에 일관되게 적용되는 통일된 자연법칙이 존재할 것으로 예측하는 것은 자연스러운 생각이었습니다.

하지만 거시세계를 바라보는 일반상대성이론과 미시세계를 바라보는 양자역학을 서로 통합하기는 쉽지 않았습니다. 서로 적용되는 원리가 배치되었기 때문입니다. 일반상대성이론은 연속적이고 결정론적인 데 반해 양자역학은 불연속적이고 불확정성원리로 이해하였습니다. 당장 미시세계에 중력의 원리를 적용하면 가까워지면 가까워질수록 계속 커지게 될 것이니 무한대의 결과가 나올 수밖에 없게 될 것입니다.

여기서 광자나 전자가 입자와 파동의 이중성을 가지고 있다는 것에 기초해서 지금껏 물질세계를 입자로만 바라보던 방식으로부터 파동의 관점으로 우주를 이해하려는 노력이 나타났습니다. 이른바 초끈이론의 등장입니다. 초끈이론은 우주를 구성하는 최소 단위가 끈으로 되어있다는 것입니다. 물질을 자르고 자르면 입자인 점이 아니라 끈이라는 것입니다. 끈은 플랑크 길이라는 최소 단위의 길이가 있고, 길이는 공간을 차지하니, 중력이 적용될 수 있어 상대성이론도 결합할 수 있다고 본 것입니다. 그래서 1차원적인 끈의 지속적인 진동에 의해 소립자의 형태가 정해지면서 우주 만물이 만들어진다고 가정합니다.

그런데 이 초끈이론이 성립되는 수학적 계산과 맞으려면 여분의 차원이 존재해야 한다는 것입니다. 인간은 분명 3차원의 공간과 1차원의 시간, 즉 4차원의 시공간에서 살고 있는데, 여분의 차원이 6개가 더 있어 10차원의 세계이지만 말려 있기에 인간의 눈에는 보이지 않는다는 것입니다. 이것도 당황스러운 일인데, 더욱 혼란스러운 것은 수학적 계산으로 볼 때 타당하게 여겨지는 수식이 5개나 성립되었다는 것입니다. 이를 통합하기 위해 등장한 것이 바로 M 이론입니다. 동일한 1개의 수식을 다른 5개의 수식으로 표현한 것에 불과하다는 것입니다. 그런데 이를 통합하기 위해 이제 10차원이 11차원으로 늘어나고, 1차원이던 끈이 2차원의 막으로 확장되었습니다. 끈이 진동하기 위해서는 기타 줄처럼 끝과 끝이 판에 붙어 고정되어야 하는 것처럼 그 고정판이 막이라는 것입니다. 이렇게 끝과 끝이 있는 끈은 열린끈이고, 노란 고무줄처럼 끝이 연결된 끈은 닫힌끈이라는 것입니다. 그래서 끈이 열린끈과 닫힌끈으로 되어 있어 어떻게 진동하느냐에 따라 입자의 종류가 달라진다는 것입니다. 여기서 열린끈은 그 안에서 움직이지만 중력자는 닫힌끈이어서 차원을 달리해서 움직일 수 있다는 것입니다. 그리고 그 막은 무수히 많을 수가 있기 때문에 다차원의 다중우주로 설명하게 됩니다.

초끈이론과 M 이론이 표준모형을 기반으로 한 양자역학의 관점에서 상대성이론을 결합시키려 했다면 루프양자중력이론은 상대성이론 관점에서 양자역학을 해석하려고 합니다. 다시 말해 루프양자중력이론은 중력장의 개념을 양자화함으로써 양자중력을 설명하고자 합니다. 끈은 공간 안에서 움직이는 작은 선 형태의 입자이지만 루프는 공간 그 자체인 중력장이라는 것입니다. 이런 가설을 통해 공간의 양자화, 양자 중력이론을 도출해낸 것입니다. 기준 공간이 있다는 개념을 버리고 상대론적으로 중력을 이해한 것입니다. 그 때문에 초끈이론에서 여분의 차원과 초대칭을 전제하는데 그 가정 자체가 잘못되었다고 비판하면서 루프양자중력의 방정식에 의하면 시간 변수나 위치 변수, 여분의 차원들이 없어도 이 루프들, 즉 공간 알갱이들의 상호작용으로 우주의 법칙을 예측할 수 있다고 말합니다.

이렇게 공간이 양자화되니 시간도 절대적이거나 근본적이지 않고 사물들의 다양한 상태 사이의 관계를 나타내는 관계적 개념으로 이해됩니다. 즉 시간은 오직 변화에 따른 차이가 존재하기에 존재하는 것으로 됩니다. 이렇게 이해되니 빅뱅 또한 3차원이 아닌 4차원의 시공간 폭발로 보게 되고, 빅뱅이 우주의 시작점이 아니라 우주가 수축되는 단계 이후에 나타난 현상으로 보게 됩니다.

우주의 변화를 이해하기 위해 이렇게 각기 가설을 세우고 주장하다 보니 급기야 평행우주론까지 등장합니다. 우리가 사는 우주 세계만이 아니라 평행선 위에 있는 또 다른 우주 세계가 동시에 존재한다는 것입니다. 이것은 양자가 동시에 서로 다른 장소에 존재할 수 있는데, 결얽힘이 깨지면 서로 영향을 주지 못하는 각자의 방향으로 나아간다는 것을 우주 세계에까지 확장해서 바라본 것이라 할 수 있습니다.

이렇게 물질세계를 이해하기 위해 수많은 이론이 등장하고 있습니다. 과학의 발전으로 물질세계를 설명해줄 수 있는 만물의 과학이론이 등장할 것으로 기대한 것과는 전혀 상반된 결과가 나오고 있습니다. 그래서 물질세계를 정확히 파악했다고 느끼기보다는 그저 혼란스럽기만 합니다.

물질세계가 합법칙적으로 변화 발전한다는 것은 무슨 의미일까?

인식의 혼란과는 상관없이 물질세계는 합법칙적으로 변화 발전한다!

이렇다 보니 물질세계가 객관적 토대에 의해 합법칙으로 변화 발전한다는 기본 전제마저 흔들리는 상황으로 번져가고 있습니다. 이런 혼란에서 벗어나자면 객관적 토대에 의해 합법칙적으로 변화 발전한다는 것이 무슨 의미인지 분명히 하여야 합니다. 이것은 물질세계가 인간의 인식과 관계없이 물질 자체의 합법칙성에 의해 변화 발전한다는 것입니다. 물질세계에 대한 이해가 옳은가, 그른가는 인간의 인식에 결정되는 것이 아니라 물질 자체에 의해 결정된다는 것입니다.

인간은 분명 물질세계를 이해하기 위한 여러 법칙을 발견해갑니다. 그리고 물질세계에 대한 법칙의 발견으로 인류 문명을 크게 발전시켜 왔습니다. 그 결과로 인간은 이 물질세계가 어떻게 발전할지를 완벽하게 밝혀줄 수 있는 만물 이론까지 발견할 수 있을 것으로 생각하였습니다. 허나 양자역학은 그런 인간의 인식에 혼란을 가져왔습니다. 양자의 소립자 세계에서는 불연속적이고 불확정성의 원리에 의해 전개됩니다. 불연속적이고 불확정성의 원리에 움직이는 조건에서는 실상 예측하기가 어렵습니다. 이것은 지금껏 물질세계가 연속적이고 결정론적으로 움직일 것이라고 바라보았지만, 그런 식의 이해만으로는 더는 물질세계를 설명할 수가 없게 되었다는 것을 의미합니다.

허나 그렇다고 해서 물질세계의 법칙이 물질 자체의 법칙에 의해 변화 발전한다는 것을 부정하는 것은 아닙니다. 양자의 소립자 세계에서는 불연속적이고 불확정성의 원리에 의해 움직인다는 것은 다름 아닌 물질세계의 법칙에 의해서 확인된 사실입니다. 이것은 인간이 물질세계의 법칙을 이해하려고 하는 것은 사실이지만, 그것의 옳고 그름은 인간 자체의 인식이 아니라 물질세계 자체의 법칙에 따라서 결정된다는 것을 말해주는 것에 다름 아닙니다. 그 때문에 어떤 경우에도 물질세계를 이해하는 데서 물질세계 자체의 객관성을 부정하는 것으로 되어서는 안 됩니다.

실상 물질 자체의 객관적 토대가 무너지게 되면 과학적 근거가 무너지게 되고, 그것은 결국 인간이 물질세계를 이용할 수 있는 길이 막히게 됩니다. 그렇다면 인간이 어떻게 가치관을 세워 주인답게 자신의 삶을 개척할 수 있겠습니까? 그 때문에 인간이 어떻게 살 것인가의 가치관을 명확히 세우자면 물질 자체가 합법칙적으로 변화 발전한다는 입장을 확고히 견지하여야 합니다.

그런데 물질세계를 이해하는 데서 앞서 살펴보았던 것처럼 여러 상반된 이론이 등장하고 있습니다. 그런 이론적 논리 전개 속에서 온갖 상상력이 작용하고, 또 그런 과정으로 인해서 물질 자체가 합법칙적으로 변화 발전한다는 것 자체를 부정하는 논리도 전개되고 있습니다. 물론 물질세계를 이해하는 데에는 여러 상상력이 필요합니다. 하지만 그렇더라도 객관적 토대를 부정하는 방식으로 귀결되어서는 안 됩니다.

그래서 물질세계가 그 자체로 합법칙으로 변화 발전한다는 원리를 분명하게 견지하기 위해서는 객관적 토대를 근거로 해서 살펴본다는 의미가 무엇인지를 명확히 할 필요성이 제기됩니다. 그래야 물질세계 자체가 합법칙적으로 변화 발전한다는 원리가 적용될 수 있게 되고, 물질세계에 대한 이해를 더욱 높여갈 수 있게 됩니다.

물질세계 자체가 객관적 토대에 의해 합법칙적으로 변화 발전한다는 것은 우선 물질세계의 무한성을 전제로 한다

실상 무한하냐, 유한하냐의 말의 구분은 범주 문제와 관계됩니다. 범주를 설정해서 경계의 안팎으로 구분할 때 그 경계선 안에서 나타나는 것이라면 유한하다고 말하는 것이고, 그 범주 안에서 일어날 수 있는 모든 상태가 다 표출되어야 한다는 의미에선 무한하다는 뜻이 될 것입니다. 범주 안에서 표출되는 모든 변화 양상을 담아내지 못하면 그 범주의 설정 자체가 잘못되었다고 봐야 합니다. 이것은 결국 무한이냐, 유한이냐는 절대적으로 구분되는 것이 아니라 범주와 관련해서 사용되고 표현된다는 뜻입니다.

이런 이해는 물질세계를 파악하는 데서도 여전히 유효합니다. 우리가 살고 있는 우주가 유한한가, 무한한가에 대해 어떤 범주를 설정했을 때 그 범주 안에서 나타나야 한다는 점에선 유한하다는 의미가 될 것입니다. 하지만 설정된 범위 안에서는 무한하게 변화 발전해야 합니다.

그런데 관건은 그 범주 설정을 물질세계 자체가 가르쳐주지 않는다는 것입니다. 그래서 범주를 설정했는데, 나중에 그에 맞지 않는 현상이 나타날 수 있습니다. 이때는 범주를 다시 설정해야만 할 것입니다. 그래서 과학의 발전은 끊임없이 범주를 새롭게 설정하고 개선해 나가는 과정이라고 말할 수 있습니다. 범주의 설정을 근거로 해서 무한성과 유한성을 따지게 되는데, 범주 자체가 끝없는 변화 과정을 겪는다는 것입니다. 이것은 결국 인간이 물질세계의 객관성을 제대로 이해하자면 무한성을 전제로 해서 파악해야 한다는 것을 말해줍니다.

무한성을 인정하지 않으면 범주 자체가 잘못되었음에도 고치려고 하지 않고 우기려는 현상이 나타나 과학의 발전을 저해하게 됩니다. 그뿐만 아니라 그 범주의 물질세계에서는 나타날 수 없는데 어떤 새로운 것이 발생했다는 식의 주장이 되므로 물질세계가 그 자체로 객관적 토대에 의해 변화 발전한다는 것을 부정하게 됩니다. 지난 중세 시기에 천동설이 잘못되었음에도 지동설로 시정하려고 하지 않음으로써 우주에 대한 과학적 이해를 저해했던 것은 물론이고, 물질 자체의 합법칙적인 변화 발전 과정이 아닌 신에 의해 우주가 돌아가고 있는 것처럼 파악했던 것은 바로 그런 모습이라고 할 수 있습니다. 그래서 물질세계가 무한하게 발전한다는 것을 그 자체로 인정해야 한다는 뜻입니다. 그렇게 전제해야만 물질세계의 모든 변화와 발전 과정을 설명할 수 있다는 원리가 자연스럽게 도출될 수 있습니다. 그래야 인간은 무한하게 변화 발전하는 물질세계를 이해하기 위해 노력하면서 끝없이 전진해나갈 수 있습니다.

물질세계가 끊임없이 변화 발전하는 조건에서 물질세계를 제대로 파악하려면 무한성을 보장해야 합니다. 무한성의 보장은 두 가지 측면에서 살펴볼 수 있습니다. 하나는 설정된 범주 자체가 현재 인간의 이해 수준을 드러낸 것에 불과하기에 끊임없이 개선되고 바뀔 수 있다는 의미에서의 무한성입니다. 또 하나는 그렇게 설정된 범주 안에서의 무한성입니다.

이 둘은 서로 밀접하게 연관되어 있습니다. 범주의 설정이 바뀌면 지난날 설정했던 범주 안의 문제도 달라져야 하기 때문입니다. 이런 현상은 우주와 같은 거시세계는 물론이고 미시세계의 소립자 같은 이해에서 끊임없이 개선되어 가고 있는 사실에서 확인됩니다.

범주의 설정 자체가 끊임없이 바뀐다는 것을 인정하면서도 또한 무한성을 보장하려면 그 범주 안에서도 무한성이 인정되어야 합니다.

범주의 설정 자체가 바뀌게 된다는 것이야 그 자체로 무한성을 보여주는 것이니 더 말할 필요가 없을 것입니다. 그러면 어떤 범주 안에서 무한하다는 뜻은 무엇이겠습니까? 그것은 물질세계가 끊임없이 변화 발전하지만 무조건 아무렇게나 변화 발전하는 것이 아니라 각각의 범주 안에서 무한하게 변화 발전한다는 것입니다.

범주는 어떤 상황과 조건을 설정한다는 것인데, 무한성은 범주와 관련되어 이해되어야 합니다. 실상 어떤 상황과 조건을 떠나 무한성을 거론하는 것은 별반 의미가 없을 뿐만 아니라 물질세계의 합법칙적인 변화 발전을 그 자체로 설명할 수 없게 합니다. 범주 안에서 무한하지 않는다면 그 범주를 뛰어넘어 어떤 작용이 벌어진다는 것인데, 그런 현상이 나타난다면 그것은 객관적 토대를 무너뜨리게 될 것입니다. 그래서 무한하다는 의미는 무조건 무한하다는 것이 아니라 범주와 관련되어 있고, 그 범주 안에서도 무한한 변화 발전이 이루어지는 것으로 보아야 한다는 것입니다.

물질세계의 합법칙적인 변화와 발전을 이해하자면 범주를 설정해서 파악해야 한다

범주의 설정은 인간이 물질세계를 파악하면서 진행됩니다. 물질세계 자체가 그 기준을 정하는 것은 아닙니다. 하지만 인간은 물질세계의 합법칙적인 변화와 발전을 이해하자면 이렇게 범주를 설정해서 파악해야만 합니다. 인간이 물질세계를 파악한다는 것은 결국 물질세계의 합법칙적인 질서와 체계를 이해한다는 것인데, 그것은 범주 체계를 세워냄으로써 가능하기 때문입니다. 범주 체계를 세워내지 않고서는 물질세계를 파악할 수 없다는 것입니다.

인간이 물질세계를 이해하기 위해 범주를 설정하기에 주관적 측면을 배제할 수는 없습니다. 이것은 피할 수 없는 현상입니다. 그래서 범주는 여러 각도로 세워질 수 있습니다. 여기서 범주 체계를 얼마나 물질세계의 합법칙적인 변화 발전에 맞게 바로 세워내느냐에 따라 물질세계를 이해하는 인간의 능력이 결정됩니다. 한마디로 그 범주 체계를 인간이 설정하기는 하지만 물질세계의 법칙에 맞느냐, 맞지 않느냐는 인간의 의식에 의해 결정되는 것이 아니라 물질세계가 결정한다는 것입니다. 바로 여기서 물질세계의 변화 발전을 옳게 이해하자면 물질세계를 바로 파악하기 위한 인간의 끊임없는 노력이 필요하다는 것을 알 수 있습니다. 그리고 과학사의 발전은 이렇게 범주 체계를 올바르게 설정하기 위해 노력하는 과정에서 전진해왔습니다.

인간의 노력이 더욱 성과를 맺기 위해서는 범주를 옳게 설정하는 데에 큰 관심을 기울여야 합니다. 그러자면 범주를 설정하는 데서도 물질세계의 무한성이 원리적으로 충족되도록 해야 합니다. 인간이 범주 체계를 설정하는 것도 물질세계를 파악하려고 하는 것이니만큼 이 원리가 충족되어야 한다는 것입니다. 무한성이 부정되면 물질세계 자체가 합법칙적으로 변화 발전한다는 것이 부정되기 때문입니다.

범주 내에서의 무한성은 그 모든 부분에서 그 질적 특성이 나온다는 것을 전제합니다. 사과라는 범주로 비유하자면 사과의 특성이 모든 부분에서 나옵니다. 하지만 사과라고 정의하는 부분에서는 만족한다고 해도 그 구체적인 형태는 저마다 다 다릅니다. 실상 현실의 사과를 보면 눈으로 보더라도 거의 똑같은 사과는 나오지 않습니다. 크기나 모양, 색깔 등에서 분명 차이가 나타납니다. 이 말의 뜻은 사과라고 하는 범주에서 질적인 부분은 똑같지만, 구체적으로 살펴볼 때는 거의 같은 형태가 없다는 것을 의미합니다. 설사 있다고 해도 그렇게 나타나는 것 자체가 비정상적이라는 것입니다. 범주 내에서 무한성이라는 것은 이처럼 범주라는 질에서는 똑같은 사과라고 하지만 구체적인 존재 형태에서는 무한성이라는 뜻을 담보하고 있다는 뜻입니다.

범주 내에서의 무한성이 존재하기에 물질세계의 변화 발전에서의 무한성이 담보됩니다. 범주 내에서 차이의 무한성이 담보되지 않고 똑같은 것이 계속 나온다면 결국 유한한 방향만 있다는 것이기에 결국은 무한성이 담보되지 않는다는 뜻이 됩니다. 이것 자체가 무한성의 부정이고, 물질세계 자체의 합법칙적인 변화 발전에 대한 부정으로 됩니다.

그러면 범주 내에서의 무한성을 인정한다는 뜻은 무엇을 의미하는 것일까요? 그것은 범주 내에서의 차이를 적극적으로 인정하고 바라보아야 한다는 것입니다. 범주의 질에서는 똑같을 수 있지만 그 범위 내에서 구체적 차이를 갖는 것이 자연스럽다는 것입니다. 질이 같은 범주에서는 같은 것으로 인식하지만, 그 범주 내에서는 각각 차이를 갖게 된다는 뜻입니다. 이것은 양성자와 중성자에도 똑같은 이치가 적용될 수 있습니다. 그 범주에서는 질적으로는 같다고 하더라도 그 구체적인 존재 형태에 들어가면 양성자나 중성자도 똑같은 것은 없다고 보는 것이 정상적이라는 것입니다. 차이가 없이 모두 똑같다는 것 자체가 무한성을 부정한다는 것입니다. 바로 이런 차이가 있기에 무한성이 담보되고, 물질 자체가 무한하게 합법칙적으로 변화 발전한다고 말할 수 있게 되는 것입니다.

범주 내에서의 무한성을 보장하려면 양 끝이 있어야 할 뿐만 아니라 중간 또한 존재한다는 것을 인정해야 한다

중간이 존재하지 않고 양 끝 내지는 대립관계만 존재하는 것으로 본다면 그 중간에서 벌어지는 수많은 현상을 설명할 수 없습니다.

이에 대해 대립물의 관계에 따라서 중간에서 벌어지는 현상을 설명할 수 있다는 주장도 나올 수 있습니다. 그런데 그렇게 되면 무한성에 대한 이해에서 모순이 발생합니다. 물질이 무한으로 변화 발전한다는 것은 물질 자체의 법칙으로 그렇게 된다는 것인데, 관계에 따라서만 이뤄진다면 중간적인 현상은 자립성이 사라져버립니다. 그러면 왜 대립물은 자체로 자립성을 가지는데, 중간만은 자체의 자립성을 가지는 것이 허용되지 않느냐 하는 것입니다.

이렇게 중간 자체의 자립성을 부정하게 되면 관계 자체가 물질 발전의 원동력인 것처럼 이해되는 현상이 발생합니다. 물질이 저마다 여러 관계를 형성하고 있는 것은 분명합니다. 어차피 물질적 특성을 드러내기 위해서는 관계를 형성할 수밖에 없기 때문입니다. 그리고 그 형성된 관계는 물질 자체가 어떻게 발현되고 있는지 그 수준 단계를 표현하고 있기도 합니다. 하지만 관계를 바꾸는 것은 그 관계 자체가 아니라 물질 자체에 달려 있다고 봐야 합니다.

관계 자체에 있다고 바라보는 것은 물질의 합법칙적인 변화 발전 과정을 물질 그 자체에서 찾는 것이 아니라 외부에서 찾는 것이 되기에 이는 결국 물질 발전의 무한성을 부정하게 됩니다. 물질의 무한성은 물질의 변화 발전에서 일어나는 모든 과정을 인정한다는 것입니다. 그런데 물질 자체가 아니라 외부적인 요인에서 찾게 되면 무한성을 부정하는 꼴이 됩니다. 그 때문에 어떤 관계를 형성하느냐 하는 것도 물질 자체의 특성에 달려 있다고 봐야 합니다.

자본주의 사회에서 노동자와 자본가의 관계는 노자 간의 힘의 역관계를 드러내고 있습니다. 그런데 이 역학관계를 바꾸는 것은 관계 자체에 의해서가 아니라 자기 삶을 주인답게 개척하려는 자주적인 인간이 그런 자본주의적 노자 관계가 자신의 이해와 요구를 실현하는 데에 걸림돌이 되기에 자주적인 인간관계로 바꿔나가야 한다는 것이고, 또 그래야만 실질적으로 바뀔 수 있다고 말하는 것입니다.

또한 물질 자체가 아닌 관계 문제로 바라보게 되면 대립적인 관계가 아닌 비대립적이거나 협조적이고 협력적인 관계에 대해서는 더는 설명할 수 없게 됩니다. 아울러 어떤 관계를 맺거나 그 관계를 변화시켜야 할 때 어떤 근거에 의해 변화 발전을 이루어야 하는지도 설명할 수 없게 됩니다.

결국 모든 것이 무한으로 변화 발전하려면 그 모든 현상에 대해 자립성을 가지고 물질 자체가 변화 발전한다고 보아야 합니다. 그러자면 자연스레 중간성을 인정해야 하고, 그래야만 물질 자체가 자립성을 근거로 하여 모든 상태가 나타날 수 있다는 원리가 구현될 수 있습니다. 그리고 이렇게 바라보면 무한성 속에서 수많은 여러 관계의 형성에 대해서도 더 풍부하게 이해할 수 있게 됩니다.

실상 물질세계를 보면 양 끝만이 존재하는 것이 아니라 중간이 분명 존재합니다. 양성자와 전자만이 아니라 중성자가 존재하고 있고, 물질과 반물질만이 아니라 진공상태가 존재하고 있는 것으로 파악되고 있습니다. 이렇게 엄연히 존재하고 있다면 그 자체로 중간성을 인정하는 게 물질 자체에 대한 파악에도 맞고, 또 물질세계의 변화 발전의 무한성도 더욱 풍부하게 이해할 수 있을 것입니다. 한마디로 양

끝과 함께 중간이 인정되어야 모든 것이 존재하게 됨으로써 무한성이 담보된다는 것입니다.

물질세계의 무한성을 실질적으로 보장하려면 질적인 변화와 발전을 담보해야 한다

그런데 정말 중요한 것은 범주 내에서의 무한성만 인정하는 부분으로 멈추게 되면 그것은 실질적인 변화 발전을 보장하지 못하게 된다는 것입니다. 그 범주와의 질적 차이가 일어나지 않으면 그 이상의 변화와 발전이 없다는 것이기에 더 이상의 변화와 발전이 이뤄질 수 없다는 뜻이 되기 때문입니다. 양적인 차이의 변화와 발전만으로 무한성이 확보되지 않는다는 것입니다. 무한성의 확보는 질적인 변화와 발전을 인정했을 때 실질적으로 이뤄집니다.

질적인 변화를 중시해야 하는 이유는 물질세계의 변화 발전에 무한성을 보장해 줄 뿐만이 아니라 실질적으로 그렇게 보아야 물질세계 자체로 합법칙적인 변화 발전의 모습을 설명할 수 있기 때문입니다.

물질세계의 무한성을 떠올릴 때 초기 조건을 생각하게 됩니다. 물론 우리는 물질세계가 어떻게 형성되었는지 그 시작을 잘 모릅니다. 하지만 원리적으로 따져보았을 때 시작이 있다면 끝이 있게 될 것입니다. 끝이 있다는 것은 결국 무한성을 부정하는 꼴입니다. 그렇다면 물질세계를 살펴볼 때 무로 보이지만 정말로 무가 아니어야 합니다. 이것은 텅 빈 공간처럼 보이더라도 그것이 완전한 무가 아니라는 것으로 확인되고 있습니다.

하여튼 없는 것에서 그 무언가가 생겨났다면 이제 존재하게 되고, 그것은 양 끝과 중간이 존재하게 될 것입니다. 여기서 없는 것에서 있는 것이 생겨났다는 것, 바로 이것이 질적 비약을 말해준다는 것입니다. 이것은 없는 것에서 있는 것이 생겨난 바로 그 최초의 물질은 더는 분할할 수 없는 범주의 물질이라고 봐야 한다는 것을 의미합니다. 만약 계속 분할이 가능하다면 끝없이 무한으로 나뉘기에 없는 것에서 있는 것이 생겨날 수가 없게 될 것입니다. 이것은 물질세계가 끊임없이 변화 발전하여 우주 세계를 형성해가는 모습과는 다릅니다. 그래서 더 이상 분할할 수 없는 물질이 무엇인지 아직은 알 수 없으나 그것을 상정해야만 한다는 것입니다. 미시세계에서 불연속적인 현상이 나타나는 것은 이를 확인시켜 줍니다.

실상 과학의 발전 과정은 질적인 변화 과정을 확인하는 과정이었다고 해도 과언이 아닙니다. 초기에 질적 변화를 담보하는 최초의 물질을 원자로 상정하였습니다. 원래 원자라는 것 자체가 분할할 수 없는 그 어떤 물질이라고 바라보는 개념에서 출발하였습니다. 하지만 과학의 발전으로 원자는 양성자와 중성자, 전자로 구성되었다는 것을 알게 되었습니다. 하지만 양성자와 중성자 또한 그보다 더 작은 쿼크로 결합되어 있다는 것뿐만 아니라 그 기본소립자가 훨씬 더 많이 존재한다는 것도 파악하게 되었습니다. 하지만 과학의 발전은 여기서 멈추지 않고 더 분할할 수 없는 그 기본물질이 무엇인가를 찾고자 하였습니다. 그로 나타난 이론이 플랑크 길이와 연계되어 초끈이론이나 막이론, 루프양자중력이론이 등장하게 된 것입니다. 한마디로 우주의 변화 발전 과정을 이해하는 데에서 최초의 질적 발전을 이루는 물질을 설정해서 우주의 신비를 풀어줄 실마리를 찾고자 했던 것입니다.

물론 우리는 아직 우주에서 최초로 질적 발전을 이룬 기본물질이 무엇인지 정확히 알지 못합니다. 하지만 분명한 것은 최초로 질적 발전을 이룰 수 있는 물질이 존재해야 물질의 변화 발전 과정에서 무한성을 담보할 수 있게 된다는 것입니다. 우주 최초로 질적 발전 단계를 이룰 수 있는 물질이 존재하지 않고 계속 분할해 버린다면 새로운 물질이 생겨날 수 없기 때문입니다.

그래서 우주 최초의 상태에서 분할되지 않는 질적인 물질이 생성되었다고 바라보아야 하고, 그런 이치의 연장 선상에서 공고한 결합관계를 형성해 새로운 질적인 물질이 계속 생성되는 것으로 바라보아야 한다는 것입니다. 다시 말해 우주 최초 시기에 분할할 수 없는 물질이 초끈인지, 막인지, 아니면 루프양자중력인지 모른다고 하더라도 뭔가 질적인 물질의 생성과 출현을 인정해야 하고, 그것이 또다시 쿼크 같은 질적인 물질로 생성되고, 또다시 양성자와 중성자, 전자가 질적으로 생성, 출현하고, 다시 원자에서 세포로, 마침내 별이나 은하 같은 세계를 생성해 변화 발전하는 것으로 이해해야 한다는 것입니다.

물론 앞으로 과학이 더 발전하면 쿼크도 분할할 수 있을지 모릅니다. 지구도 분할되면 우주의 흙먼지로 될 수 있습니다. 하지만 지구라는 행성이 존재하는 것은 분할을 뛰어넘는 강고한 결합관계가 형성되어 있기 때문입니다. 만약에 어떤 물질이든 간에 공고한 결합관계를 유지하지 못하고 계속 분할해 버린다면 최초의 상태 그 이상의 물질은 생성되지 못할 것입니다. 분할되어 버리는데 어떻게 새로운 물질이 만들어질 수 있겠습니까? 바로 여기서 물질세계가 무한하게 변화 발전한다는 것을 인정한다는 것은 새로운 물질이 만들어지는 질적인 범주의 물질이 생성되는 것을 인정해야 한다는 것을 알 수 있습니다.

이것은 물질의 분할 현상이 일어나지 않는다는 뜻이 아닙니다. 그 과정은 끊임없이 일어납니다. 하지만 새로운 물질의 탄생은 분할 과정이 아니라 확고한 결합관계를 형성하는 질적인 변화 과정에 달려 있다는 것입니다. 바로 여기서 질적인 변화를 인정하느냐, 그렇지 않느냐의 문제가 물질세계의 변화 발전에 무한성을 인정하느냐, 그렇지 않느냐의 관건적 요체가 된다는 것을 알 수 있습니다.

이것은 물질세계의 법칙 자체가 이미 질적인 변화를 함축하고 있다는 것이고, 그로 인해 변화 발전하고 있다는 것입니다. 양적인 차이만 존재한다면 새로운 물질이 생겨나지 않을 것인데, 거기서 어떻게 변화와 발전이 이뤄지겠습니까?

사과나무에서 배가 열리지는 않습니다. 배가 열리게 하려면 사과나무에 배나무를 접붙이거나 사과 씨앗에 변형을 가하는 단계를 거쳐야 합니다. 이렇게 단계적 과정을 거쳐 공고한 결합관계를 형성하는 질적인 변화 과정을 통해야 새로운 물질이 형성됩니다. 양자의 소립자가 서로 결합과 상호작용을 통한 질적 변화 과정을 통해 마침내 우주의 은하와 별이 형성되었던 것도 마찬가지 이치입니다.

물론 이 과정의 변화와 발전을 두고도 양적 변화라고 주장할 수 있습니다. 사과나무의 세포는 몇 개인 반면에 배나무의 세포는 몇 개라는 식으로 말하면 양적인 차이일 것입니다. 이런 방식으로 보면 이 우주의 모든 변화는 기본입자로 생각하는 그 구성 물질의 양적 차이라고 말할 수 있게 될 것입니다.

하지만 이것은 사과나무와 배나무의 질적 차이가 있다는 것을 양적인 차이로 설명하는 것에 불과합니다. 실질적으로 사과나무와 배나무의 차이를 이해하는 데서 중요한 것은 세포의 개수 차이가 아니라 그것이 어떻게 서로 다르게 공고하게 결합되어 있는지의 질적 차이를 밝히는 것입니다. 공고한 결합 관계를 형성하지 못하면 사과나무나 배나무 자체가 존재할 수 없으니 말입니다. 존재할 수 없는데, 거기서 물질의 변화 발전을 어떻게 설명할 수 있겠습니까? 새롭고 공고한 결합관계를 형성하는 질적인 범주의 생성을 놓고 설명하지 않으면 물질세계의 합법칙적인 변화 발전 과정을 설명할 수 없다는 것입니다.

게다가 사람과 동물의 차이를 세포의 결합 차이로 설명하는 게 무슨 의미가 있겠습니까? 인간이 물질세계를 이해하려고 하는 것은 인간으로서의 의미를 찾고 참된 삶을 살아가고자 하는 데에 있습니다. 그러자면 사람과 동물의 차이를 세포 결합의 양적 차이로 설명할 것이 아니라 질적으로 어떤 부분이 다른지를 설명하는 것이 필요합니다. 마찬가지 이치로 물질세계를 전면적으로 파악하자면 단순한 양적 차이가 아니라 질적으로 어떻게 물질이 새롭게 생성되어 변화 발전하는지를 파악해야 합니다. 결국 물질세계의 무한성은 질에서 질로 변화 발전하는, 즉 질적인 변화 발전을 인정하는 것에 달려 있다는 것입니다.

물질세계에 대한 이해는 무한한 질적인 변화와 발전을 범주 체계의 구분으로 설명하는 것이다

질적 차이의 구분은 범주에 의해서 진행됩니다. 질적 차이인가의 기준은 범주의 구분으로 파악되고, 질적 차이가 나타나는 것은 물질세계의 무한성의 변화 발전으로부터 비롯된다는 것입니다.

물론 범주에 따라 양적인 차이로 파악되기도 하고, 질적인 차이로 파악되기도 하지만, 중요한 것은 질적 차이를 정확히 파악하는 것입니다. 질적인 차이를 명확히 할 수 있어야만 사물과 물질세계의 변화 발전을 파악할 수 있기 때문입니다. 그 때문에 물질세계에 대한 이해는 결국 무한하게 이뤄지는 질적인 변화와 발전을 범주 체계의 구분으로 설명하는 것이라고 할 수 있습니다. 그래서 물질세계를 이해하는 데서 범주의 구분은 필수적이라고 할 수 있습니다. 물론 그 범주의 설정이 옳은가, 그른가는 인간이 결정하는 것이 아니라 물질세계가 결정한다는 것은 두말할 필요가 없습니다.

여러 범주의 구분을 통해 물질세계가 무한하게 질적인 변화와 발전을 이뤄가는 방식으로 접근한다면 비록 여러 시행착오는 있을 수 있겠지만 궁극적으로는 물질세계가 객관적 토대에 의해 합법칙적으로 변화 발전해가는 것을 더욱 높은 차원에서 설명할 수 있게 될 것입니다. 현시기 시공간의 문제나 우주의 팽창과 수축, 양자의 소립자 세계 등의 이해에서 여러 혼란스러운 상황이 벌어지고 있지만, 범주 체계를 세워내 물질세계의 무한성을 이해하려고 노력한다면 객관적 토대에 의해 물질세계가 합법칙적으로 변화 발전하는 것을 더 높은 차원에서 파악하는 길이 열리게 될 것입니다.

아울러 물질세계가 질적인 단계의 과정을 거쳐 변화 발전한다는 것은 인간 사회의 발전이 새로운 질적 비약을 통해서 가능하다는 것을 가르쳐주는 귀중한 밑천으로 작용합니다. 양적인 변화를 통해서는 질적인 변화가 이뤄지지 않기에 진정 사회를 바꾸려고 한다면 질적 비약의 과정을 거쳐야 함을 물질세계의 법칙은 말해주고 있기 때문입니다.

03
인간은 물질세계에 대해 어떻게 접근해야 하는가?

세계가 물질로 통일되어 있고 합법칙적으로 변화 발전한다는 것은 물질세계를 이해하는 데에서 객관적 토대에 근거해야 함을 표현한 것입니다. 그렇게 해야만 물질세계를 올바르게 파악할 수 있기 때문입니다.

그런데 인간이 물질세계를 이해하는 것은 결국 인간이 어떻게 살 것인가의 과제를 풀어가기 위해서입니다. 그렇다면 단순히 물질세계를 객관적으로 이해하는 차원에서 멈춰서는 안 됩니다. 물질세계에 대해 어떻게 접근할 것인지를 분명하게 밝혀야 합니다. 물질세계의 객관적인 법칙을 파악하고 이해했다고 하더라도 그것을 어떻게 이용할지는 순전히 인간의 몫이기 때문입니다.

인간이 물질세계의 법칙을 어떻게 대해야 할지를 분명하게 밝히지 않는 관계로 해서 여러 혼란 상태에 빠져 있습니다. 가치관의 아노미 상태는 곧 철학의 부재를 의미합니다.

가치관이 혼란되고 철학이 부재하면 아무리 물질세계의 법칙을 이해했다고 한들 그것을 인간을 위해서 올바르게 사용할 것이라고 말할 수 없습니다. 흔히 하는 얘기로 핵폭발의 원리를 발견했다고 할지라도 그것을 인명 살상용으로 사용할 수도 있고, 에너지용으로 이용할 수도 있습니다.

객관적인 법칙을 어떻게 이용할 것인가는 인간의 사회생활에 큰 영향을 미친다

극단적으로 말하면 물질세계의 법칙을 어떻게 대할 것인가의 문제는 결국 물질세계의 법칙을 따라야만 하는 노예가 되느냐, 아니면 인간을 위한 용도로 사용하느냐를 결정합니다. 단적으로 인간은 자본을 이용하면서 경제법칙, 즉 가치의 법칙을 이해하게 되었습니다. 그런데 이것을 어떻게 이용할 것인가는 인간이 결정해야 합니다. 여기서 시장의 법칙이 경제법칙으로서 반드시 지켜야 할 만능의 법칙인 것처럼 주장하는 형국이 조성된다면 어떻게 되겠습니까? 시장의 법칙이 만능으로 여겨지면 자본의 법칙이 관철되는 것이기에 자본의 증식과 재편 과정에 의해 빈익빈 부익부의 양극화 사회가 되고, 돈 중심의 사회가 될 것입니다.

돈 중심의 사회가 되면 돈이 주인 행세하니 돈을 먼저 생각하는 풍조가 당연하게 형성될 것입니다. 실상 돈이라고 하는 것도 인간이 살기 위해 단지 필요한 것일 뿐인데, 돈 중심의 사회에서는 거꾸로 돈이 지배적 위치를 차지하게 됩니다. 돈을 위해서라면 살인도 마다하지 않는 현상이 다반사로 벌어지는 것도 이 때문입니다. 인간이 돈의 노예가 되어버린 것입니다.

이처럼 인간이 물질세계의 법칙을 객관적으로 이해했다 하더라도 그것을 인간을 위해 사용하지 못하고 도리어 그 법칙의 노예가 되어 버린다면 도대체 물질세계의 객관적 법칙을 이해하려고 노력할 이유가 어디에 있겠습니까? 실상 자본주의 사회에서 과학은 눈부시게 발전했습니다. 그런데 그 과학이 인간을 위해 사용되지 않고 돈벌이 수단으로 전락한다면 도리어 그 과학은 인간을 고통 속으로 몰아넣게 될 것입니다. 과학을 발전시키는 것은 인간이 편하게 살고자 하기 때문인데, 도리어 그 과학으로 인해서 더 고통을 겪어야 한다면 도대체 과학을 발전시키는 이유가 어디에 있겠습니까?

앞으로의 미래 사회는 과학기술이 더욱 고도화될 것이고, 그 과학기술을 어떻게 이용하느냐에 따라 인간의 삶은 큰 영향을 받게 될 것입니다. 이런 점에서 인간이 물질세계의 법칙에 대해 어떻게 대해야 할지의 입장을 밝히는 것은 더는 미룰 수 없는 과제로 다가오고 있고, 이것은 인간이 어떻게 살아야 할지에 대한 철학적 과제와 직결되는 문제가 되기에 필수적인 내용으로 되어야 한다는 것을 말해줍니다.

물질세계의 법칙을 어떻게 이용할지에 대해 인간은 그 선택을 피할 수 없다

인간이 어떤 입장에서 물질세계를 대해야 할지의 문제가 중요한 철학적 과제의 하나로 되는 것은 인간의 삶에 큰 영향을 미치기 때문만은 아닙니다. 피하려고 해도 결코 피할 수 없는 문제이기 때문입니다. 그래서 단순히 물질세계의 법칙을 이해하는 선에서 멈출 수 없다는 뜻입니다. 물론 물질세계의 법칙에 대해 인간이 어떻게 대해야 할지의 문제가 중요하다고 해서 물질세계의 법칙 자체를 무시하라는 뜻이 아닙니다.

물질세계의 법칙은 인간의 의식에 의해 결정되는 것이 아니라 물질 자체에 의해서 변화 발전합니다. 그러니만큼 물질세계의 법칙을 파악하자면 이런 원칙에서 벗어날 수는 없습니다. 그렇지만 물질세계의 법칙 자체는 물론이고, 그 법칙을 인간이 어떻게 적용할지에 대해 인간은 피할 수 없을뿐더러 선택해야만 합니다.

예를 들어 원자핵이 분열하고 융합하는 과정은 하나의 물질세계 법칙입니다. 이 분열과 융합 과정에서 엄청난 에너지가 발생합니다. 여기서 이 엄청난 에너지를 어떻게 사용할 것인가의 가치관에 따라 그 물리법칙의 연구 내지는 상용화하는 기술의 발전 방향이 결정됩니다.

즉 핵분열과 핵융합 과정에서 발생한 엄청난 에너지를 이용해 문명한 물질생활을 누리도록 하겠다는 입장과 그 엄청난 폭발에너지를 이용해 사람을 살상하는 가공할 무기로 만들어서 자신들의 패권 유지에 이용하겠다는 입장은 물질세계의 법칙을 파악하는 데서나 앞으로의 법칙 연구와 상용화 기술의 방향에서 엄청난 차이를 가져온다는 것입니다. 자신들의 패권 유지에 이용하려 한다면 원자폭탄이나 수소폭탄처럼 그 폭발력을 높여 사람을 더 많이 살상하는 방향에서 물질세계의 법칙을 이용하고 연구해갈 것입니다. 반면에 물질문명을 누리는 에너지원으로 이용하려 한다면 그런 방향에서 핵융합과 핵분열의 물리법칙을 연구하고 상용화하기 위해 노력하게 될 것입니다.

이것은 인간이 물질세계에서 사는 이상 그 물질세계의 법칙을 어떻게 이용할 것인가에 대해 인간은 선택해야만 하고, 피할 수 없다는 것입니다. 실상 물질세계의 법칙을 어떻게 대할 것인가는 인간이 삶을 개척하는 데서 피할 수 없는 문제로 다가왔고, 또 실질적으로 선택해 왔습니다. 과학 자체의 법칙은 가치 중립적이지만 그것을 어떻게 이용하느냐는 가치 중립적인 것이 아니라 인간의 가치관이 개입될 수밖에 없다는 뜻입니다.

어차피 피할 수 없는 문제이기에 선택할 수밖에 없지만, 이것은 단순히 양자택일의 문제로 끝나지 않습니다.

물질세계의 법칙을 어떻게 대할지가 그 연구 목적과 방향을 결정한다

물질세계의 법칙을 어떻게 대할지의 문제가 중요하게 대두되는 이유는 물질세계의 법칙을 이해한다는 전제에서 멈추는 것이 아니라 물질세계의 법칙을 어떤 목적과 방향에서 연구해야 할지에 대한 근거가 되기 때문입니다.

물질세계의 법칙은 무궁무진합니다. 어떤 범주와 개념을 사용해 파악하느냐에 따라 수많은 법칙과 이론이 나올 수 있습니다. 여기서 물질세계를 인간이 어떻게 대하는가에 의해 물질세계의 법칙 자체가 더 명확하게 파악될 뿐만이 아니라 그 법칙의 이해와 연구 방향도 크게 달라질 수 있습니다. 이것은 물질세계의 법칙에 대한 이해와 연구 방향이 서로 밀접하게 관련되어 진행된다는 것을 의미합니다. 과학적 법칙 자체를 전제로 하지만, 그 법칙에 대한 이해는 물론이고 그 물질세계의 법칙을 어떤 목적으로 이용하려고 하는가에 따라 연구 방향이 달라지는 것은 피할 수 없다는 것입니다. 또한 연구 과제의 우선순위를 결정하는 데서도 매우 중요하게 작용합니다. 이런 점에서 물질세계의 법칙에 대해 명확한 입장을 세우는 과제가 절실하게 요청된다고 할 수 있습니다.

이것은 물질세계에 대한 명확한 입장이 물질세계의 법칙을 전부 다 이해하고서 진행된다는 뜻은 아닙니다. 지금 물질세계의 법칙에 대한 이해는 지난날과 비교해 비약적으로 발전하였습니다. 그렇다고 해서 끝이 있을 수는 없습니다. 물질세계가 무한하니만큼 그 이해 또한 끊임없이 높아져야 할 것입니다.

물질세계를 어떻게 대하느냐는 물질세계의 법칙 자체에 대한 이해에도 큰 영향을 미친다

양자의 소립자 세계에 대해 인간은 아직 명확하게 알지 못하고 있습니다. 그러다 보니 양자의 소립자 세계 자체를 이해하는 데서 여러 혼란스러운 입장이 나타났습니다. 분명 양자의 소립자는 입자와 파동의 이중적 성질을 가지고 있고, 불연속적이고 불확정성의 원리가 적용되는 것으로 파악되고 있습니다.

그런데 이에 대한 실험과 측정 과정은 전혀 다른 각도에서 설명되기도 합니다. 양자의 이중성이나 중첩, 양자 얽힘 등에서 물리적 대상이 측정되면 입자로 나타나는 현상을 보고 측정량은 측정 과정에서 만들어지는 것이라고 이해하기도 하였습니다. 즉 소립자들은 위치나 운동량 같은 속성을 갖지 않고 측정 행위와 더불어 만들어진다는 것입니다. 관측 결과는 관측 행위에 의해서 나타나므로 측정 전 미리 말할 수 있는 물리적 실재는 없고, 관측자는 가능한 고유상태 중 어느 하나만을 볼 수 있는데, 그것도 확률론적 인과율을 따를 뿐이라는 것입니다. 이런 측면에서 보면 양자의 소립자는 실재하지 않는다고 주장하는 현상까지 나타났습니다.

양자 소립자의 세계는 거시세계에서 존재하는 현상과 다르고, 관측과 측정도 거시세계에서 생각하는 것과는 좀 다른 측면이 존재한다고 말하는 것은 당연합니다. 게다가 정확히 파악하지도 못했는데, 다 아는 것처럼 주장할 수도 없습니다. 하지만 양자의 소립자 세계에서 벌어지는 법칙을 정확히 알지 못한다고 객관적 실재나 물질 자체의 법칙까지 부정하는 형태의 주장은 성립될 수 없습니다. 이렇게 되면 물질세계의 법칙 자체를 이해하기 위해 노력할 필요조차 없게 되기 때문입니다.

이런 점에서 아직 정확하게 이해하지 못한 부분이 있을 때, 그것을 파악하기 위한 노력이 어떻게 전개될 수 있게 하느냐는 매우 중요한 문제라고 할 수 있습니다. 물질의 법칙을 이해하기 위한 노력이 적극적으로 벌어져야만 인간의 생활 향상에 도움이 되기 때문입니다. 바로 여기서 물질세계를 어떻게 대하느냐의 입장은 그 어떤 것보다 물질세계 법칙 자체를 이해하기 위한 노력을 적극적으로 불러일으킬 수 있다는 것입니다.

실상 소립자의 미시세계가 있음으로 해서 수많은 물질이 만들어졌고, 우주 천체가 형성되었다는 것을 부정할 수는 없습니다. 소립자의 세계가 없다면 지금의 우주 세계가 형성될 리 만무하기 때문입니다. 그렇다면 아직은 다 알지 못하지만 물질세계는 무한하다고 봐야 합니다. 이를 전제하지 않는다면 아직 밝혀지지 않은, 즉 앞으로 물질세계에서 나타나는 제반 현상을 설명할 길이 없기 때문입니다.

그렇다면 여기서 한 가지 생각해볼 수 있는 것은 물질세계의 무한성이 성립하려면 그 범주 내에서 제반 현상이 다 나타나야 한다는 점입니다. 양자의 소립자가 입자와 파동의 이중성을 가지고 있다는 조건에서 그 중간 형태의 성질도 상상해 볼 수 있습니다. 또 소립자들도 질적으로 같지만, 구체적으로는 차이가 있다는 측면에서 접근해 볼 필요성도 있습니다.

이런 상상이 옳다는 것이 아니라 물질세계의 객관적 실재를 인정하면서 무한하게 합법칙적으로 변화 발전하는 물질세계의 법칙을 찾고자 노력하기 위함입니다. 실상 양자의 소립자 세계를 파악하는 과정에서 전자기력과 약력, 강력을 통합하여 표준모형의 이론을 등장시킨 과정도 물질 자체의 법칙을 찾아가려는 노력에서 전개된 것이라고 할 수 있습니다. 물론 표준모형 이론이 완벽하다는 것도 아닙니다. 표준모형은 기본입자가 너무 많다는 점은 물론이고 양자의 세계에 중력을 결합시키지 못하고 있는 점은 여전히 제한성으로 다가오고 있기도 합니다. 그래서 통일장 이론을 전개하려고 노력하고 있습니다.

하지만 중요한 것은 그 제한성이 있다는 사실이 아니라 물질세계를 어떻게 대해야 할 것인가로 접근했을 때, 아직도 인간이 파악하지 못하고 있는 물질세계의 법칙 자체를 이해하기 위한 노력을 적극 불러올 수 있다는 것입니다.

물질세계를 어떻게 대할 것인가로 접근하는 방식은 물질세계에 대한 이해도를 끊임없이 높여가게 한다

물질세계에 대한 이해와 과학이론을 정립하는 데서 객관적 실재에 근거한 실험을 통해서만 진행할 수는 없습니다. 우주 천체와 같이 그런 환경을 조성하는 것이 현실적으로 어려울 수도 있기 때문입니다. 그래서 물질세계를 이해하는 데서는 여러 사고실험은 물론이고 상상력이 필요합니다. 이런 과정에서 물질세계를 어떻게 대할지의 관점에 입각해 물질세계를 해석하는 입장이 나오게 됩니다. 시간여행이나 공간의 장벽 통과, 다른 곳에서의 동시적 존재 등을 상정해서 얘기하는 것이 그것입니다.

이것은 과거나 미래로 여행하고, 공간의 장벽을 마음대로 통과하며, 여러 곳에 동시에 존재할 수 있으면 얼마나 좋을까 상상하며 물질세계도 그런 각도로 파악해보려는 것입니다. 물론 논리적으로야 빛보다 더 빠른 속도로 움직일 수만 있다면 시간여행도 가능할 것입니다. 그리고 중성미자의 경우 인간의 몸은 물론이고 지구도 투과하는 현상이 벌어지고 있으니 공간의 장벽 통과도 소립자의 세계에서는 일어나는 것으로 보입니다. 또 전자와 같은 양자는 동시에 서로 다른 장소에 존재할 수 있고, 양자의 결얽힘에 의해 순간이동이 이뤄지는 것처럼 파악되기도 합니다.

물론 지금으로서는 앞으로 미래에 이런 일이 정말로 일어날지 속단할 수는 없습니다. 하지만 분명한 것은 그런 일이 실제로 일어날 수 있게 하자면 범주 체계를 확립하여 이해해야 한다는 것입니다. 범주 체계를 확립하여 물질세계를 과학적으로 파악하지 않고 미시세계의 현상이 거시세계의 현상에서도 저절로 일어날 것처럼 보는 것 자체가 있을 수 없다는 것입니다. 보통 사람이 아무런 장애도 느끼지 않고 벽을 통과할 수 없다는 것은 확인된 사실입니다. 사람이 수많은 원자 세포로 이뤄져 있고, 벽 또한 수많은 원자로 이뤄져 있다고 해도 이미 사람과 벽으로 형성된 조건에서는 미시세계에서의 원자 세계와는 달리 아무런 영향도 받지 않고 벽을 통과할 수는 없습니다. 미래 사회에서 이뤄질지, 그러지 못할지는 모르지만, 그런 일이 일어나려면 여러 범주의 과정을 통해 변환을 거쳐야 가능할 것이라는 것입니다. 이것은 시공간의 적용과 척도가 거시세계와 미시세계에서 서로 달리 파악되는 것에서도 드러납니다. 거시세계에서의 짧은 시간도 미시세계에서는 매우 긴 기간으로 작용할 수 있습니다. 만약 거시세계와 미시세계가 다 똑같이 시공간의 척도가 적용된다면 양자론과 중력이론을 단순히 결합시켜도 아무런 문제가 발생하지 않아야 할 것입니다. 하지만 달리 적용되기에 만물이론이라고 지칭되는 양자중력이론이 손쉽게 해결되지 않고 있습니다.

범주 체계를 통해 이해해야 한다는 것은 중성미자가 발견되는 과정에서 확인된 것이기도 합니다. 중성자가 베타 붕괴하여 양성자와 전자로 전환되는데, 그 질량을 확인하여 합산해보니 전자의 질량이 예상치보다 밑돈 것으로 파악되었습니다. 그런데 범주 내에서의 무한성이 적용된다면 한 범주에서 다른 범주로의 전환이 이뤄질 경우 질량 에너지 보존법칙이 성립해야 할 것입니다. 이것이 성립하지 않는다면 갑자기 없는 것에서 있는 것이 나왔다는 것이 되기에 물질 자체의 무한성이 깨지게 될 것입니다. 그래서 이 원리가 적용되려면 결국 같아야 하는 질량보다 더 적은 만큼의 질량을 가진 뭔가가 있어야 하는 것으로 예측할 수 있을 것입니다. 이것은 결국 파울리가 예측한 대로 후에 중성미자의 발견으로 확인되었습니다.

이렇듯 인간이 물질세계를 어떻게 대할 것인가의 문제로 해서 여러 상상력과 사고실험을 통해 과학적 이해가 높아졌고, 인간이 꿈꾸는 물질 세상을 실현하는 데에 도움을 주었던 것이 사실입니다. 현시기 양자 원리를 이용해 양자컴퓨터를 만들려는 것도 이런 방향이라고 할 수 있습니다. 물론 이를 실현하자면 여러 범주 체계를 더욱 체계적으로 확립하는 과정을 겪어야 할 것입니다.

물질세계를 어떻게 대할지의 문제를 옳게 세우면 인간에게 후과를 가져다줄 논리적 오류의 폐해를 막아준다

좋은 결과를 가져오는 방향과 달리 인간이 물질세계를 대하는 입장이 바로 서지 못한 관계로 좋지 않은 후과를 가져다주는 주장도 나타나고 있습니다. 그중의 하나가 평행우주론입니다.

평행우주는 자신이 살고 있는 우주 외에 평행 선상에 위치한 또 다른 우주 세계가 있다는 것입니다. 이것은 양자가 파동과 입자의 이중성을 갖고 있으므로 입자 위치가 제한되지 않고 존재할 수 있는 상태가 너무도 다양한 중첩 상태에 있지만, 간섭이 이뤄져 결어긋남 상태가 되면 계속 분화되어 나간다고 보고 이를 우주 세계에 적용시킨 것이라고 할 수 있습니다. 이것 또한 범주 체계를 구분 짓지 않고 미시세계를 곧바로 거시세계에 적용해서 나타나는 주장입니다.

허나 양자의 소립자 세계에서 일어나는 현상이 거시세계에서 곧바로 일어날 것이라는 보는 것은 옳지 않습니다. 예를 들어 인간의 세포 몇 개가 달라진다고 해서 전혀 다른 인간이라고 말할 수 없는 것과 같은 이치입니다. 다른 인간으로 변했다고 한다면 인간이라는 범주에서 확연히 다른 측면이 존재했을 때 그렇게 표현합니다.

게다가 범주 체계로 보면 중첩된 상황과 결어긋남이 진행된 상태는 서로 다른 범주의 조건이라고 봐야 할 것입니다. 서로 다른 범주로의 전환이 이뤄졌다면 중첩 상태는 사라져야 할 것이지만 질량 에너지 보존의 법칙은 지켜져야 할 것입니다.

그런데 평행우주론에 의하면 평행 상태에서의 또 다른 우주가 존재한다는 것입니다. 그리고 우주 세계가 분리되어 있어 서로 알지도 못하고 영향을 미치지도 못한다는 것입니다. 이것은 다른 범주로 전환되었으면 없어져야 할 것인데, 알지도 못하고 영향을 미치지도 못한다고 하더라도 여전히 동시에 존재하고 있다는 것이기에 이치에 맞지 않다는 것입니다. 물질세계의 법칙에 의하면 한 인간이 다른 범주의 우주로 떠나게 되었다면 그 우주에서는 사라져야 할 것인데, 그렇지 않다고 주장하는 것은 논리상으로 맞지 않다는 것입니다.

물론 아직 인간은 평행우주가 정말로 존재하는지 알지 못하고 확인할 수도 없습니다. 하지만 그렇다고 하더라도 물질세계의 법칙에 어긋난다면 재고해야 할 것입니다. 더욱이 간과할 수 없는 것은 평행우주론 같은 논리로 인간이 물질세계에 대하는 입장을 견지할 때 매우 안 좋은 측면이 발견된다는 사실입니다. 그것은 인간이 자신의 행동에 대해서도 책임을 지지 않아도 된다는 논리가 성립하기 때문입니다.

평행우주론에 의하면 인간이 결정을 한 번씩 내릴 때마다 평행우주가 생성된다는 것입니다. 우주에 또 다른 자기가 존재하게 됩니다. 만약 이런 결과가 나타난다면 인간은 어떤 판단을 내리겠습니까? 매우 이기적인 결정을 내리는 게 합당할 것입니다. 어차피 자신의 이익만 추구하여도 다른 평행우주에서는 착하게 행동하는 자기가 존재하고 있으니, 설사 지금 살고 있는 지구에서 극악한 욕심을 추구한다고 해도 양심적 가책을 느낄 필요가 없다는 것입니다. 이것이야말로 인간의 이기심을 극구 주장할 수 있는 논리가 아니고 뭐겠습니까?

이런 측면에서 인간이 물질세계를 대할 때 어떤 가치관을 가지고 접근해야 옳은지에 대해 명확히 밝히지 않는다면 이기심을 조장하는 주장이 나오는 바가 되어 여러 혼란스러운 상황을 맞이하게 될 것입니다. 바로 여기서 물질세계에 대해 어떤 입장으로 접근해야 올바른 것인지를 밝히는 문제가 매우 중대하게 제기됩니다.

세계와의 관계에서 자기 삶을 주인답게 살아가려는 것이 물질세계를 대하는 인간의 근본 입장이다

그러면 인간은 어떤 입장에서 물질세계를 접근해야 하겠습니까? 여기에는 수많은 각각의 주장이 나올 수 있습니다. 인간의 가치관이 개입될 수밖에 없으니 자신이 생각하는 바에 따라 달라질 수밖에 없기 때문입니다. 무위자연이나 무소유의 가치관을 가졌다고 한다면 물질문명에 큰 비중을 두지 않을 것이지만, 돈이 중요하다는 생각이라면 물질세계에 대해서도 돈이 되느냐, 안 되느냐에 관심을 두고 접근하게 될 것입니다.

이렇게 가치관에 따라 대답이 달라지는 조건에서 올바른 해답을 찾자면 결국 인간은 세계와의 관계에서 그 답을 찾을 수밖에 없습니다. 인간이 저마다 다른 가치관을 함유하고 있는 조건이라면 가치관 자체를 가지고서는 어떻게 사는 것이 옳은 것인지를 판단할 수 없습니다. 가치관 자체가 주관적이기에 이를 판단하자면 그 잣대가 있어야 한다는 것입니다. 그런데 그 잣대는 결국 세계 속에서 인간이 살아갈 수밖에 없기에 세계와의 관계에서 살펴보아야 합니다. 그 관계에 대한 대답이야말로 객관성을 담보할 수 있다는 것입니다. 여기에는 당연히 인간의 주체적 요구도 담게 됩니다.

그런데 인간이 세계와의 관계에서 확립되어야 할 주체적 요구는 어떻게 표현한다고 해도 결국 인간이 세계 속에서 자기 삶을 주인답게 개척하는 방향에서 진행되어야 한다고 말할 수밖에 없습니다. 인간으로 태어나서 이 이상의 대답을 찾을 수 없기 때문입니다. 실상 그 어떤 인생관과 가치관을 지니고 있다고 해도 그 대답은 자기 삶을 세상에서 주인답게 살려는 것으로 귀결됩니다. 그래서 세계와의 관계에서 자기 삶을 주인답게 살아가려는 것이 물질세계를 대하는 인간의 근본 입장이라는 것입니다.

물질세계와의 관계에서 자기 삶을 주인답게 살아가려는 입장을 견지하려면 주체적인 힘을 키워야 합니다. 어차피 세상을 개척하는 것은 바람과 의지만으로 되지 않습니다. 그리하려면 주체적인 힘이 있어야 합니다.

주체적인 힘을 키우는 데에는 여러 방안이 있을 수 있습니다. 과학기술을 발전시키는 것도 있을 수 있고, 인간 간의 단합을 높이는 길도 있습니다. 그런데 이 모든 것을 담보하는 것은 결국 주체로서의 책임성을 높이면서 권리를 강화하는 것이라고 할 수 있습니다.

주체로서의 책임성과 권리를 강화하는 방향으로 나가게 된다면 물질세계에 대한 이해도를 더욱 높이도록 추동하면서도 동시에 물질세계의 법칙을 인간에 이롭게 이용하는 방향으로 확고히 나아가도록 만들어줄 것입니다. 그렇다면 과학의 발전으로 도리어 인간이 더 고통을 겪는 모습은 더는 나타나지 않고 사라지게 될 것입니다. 인간이 자기 삶을 주인답게 살아가려는 입장에서 물질세계를 대해야 한다는 주장의 정당성이 여기서 더욱 명확해지게 됩니다.

3장

민의 등장은 철학사의 발전에 획기적인 전환을 가져오다

01
민이 사회 역사의 주체로 등장하다

세계가 물질로 통일되어 있고, 합법칙적으로 변화 발전한다는 물질세계에 대한 과학적 이해는 철학사의 발전에 큰 전환을 가져왔습니다. 물론 아직도 물질세계에 대한 이해는 완벽하지 못하고 한정적입니다. 허나 물질 자체가 합법칙적으로 변화 발전한다는 원리가 확립됨으로써 무엇에 의거해서 판단해야 하는지를 명확히 할 수 있었습니다. 지금도 과학이 발전하고 있지만, 이 원리에 의거한다면 앞으로도 물질세계의 무한성만큼이나 과학 또한 무궁무진하게 발전할 것으로 예측할 수 있습니다. 이것은 세계를 바라보는 데에서 과학적 토대를 확립하였다는 것이고, 그로 인해 어떤 주장을 펼치는 데서 옳으냐, 그르냐를 판별하는 기준을 가져다주었다는 것입니다.

민이 사회와 역사의 전면에 등장한 것은 주체적 요구의 객관적 실체를 명확히 확립시켰다

지금껏 철학이 어떻게 살 것인가에 대해 해답을 주지 않았던 것은 아닙니다. 수많은 철학자가 이에 대해 나름대로 대답을 던져주었습니다. 어차피 철학은 인간이 어떻게 살 것인가의 문제에 해답을 주는 것을 자기 본연의 임무로 삼을 수밖에 없습니다. 인간으로 태어난 이상 이 문제는 피할 수 없고, 이에 대한 임무를 철학이 담당하고 있기 때문입니다.

그래서 수많은 철학자가 자신의 주장을 펼쳤습니다. 하지만 그 주장을 판별할 수 있는 근거 기준이 명확하지 않음으로써 하나의 주관적 주장에 불과하게 되었습니다. 주관적 주장에서 벗어나자면 객관적 기준이 절실히 요구되었습니다. 여기서 민이 사회와 역사의 전면에 등장하여 주체시대가 열린 과정은 이 모든 것을 해결할 수 있는 근거를 가져다주었습니다. 민의 전면적 등장은 주체적 요구의 객관적 실체를 명확하게 확립시켰기 때문입니다.

물론 민이 역사의 전면에 등장했다는 것은 그전의 역사에서는 역사를 전진시킨 실질적인 담당자가 아니었다는 뜻은 아닙니다. 민은 그전에도 사회적 생산물을 창조하며 역사를 전진시켜왔습니다. 그렇지만 사회와 역사를 실질적으로 발전시켜왔으나 사회와 역사에서 주인 행세하는 지배 통치 세력에 의해 언제나 대상자 내지는 변두리로 밀려났습니다. 사회와 역사의 실질적인 주인임에도 응당한 대접을 받지 못했다는 뜻입니다.

민이 사회 역사의 주체로 나서는 과정은 지난한 투쟁을 동반하였다

민의 지난한 투쟁으로 원시사회로부터 노예제사회, 신분제사회, 자본제사회로 발전해오게 되었습니다.

여기서 인간은 누구나 자유를 누리고 평등하게 살아야 한다는 자유와 평등 사상의 확립은 인류사의 발전에서 하나의 획을 긋는 사건이었습니다. 자유와 평등 사상은 인간 자체를 놓고 차별하거나 억압을 받아서는 안 된다는 입장을 보편화시켰습니다.

물론 자유와 평등 사상은 인간 간의 차별과 억압을 주장하지는 않습니다. 하지만 자유와 평등 사상만으로는 인간 간의 차별과 억압 자체를 없앨 수는 없습니다. 실질적인 자유와 평등을 보장하려면 말로서가 아니라 실질적으로 그렇게 될 수 있는 조건이 확립되어야 하기 때문입니다.

인간은 기본적으로 생존하자면 먹고살아야 하는데, 아무것도 없고 단지 몸뚱이만 가진 상태라면 일을 해야 할 것입니다. 일하지 않으면 굶어 죽기 때문입니다. 여기서 자본을 가지고 있는 자와 그렇지 못한 사람 간에 차별이 발생하고, 그로 인해 자유를 억압받고 불평등한 관계가 형성됩니다. 이것은 실질적인 자유와 평등을 확립하려면 그런 조건을 확립하는 문제에 관심을 가지고 대처해야 한다는 것을 의미합니다. 자유와 평등을 주장하는 그 자체로서는 실질적인 담보를 주지 못한다는 것입니다.

물론 자본가들은 누구나 인간으로서의 자유를 누리고 평등하게 살아야 한다는 원리를 대놓고 부정하지는 않습니다. 하지만 그들은 사회가 운영되는 원리를 시장의 법칙과 자본의 법칙에서 찾았습니다. 그리고는 자본의 법칙과 시장의 법칙은 인간 외부에 있는 객관적인 법칙을 따르는 것이기에 인간 간에 있어서 자유와 평등을 침해하지는 않는다고 주장했습니다.

이들의 주장은 인간이 사회생활을 하자면 사회의 운영 원리가 있어야 하는데, 객관적인 법칙에 의거해야 한다는 것이었습니다. 그 객관적인 여러 법칙 중에서 사람이 살자면 물건을 만들고 유통시키는 것이 필요한데, 여기에 관통하는 법칙이 바로 시장과 자본의 법칙이었습니다. 이 객관적인 법칙에 따르기 싫다고 생각하면 참여하지 않으면 될 것이기에 자유와 평등을 침해하는 것이 아니라는 것입니다.

하지만 그들은 자신들이 자본을 가지고 있다는 것을 숨겼습니다. 분명 자본은 눈이 없고 객관적으로 움직입니다. 그러나 자본을 가지고 있는 사람은 눈을 가지고 있습니다. 자본은 그 자체로 움직이는 것처럼 보이지만, 돈을 가지고 있는 자본가의 의도대로 움직일 수밖에 없습니다.

이에 대해서도 자본가들은 적극적으로 해명하고 나왔습니다. 시장과 자본의 법칙은 객관적인 법칙에 따라 움직이는 것이기에 그들의 이해관계로만 되지 않는다는 것이었습니다. 돈을 벌고, 못 벌고는 사람이 어떻게 하느냐에 달려있고, 여기서 자본의 법칙에 맞게 능력을 갖추어 열심히 노력하며 살아가는 사람이 성공하는 게 당연하다는 것이었습니다. 가난한 것은 열심히 살지 않았기 때문이기에 자신을 탓해야지, 열심히 노력해 성공한 사람을 탓하는 것은 옳지 않다는 것이었습니다. 게다가 사회와 세상은 이렇게 노력해서 성공하는 방식이 되어야만 발전을 이룩할 수 있다고 주장했습니다. 열심히 노력해서 성공하는 세상이 된다면 잘못되었다고 말하기는 어려울 것입니다.

허나 그들의 주장은 자본의 법칙에 맞지 않았습니다. 이미 시장과 자본의 법칙을 전제한 조건에서의 성패는 항상 그렇다고 말할 수는 없더라도 대부분 자본의 크기에 좌우되기 때문입니다. 이게 바로 자본의 법칙입니다. 중소기업과 대기업이 싸우면 무조건 중소기업이 진다고 말할 수는 없겠지만 대부분 대기업이 이기는 이유는 자본의 법칙이 그러하기 때문입니다.

상식적인 이치로 볼 때 자본의 목적은 이윤추구이고, 그 이윤추구가 계속 벌어지면 자본 증식이 확대되어 점차 몇몇 기업으로 모이게 될 것입니다. 자본의 법칙이 관철되는 상태에서의 귀결은 소수가 이기고 다수가 패배한다는 것입니다. 이 사실로부터 자본의 법칙이 관철되면 몇몇 소수만 잘사는 세상으로 귀결되기에 대다수 사람들은 자본의 법칙을 사회의 운영 원리로 삼아서는 안 된다고 주장하는 게 당연할 것입니다. 그런데 자본의 법칙에 반대해서 나가야 한다는 주장이 나오는 것이 아니라 도리어 누구나 노력하면 자본가로 성공할 수 있다고 하면서 시장과 자본의 법칙을 따르는 것이 인류 역사의 발전까지 가져온다는 식의 주장이 계속 이뤄집니다.

도대체 왜 이런 모순되는 상황이 발생하는 것일까요? 그것은 자본이 집중되어 힘이 더 세지면서 그 자본을 가진 사람들이 국가권력을 비롯해 사회의 통치 기구를 장악해 들어가기 때문입니다. 그들은 사회를 움직일 수 있는 지배 통치 기구를 통해 자본의 법칙과 시장의 법칙이 가장 우월한 사회제도의 법칙이라고 끊임없이 주장하여 허위의식을 심어나갔습니다. 그뿐만 아니라 능력과 노력 자체보다는 자본과 시장의 법칙을 잘 이용하는 것이 진짜 능력과 자질이라고 주장하기에 이르렀습니다. 모든 것이 자본과 시장의 법칙에 따라야 한다는 식이었습니다.

분명 인간 간에는 자유롭고 평등한 관계라고 하였습니다. 그런데 이제 인간 외적으로 존재하는 시장과 자본의 법칙을 등장시켜 그에 따라야 한다는 식으로 되니, 그로 인해 실질적인 자유와 평등이 침해받는 상황이 발생하게 된 것입니다. 자유와 평등이 구속받는 상황에 이르렀다면 이를 극복하기 위한 주장이 당연히 나와야 할 터인데, 도리어 해결하려고 노력하기는커녕 외면하면서 계속 자유와 평등을 실질적으로 침해하는 시장과 자본의 법칙을 계속 옹호하는 소리가 나오고 있다는 것입니다. 그렇다면 이를 어떻게 보아야 하며, 도대체 그 이유가 어디에 있는 것일까요?

인간은 사회를 구성하여 살아가는 사회적 존재이다

사람의 생각이 서로 다를 때에 주관적 측면으로 살펴보면 따져볼 수 없게 됩니다. 여기서 사람에 대한 객관적인 이해가 필요하게 됩니다. 객관적 근거가 존재하지 않는다면 판단의 척도가 사라지기 때문입니다. 그리되면 서로의 주장을 구별할 토대가 없어지기에 각각의 개별적이고 주관적 주장만 난무할 것입니다. 그래서 그 주장들을 명확히 위치 지우자면 시급하게 사람을 이해하는 데서 그 객관적 근거의 타당성을 찾아야 했다는 것입니다.

여기서 인간은 사회적 존재라는 객관적 근거를 내세우게 됩니다. 인간은 동물과는 달리 사회를 구성하여 사회적 관계를 맺고 살아가는 사회적 존재라는 것입니다.

물론 인간은 동물과 여러 측면에서 차이가 납니다. 그것도 무수히 많습니다. 어떤 측면에서는 양적 차이일 수도 있고, 또 어떤 측면에서는 질적 차이일 수도 있습니다. 이것은 그때마다 인간의 필요와 요구에 따라 그 부분의 차이를 강조해서 나타내는 것이겠지만, 여기서 중요한 것은 인간이 동물과 달리 질적 차이를 갖는 부분이 무엇이냐 하는 점입니다.

이 측면에서 보면 인간이 동물과 다른 삶과 행동을 가지게 된 것은 사회를 구성하여 사회적 관계를 맺고 생존하며 살아간다는 측면일 것입니다. 물론 동물과 인간의 차이가 이것만 있다는 주장도 아니고, 공통점이 없다는 것도 아닙니다. 다른 각도와 범주에서 보면 당연히 달라질 것입니다. 이것은 과학의 발전으로 계속 찾아가야 할 부분입니다. 하지만 지금까지의 과학사를 통해서 분명하게 말할 수 있는 것은 인간이 사회를 구성하고 살아가는 사회적 존재라는 특성이 동물과 질적으로 다른 측면을 차지한다는 것입니다.

어떤 사회적 관계를 맺느냐에 따라 계급적 이해관계를 달리한다

인간이 사회적 존재라고 객관적으로 규정된 조건에서 다음에 제기되는 것은 결국 왜 이렇게 다른 생각과 주장이 나오느냐 하는 것입니다. 이에 대한 대답이 바로 사회적 존재들 간의 이해관계 문제입니다.

인간은 사회적 존재로서 누구나 사회적 관계를 맺고 삶을 살아갑니다. 여기서 중요한 것은 관계를 맺는 방식인데, 평등하게 맺어지느냐, 아니면 우열 내지는 지배 통치의 관계로 맺어지느냐 하는 것입니다. 평등하게 맺어지면 평등한 사회적 존재가 될 것이고, 우열이 매겨지거나 지배 통치의 관계로 되면 그 관계와 같은 방식의 사회적 존재가 된다는 것입니다. 그 관계에 따라 사회적 존재가 달리 위치지어지게 된다는 것입니다. 관계를 맺을 때 그 실질적인 조건이 평등하게 되어 있으면 평등한 관계가 될 것이지만 노예적으로, 신분적으로, 자본적으로 서로 차이를 갖는 조건에서 관계를 맺게 되면 그에 따라 사회적 존재가 규정됩니다.

이렇게 사회적 존재가 사회적 관계에 따라 규정되니, 그 이해관계가 당연히 다를 것이고, 거기에서 나오는 주장 또한 다를 것은 당연합니다.

사회적 존재라는 규정은 인간을 이해하는 데서 객관적인 근거를 명확히 확립해주었습니다. 이렇게 객관적 근거를 갖게 됨으로써 사회를 바라보는 것 또한 과학적 이해를 높이게 되었습니다. 그중의 하나가 계급적 존재를 밝힌 것입니다.

계급은 인간이 어떤 사회적 관계를 맺느냐에 따라 결정되는데, 그것은 결국 인간이 사회생활을 영위하는 데 있어서 가장 중요한 정치와 경제적 위치, 즉 국가권력과 생산수단의 소유 여부에 따라 결정된다는 것입니다. 노예제 사회에서 노예주들이 국가권력과 생산수단을 장악하고 있으니 이들이 지배 통치계급이 되고, 노예가 피지배계급이 됩니다. 신분제 사회에서는 양반이 지배 통치계급이 되고 쌍놈이 피지배계급이 됩니다. 이런 이치로 자본제 사회에서는 자본가들이 국가권력과 생산수단을 장악한 관계로 이들이 지배 통치계급이 되고, 노동자가 피지배계급이 됩니다. 이런 지배계급과 피지배계급 간의 계급투쟁으로 역사가 발전해 왔다는 것입니다. 이렇게 인류 역사를 계급 투쟁사로 바라보니 국가 또한 지배계급의 통치 기구이자 억압기구라고 바라보는 것은 당연한 귀결일 것입니다.

사회적 존재와 사회적 의식 간의 관계 문제

사회적 존재가 사회적 의식을 규정한다는 주장은

사회와 사람을 설명하는 데에서 일정한 제한성을 가지고 있다

사람을 사회적 존재로 규정하고, 어떤 사회적 관계를 맺느냐에 따라 계급적 이해관계를 달리한다는 주장은 사회와 사람을 이해하는 데에 객관적 근거를 확립하였다는 점에서 획기적인 진전이었습니다. 하지만 사회적 존재가 사회적 의식을 규정한다는 주장은 사회와 사람을 설명하는 데에서 일정하게 불명확한 점이 존재하게 되었습니다. 그것은 우선 민족적인 문제에서 나타났습니다.

자본주의의 발전에 의해 제국주의로 전화한 독점자본가들은 더 많은 이윤추구를 위해 제3세계와 약소국을 침략하였습니다. 이에 대해 제3세계와 약소국은 민족적 억압에서 벗어나기 위해 민족해방투쟁을 전개하기에 이르렀습니다. 그런데 여기에서 사회적 존재가 사회적 의식을 규정한다는 원리로서는 설명할 수 없는 현상이 나타났습니다.

민족해방투쟁을 전개하는 데 있어서 자본가계급 중에서 민족자본가는 민족적 이해관계를 같이하기에 함께할 수 있다고 바라보는 것이었고, 또 실제로 그렇게 진행되었습니다. 이런 현상이 나타나자 민족을 계급적 측면으로 접근할 것이 아니라 새로운 방식으로 접근할 필요성이 제기되었습니다. 그것은 민족의 문제를 계급으로 무조건 환원할 수 없다는 것이었습니다. 그 결과 민족은 핏줄과 언어, 지역과 문화의 공통성에 입각한 공고한 공동체 집단이라고 설명하기에 이르렀습니다. 민족 또한 명백한 객관적 실체로서 인정하기에 이른 것입니다. 이것은 1차 세계대전과 2차 세계대전이 벌어지는 과정에서 그 입장의 변화에서 명확하게 확인됩니다.

1차 세계대전에서 표명된 입장은 제국주의 전쟁을 주되게 계급투쟁의 연장 선상에서 바라보았습니다. 그래서 사회주의 혁명의 목표를 유지하기 위해서는 만국의 프롤레타리아가 서로 싸우지 않고 국제적으로 단결하여 제국주의 전쟁을 내전으로라는 구호를 내걸어야 한다고 주장하였고, 그 과정에서 소련은 실상 내전을 벌여 차르 체제를 붕괴시켜 사회주의 혁명을 성공시켰습니다. 그런데 2차 세계대전에서는 사회주의 세력과 민족해방세력이 서로 연합하는 입장을 천명하였고, 또 제국주의 세력에 대해서도 내전으로의 전개가 아니라 반파시즘 연합전선을 펼쳤고, 더 나아가 파시즘이 아닌 제국주의 세력과도 연합전선을 구축하였습니다.

이런 입장이 전개되는 것을 그저 우연이라고만 말할 수는 없습니다. 이미 러시아에서 사회주의 혁명 자체가 노동자의 힘만이 아니라 노동자와 농민, 병사의 소비에트연합에 의해서 이뤄졌습니다.

노·농·병의 소비에트연합을 단순히 권력을 쟁취하기 위한 전술의 변화라고 주장할 수도 있습니다. 하지만 그렇게만 보기에는 지금껏 노예제, 신분제, 자본제 사회로의 역사적 발전이 이뤄졌던 과정을 살펴봐도 노예만으로, 쌍놈만으로, 노동자만의 힘으로 바뀐 것은 아닙니다. 노예제와 신분제를 반대하는 제반 세력을 포괄하였습니다.

분명 자본주의 사회를 계급적 처지에서 놓고 보면 노동자, 농민, 자영업자, 중소상공인이나 중소자본가 등이 있습니다. 그런데 여기에서의 기본적인 대립이 노동자와 자본가의 관계로 되지 않습니다. 독점단계의 제국주의 시기만 보더라도 독점자본세력을 한편으로 하고, 독점자본세력을 제외한 나머지 거의 모든 세력을 포괄한 관계가 기본 대립으로 됩니다.

식민지 나라들에서는 이런 현상이 더욱 분명하게 드러납니다. 외세의 지배 세력을 기초로 하지만 식민지의 내부를 보면 여러 계급 계층이 존재합니다. 허나 이 또한 노동자와 자본가의 관계가 기본 대립이 아닙니다. 외세와 매국노를 한편으로 하고, 나머지 민족적 독립에 이해관계를 같이하는 모든 세력이 한편이 됩니다. 그리고 이것은 2차 세계대전 시기에 파시즘과의 투쟁 과정에서 반파시즘 연합전선과 민족해방전선이 공고하게 형성됨으로써 실질적으로 증명된 사실입니다.

물론 이런 사실에 대해서도 최대의 지배통치세력을 고립시키고 약화하기 위한 전술적 변화가 불가피했을 뿐이라고 말할 수 있습니다. 하지만 그런 설명에 의한다고 해도 사회적 존재가 사회적 의식을 규정한다는 원리에 의해서는 여전히 설명되지 못하는 부분이 존재합니다.

사회적 존재가 사회적 의식을 규정한다면 노동자 계급은 아주 특별한 경우를 제외하고는 노동자 계급의식을 가져야 할 것입니다. 마찬가지로 민족문제에도 각기 객관적으로 민족이 실재한 조건에서 자신의 민족의식을 가져야 할 것입니다. 허나 현실에서는 노동자인데 노동자 계급의 이해와 요구를 가지는 것이 아니라 도리어 자본가계급의 이해와 요구를 대변하는 경우가 나타납니다. 마찬가지로 자기 민족의 의식을 가진 것이 아니라 식민 종주국, 즉 타국의 주구 의식을 가지면서 매국노 짓거리를 하는 모습도 보입니다.

실상 노동자가 자연스럽게 노동계급의 의식을 가진다고 한다면 압도적인 다수를 차지하고 있기에 많은 나라에서 벌써 세상이 바뀌었을 것입니다. 마찬가지로 민족의식을 자연스럽게 누구나 갖게 된다면 매국노가 없어질 것이기에 비록 타민족의 힘에 의해 식민 지배가 얼마간 유지될 수는 있어도 한국 사회에서처럼 그토록 오랜 기간 지탱될 수는 없을 것입니다. 사실 식민 지배가 얼마나 오랫동안 유지되는가를 결정하는 것은 종주국의 힘이 얼마나 세냐보다는 매국노가 얼마나 체계적으로 양산되었느냐, 그렇지 않았냐에 달려 있습니다. 매국노가 양산되지 못하면 식민 지배는 더는 존속되기가 힘듭니다. 이것은 식민 지배가 이뤄지는 모습을 보면 항상 매국노가 앞장서서 움직이고 있는 것에서 분명하게 확인됩니다.

사실 사람이 소젖을 먹으면 건강하지만, 외세의 사대주의 사상에 물들게 되면 머저리가 되고, 끝내 나라까지 멸망하는 대로 이르게 됩니다. 그래서 분명 한국인인데 일본의 식민 지배를 합리화하는 입장을 전개하면 도무지 그 사람이 한국인인지 일본인인지 모르겠다는 식의 말이 나오게 되는 것입니다.

이런 현상 또한 자기 혼자 잘 먹고 잘살기 위해서 자기가 처한 사회적 존재로서의 사회의식을 망각하고 잘못된 허위의식에 사로잡혀 있을 뿐이라고 주장할 수 있습니다. 하지만 계급적 처지로 놓고 보면 분명 자본가계급의 조건과 비슷한데, 도리어 노동계급의 지향과 요구를 견지하고 있는 사람이 있습니다. 또 객관적으로 보아 일본 민족의 성원인데, 조선에 대한 일본의 식민 지배 통치가 잘못되었다고 사과하고 반성하는 양심인이 존재하는데, 이런 경우를 어떻게 봐야 하겠습니까?

사회적 존재가 영향을 미치기는 하나 저절로 사회적 의식이나 계급의식을 형성하지 못한다

사회적 의식이나 계급의식은 그 사람의 지향과 요구를 반영하는 측면이 주되는 요소로 작용합니다. 실제로 어떤 사람이 어떤 계급의식과 사회적 의식을 갖는가는 그 사람의 지향과 요구에 의해 주되게 결정됩니다. 이것은 거의 똑같은 교육과 환경 속에서 자랐다고 해도 서로 다른 계급의식과 사회적 의식을 갖는다는 것에서 드러납니다. 만약 사회적 존재라는 객관적인 토대, 즉 환경과 조건에 의해서 절대적으로 규정되고 영향을 받는 것이라면 서로 다른 계급의식과 사회적 의식을 갖게 되는 현상을 설명할 길이 없습니다.

사회적 존재로서 계급적 처지를 나타내는 객관적인 토대가 실재하는 것은 사실이지만, 그것이 사회적 의식과 계급의식으로 저절로 반영되지 않는다고 한다면 이제 주체에 대한 의미를 새롭게 이해해야 합니다. 한마디로 객관적 존재에 토대를 두면서도 그 지향과 요구를 반영해야 한다는 의미로 해석되어야 한다는 것입니다. 당연히 그 지향과 요구는 사회와 역사를 발전시키는 데 이바지해야 할 것입니다. 사회와 역사를 퇴보시킨다면 참다운 의미의 지향과 요구라고 볼 수 없기 때문입니다.

민이 사회와 역사의 주체로 등장했다는 참의미!

민은 사회적 존재로서의 객관적 처지에 토대를 두면서도 그 이해와 요구를 참답게 반영하려는 주체적 요구를 중시하고, 더 나아가 사회와 역사의 발전에 조금이라도 이바지하려는 모든 세력을 포괄합니다.

이것은 민의 대한 정의가 사회적 존재로서의 객관적 토대와 함께 주체적 요구의 반영이라는 구체적인 사회 역사적 과정에서 성립되었다는 것을 보여줍니다. 즉 민이라는 개념이 먼저 설정되고 나서, 이에 포괄되는 계급 계층을 소속시키는 방식이 아니라는 것입니다. 그 반대로 사회 역사적 발전 과정에서 각계, 각층으로 객관적으로 존재하는 제반 세력이 주체적인 요구를 실현해가는 구체적인 현실의 모습을 보고 이를 개념적으로 통합해 정립했다는 것입니다. 그래서 민은 처음부터 개별적인 계급, 계층으로 한정되는 것이 아니라 사회와 역사를 전진시켜 나가는 모든 세력을 자연스럽게 포괄하게 되고, 바로 이 모든 제반 세력이 사회와 역사의 실질적인 주체가 되는 것입니다.

각계각층을 포괄해서 사회와 역사를 전진시키는 실질적인 주체가 민이라는 것이 밝혀짐으로 하여 모든 제반 세력이 왜 단합해야 하는지 그 근거가 명확해지게 되었습니다. 그뿐만 아니라 민족문제에서도 민이 나라와 민족 단위에서 살아가고 있기에 민족적 주권을 확립하고자 민족해방 투쟁을 벌여야 하는 근거 또한 분명하게 되었습니다. 아울러 이후의 역사 발전 과정에서 반파시즘연합전선이나 민족해방전선 같은 것이 전술이 아니라 전략적 차원으로 성립됨은 물론이고, 나아가 민을 더욱 단합시켜 나가기 위해서는 거기에서 멈추지 않고, 시대의 발전에 맞게 새로운 차원의 전략적 개념의 단합이 요구될 수도 있다는 점도 예측하게 해주었습니다.

민이 사회와 역사의 주체로 확립된 것은 인간이 어떻게 살 것인가의 문제에 대해서도 또 한 번의 혁신적 이해를 가져왔다

인간이 어떻게 살 것인가에 대한 문제의 핵심은 어떤 생명을 가장 소중히 여기느냐의 문제로 연결됩니다. 자기가 소망하는 참다운 삶을 위해, 즉 참 생명을 위해 자신의 가장 소중한 목숨까지 바치겠다는 뜻을 담고 있기 때문입니다.

물론 인간은 동물과 똑같이 생물학적인 생명을 가지고 있습니다. 하지만 인간은 사회적 존재입니다. 그렇다면 사회적 존재로서의 생명 또한 실재한다고 보는 것이 당연합니다. 민은 실제로 사회 역사의 당당한 주체로서 사회와 역사를 전진시켜 나가고 있습니다. 그런데 사회적 존재로서의 의미를 상실하였다면, 즉 통치 지배계급의 지배나 받고 복종하고 살아야 한다면 사실상 사회적 존재로서의 삶은 무의미한 만큼 사회적 존재로서의 생명이 없는 것이나 마찬가지입니다.

그 때문에 인간은 사회적 존재로서의 의미를 찾아야 합니다. 그런데 인간은 사회 계급적 처지에 따른 사회적 존재라고 하여 저절로 계급의식이나 사회적 의식을 갖지 않습니다. 바로 여기서 사회적 존재로서의 토대를 두면서도 그 참다운 이해와 요구를 지향할 필요성이 존재합니다. 이 지향과 요구성이 민으로서 주체를 확립시키고 사회적 존재로서의 특성을 갖게 하는 것이니만큼 바로 그것이 사회적 존재로서의 생명이 됩니다.

그래서 참다운 삶의 의미를 찾고자 하는 사람은 사회적 존재로서의 생명을 소중히 여길 수밖에 없습니다. 그래서 어떻게 살 것인가라는 물음에 대해 사회적 존재로서의 생명을 지키고자 하는 사람은 기꺼이 육체적 생명을 불태우게 됩니다. 이것은 육체적 생명이 소중하지 않다는 뜻이 아닙니다. 당연히 소중하기에 건강하게 유지되도록 노력해야 합니다.

하지만 사회적 존재로서의 생명은 생물학적인 육체적 생명과는 질적으로 다른 특성을 가지고 있습니다. 육체적 생명은 모든 물질이 소생해서 성장하고 끝내 소멸하듯이 사라지지만, 사회적 존재로서의 생명은 사회 역사의 주체인 민이 면면히 이어지듯이 민과 함께 영생한다는 것입니다. 사람이 명예를 소중히 여기는 것도 바로 여기에 근거를 두고 있습니다. 일제 식민 시기에 민족의 독립과 해방을 위해

서슴없이 목숨을 바친 것도 이 때문입니다.

그런데 사회적 존재로서의 생명은 본질적으로 사회정치적 생명이라고 말할 수 있습니다. 사회적 존재로서의 생명을 가지고 있느냐, 그렇지 못하느냐를 결정적으로 규정하는 것이 정치적 지위에 달려있기 때문입니다. 정치는 사람을 조절 통제하는 기능을 합니다. 한마디로 사람에 대한 통제권과 지배권을 행사한다는 것입니다. 그래서 정치적으로 무권리 해서 지배 통치계급에 노예적으로 복종하고 사는 상황이라면 사회정치적 생명이 사실상 짓밟히고 있다고 봐야 합니다. 이를 해결하자면 어떻게 살 것인가에 대한 물음의 핵심적 의미가 사회정치적 생명의 문제라는 것을 명확히 하면서 이를 소중히 여기고 빛내기 위해 적극 노력해야 합니다.

민의 등장으로 주체시대가 열리고, 주체시대가 열림으로 인류 철학사의 발전에도 큰 전환을 가져왔다.

이렇게 사회 역사를 발전시키는 실질적인 주체가 민이라는 것이 밝혀짐으로 하여 주체시대가 열리게 되었습니다. 그 결과 민의 지향과 요구에 따라 사는 것이 결국 인간이 어떻게 살 것인가에 대한 대답이 되며, 그 해답이 바로 사회정치적 생명을 소중히 여기고 빛내어 가는 것임이 밝혀지게 되었습니다. 이것은 민의 주체적 요구를 더욱 드높이는 방향으로 밀고 나가게 하였고, 그 주체적 요구의 확대 강화는 인류 철학사의 발전에도 큰 전환을 가져오게 하였습니다.

02
사람과 세계 간의 관계 문제가 근본문제로 등장하다

민이 사회와 역사의 주체로 전면에 등장하여 주체시대가 열리게 되니 주체적 요구의 문제가 철학의 중심 과제로 등장하게 되었습니다. 그리고 이것은 철학사의 발전에 획기적인 전변을 가져왔습니다.

물론 그전까지 철학에서 주체의 문제를 다루지 않는 것은 아닙니다. 실로 수많은 사람이 다뤘습니다. 철학은 궁극적으로 인간이 어떻게 살아야 할 것인지에 대해 나름대로 해답을 내려주어야 했기에 주체의 문제를 피할 수 없었고, 또 당연하게 다뤘습니다. 그런데 그 내용이 저마다 달랐습니다. 그 이유는 주체의 문제가 무엇을 의미하는지가 명확하지 못했기 때문입니다. 그래서 각자 생각하는 바를 다뤘고, 그러다 보니 주체의 문제는 주관적으로 자기주장을 펼치면 된다는 식으로 잘못 이해되었습니다.

분명 어떻게 살아야 할까를 생각할 때 수많은 사람이 다르게 대답할 수 있습니다. 또 어떤 면에서는 몇몇 범주로 나누어 구분할 수도 있습니다. 그런데 이런 식으로 되면 어떤 주장이 옳은지, 그른지 어떻게 알 수 있겠습니까? 대답이 다 다른 경우에야 말할 나위도 없겠지만, 몇몇 범주의 부류로 구분했다 한들 어떤 부류는 옳고, 다른 부류는 그르다고 어떻게 말할 수 있겠냐 하는 것입니다. 평가할 수 있는 척도가 없는 조건에서는 뭐라고 판단할 수가 없습니다.

어떻게 살 것인가의 척도를 찾자면 주체의 문제가 무엇인지부터 따져보아야 한다

주체라고 하면 먼저 떠오르는 것은 사람입니다. 그런데 사람은 천차만별입니다. 그래서 개별적 사람을 떠올리는 것은 매우 자연스럽게 보입니다.

철학에서 사람을 논할 때 그것은 개념적으로 추상화하여 일반화한 것입니다. 개념적으로 추상화된 것인데, 그 논의를 전개할 때 구체적 인간을 상정한다면 어떻게 되겠습니까? 구체적 인간을 전제하면 당연히 그 주체 또한 구체적 인간일 것이며, 사람마다 제각각일 것입니다. 여기서 공통적인 것을 구하려면 취미나 기호 같은 우연적 요소가 작용할 것입니다.

허나 이런 접근은 거꾸로 된 이해로써 잘못된 것입니다. 앞에서 말했듯 철학에서 사람이라는 개념은 구체적이고 개별적으로 존재하는 인간을 추상화해서 정립한 표현입니다. 한마디로 사회 역사의 주체로 등장한 주체시대의 민을 철학적으로 가장 일반화해서 표현한 것입니다. 그런데 추상화된 개념을 다시 구체화한다면 이것은 도돌이표가 되는 격이니 개념에 혼란이 일어나게 될 것입니다.

실상 모든 사물은 다 구체적으로 존재합니다. 사람 또한 똑같은 이가 없을 정도로 각양각색입니다. 그래서 어떤 물질의 특성을 밝힐 때 범주 체계를 세웁니다. 범주 체계를 세우는 것은 그 범위 내에서는 질적으로 공통적인 특성을 갖고 있다고 함으로써 그 이해를 쉽게 하기 위해서입니다. 당연히 질적으로 같다고 하더라도 그 구체적인 면에서는 차이가 존재합니다. 질적으로 같은 사과라는 범주를 설정했지만 사과 하나하나의 면면을 보면 똑같은 사과가 없는 것과 같은 이치입니다. 이게 바로 물질의 무한성입니다.

물질의 무한성 속에서 그 변화 발전을 이해하자면 범주 체계를 설정해서 이해할 수밖에 없습니다. 그 범주 체계의 설정이 옳으냐, 그르냐는 인간이 아니라 물질 자체의 합법칙적 발전 과정에서 증명됩니다. 이런 원리가 인간의 주체성 문제에도 그대로 적용됩니다.

철학적으로 사람을 규정하는 것은 그 개념의 사람이 있어서가 아니라 구체적으로 존재하는 인간을 철학적으로 범주화해서 정립한 것입니다. 이를 사회 역사에 투영해보면 각계각층으로 존재하면서 사회 역사의 발전에 기여하는 제반 세력을 하나의 범주인 민으로 설정한 것과 같은 이치입니다. 한마디로 민이 있기에 철학적인 개념인 사람이라는 범주가 설정된 것입니다. 다름 아닌 민이 철학적 범주의 사람입니다. 그러니 주체시대에서 주체의 요구는 민의 요구인 것입니다. 이를 분명하게 확립하지 못하다 보니 온갖 혼란이 발생하였던 것입니다.

민이 철학적 범주로서의 사람으로 확립되는 과정은 지난한 합법칙적인 발전 과정을 겪어야 했다

우선 민이 사회적 존재로 실재한다는 것이 명확하게 밝혀져야 했습니다. 그런데 사회적 존재로 인정하자면 인간은 누구나 자유롭고 평등한 존재라는 것이 보편화되어야 했습니다. 누구나 자유를 누리는 평등한 존재라는 것이 부정당하면 사회적 존재로서의 보편성이 주장될 수 없기 때문입니다. 노예제나 신분제 사회에서처럼 인간 자체가 차별을 받는 상황에서는 그에 따른 인간 이해가 성립됩니다. 성인이나 철인, 군자가 등장하고 이들이 참다운 주체로 정립되는 것은 그 때문입니다. 성인과 철인, 군자가 주체를 차지하기에 나머지 사람들은 이들의 지배와 통치를 받고 복종하며 따라야 하는 이유가 거기에 있습니다. 그래서 인간 자체를 가지고 차별과 억압이 이뤄져서는 안 된다는 자유와 평등의 사상은 인류사의 발전에 있어서 하나의 질적 전환을 가져온 것이라고 말하는 것입니다.

인간은 누구나 자유를 누리고 평등하게 살아야 한다는 사상이 보편화됨으로써 세상을 바라보는 데서도 객관적인 시각을 견지할 수 있게 되었습니다. 그중의 하나가 세계는 물질로 통일되어 있고, 합법칙적으로 변화 발전한다는 것입니다. 인간 간의 관계가 자유롭고 평등하다고 하니 물질세계 또한 자연스럽게 객관적으로 바라볼 수 있게 된 것입니다.

이런 측면에서 사회와 역사에 대해서도 객관적인 측면을 위주로 바라보게 하였습니다. 그것이 바로 사람은 사회를 구성하여 생존하고 살아가는 사회적 존재라는 규정입니다. 그런데 자본주의 사회에서는 사람은 누구나 자유롭게 평등한 존재라고 했지만 객관적 측면을 살펴볼 때 차이와 차별이 존재하고 있습니다. 이를 설명하기 위해 인간 자체가 아닌 인간이 소유하는 물질적 차이를 따져보게 되었습니다. 그 속에서 주되게 생산수단의 소유 여하에 의해 계급으로 나뉘어 있다는 것을 파악하게 되었습니다.

사회적 존재인 인간은 여러 계급, 계층으로 존재하며 살아가고 있다

인간을 사회적 존재로 파악하고, 여러 계급과 계층으로 존재하며 살아가고 있음을 밝힌 것은 인간에 대한 이해에서 큰 전환을 가져왔습니다. 인간에 대한 파악을 객관적 토대 위에 올려세움으로써 판별의 기준을 제시했기 때문입니다.

허나 객관적 측면을 위주로 바라봄으로써 인간에 대한 파악은 동시에 일정한 제한성을 갖게 되었습니다. 그것이 바로 사회적 존재가 사회적 의식을 규정한다는 원리였습니다.

사회적으로 어떤 지위와 위치를 차지하느냐에 따라 의식 형성에 영향을 미치는 것은 사실이지만, 그런 객관적 측면이 한 인간의 사회적 의식과 계급의식의 형성에 결정적 영향을 미친다고 말할 수 없기 때문입니다. 만약 사회적 위치와 지위에 따라 무조건 사회적 의식과 계급의식을 형성하게 된다면 생활과 처지가 거의 비슷해도 서로 다른 사회적 의식과 계급의식을 가지고 있는 현상을 설명할 수 없습니다.

사회적 의식과 계급의식에 결정적 영향을 주는 것은 주체적 요구와 관련된다

서로 다른 사회적 의식과 계급의식을 가지고 있는 현상을 설명하자면 의식의 문제에 대해 명백하게 파악하고 해명할 필요성이 제기됩니다. 사회적 처지와 상황이 거의 비슷한데도 무슨 이유로 해서 서로 다른 사회적 의식과 계급의식을 갖느냐 하는 것입니다. 즉 인간이 함유하는 사회적 의식과 계급의식에 결정적 영향을 주는 것이 무엇이냐 하는 것입니다. 이것은 주체적 요구와 관련됩니다.

실상 민은 각계각층으로 존재하지만 저절로 협력하는 것이 아니라 주체적 요구에 따라 단합해 나갑니다. 단합이 얼마나 공고하게 형성되느냐는 주체적 요구에 달려 있습니다. 주체의 지향과 요구에 따라 공고하게 단합해 나가면 사회 역사의 실질적인 주체로서의 제 역할을 다할 수 있게 됩니다. 하지만 그렇지 못하면 사회와 역사를 발전시키는 실질적인 담당자이면서도 지배계급의 통치를 받아야 하는 대상자로 취급당합니다. 여기서 민이 사회와 역사의 실질적인 주체로서의 제 역할을 다하기 위해 주체적 요구를 어떻게 세워갈 것인가의 과제가 제기되는 것입니다.

주체시대의 주체적 요구는 다름 아닌 민의 요구이다

여러 계급, 계층으로 존재하고 있는 사람들의 주체적 지향과 요구에 따라 민으로 개념 정립하였고, 그 민을 철학적 개념으로 사람이라고 표명한 것입니다. 그런데 사람이라는 철학적 개념이 곧 사회 역사적 범주에서는 민을 뜻함을 분명히 하지 못함으로써 주체가 누구를 지칭하는지 애매모호 하게 되어 혼란을 초래하였습니다. 민을 떠나게 되니 표준 잣대가 사라지게 되고, 주체의 문제는 개별적인 인간이 자기 맘대로 알아서 결정한다는 식의 주관적 차원의 문제로 귀결되었던 것입니다.

물론 민은 주체적 지향과 요구를 견지하기에 주관적 측면이 존재한다고 말할 수 있습니다. 주체적인 지향과 요구라는 것 자체가 벌써 가치관을 내포합니다. 하지만 여기에서의 주관성은 인간으로서의 운명을 안고 살아갈 수밖에 없는 존재로서의 주관성입니다. 인간 개개인이 이렇게 저렇게 생각해도 되는 식의 주관적 이해가 아닙니다.

단적으로 사회에서 남을 탄압하고 약탈하면서 못살게 구는 사람을 사람이라고 봐야 하겠습니까? 만약 이런 자도 사람이라고 보고 주체적 요구를 논한다면 그 어떤 논의도 불가능하게 될 것입니다. 이런 자도 사람이라고 인정했으니 남을 못살게 구는 행위도 용납되어야 할 터인데, 그래 가지고서 어떻게 사회와 역사의 발전을 논하고 기대할 수 있겠습니까? 이런 사람을 사람으로 보지 않는 것은 민이 아니기 때문입니다.

이렇듯 주체적 요구라고 할 때의 주체는 민이고, 일정하게 가치관을 함유하고 있다는 점에서 주관적이기는 하나, 이 또한 인간으로서의 운명을 안고 살아갈 수밖에 없는 사회적 존재라는 의미에서 주관적이라고 말하지 않고 주체적 요구라고 표현합니다.

주체적 요구를 해결하기 위해 선차적으로 존재와 의식 간의 관계 문제가 제기되었다

주체는 세상을 객관적으로 올바르게 이해하는 것부터 요구한다

주체의 요구는 주체로부터 나옵니다만, 그 내막을 보면 주체의 의식에 담보되어 있습니다. 실상 주체의 의식에 담보되어 있지 않다면 어떻게 주체에게서 나올 수 있겠습니까? 바로 여기서 의식에 대한 전면적인 고찰이 필요하게 되었습니다. 이로부터 존재와 의식 간의 관계 문제가 제기되었습니다.

실상 인간의 행동을 살펴볼 때 결정적인 영향을 미치는 것은 그 사람이 어떤 의식을 지니고 있느냐입니다. 남이야 어떻게 되든 상관없이 자기 혼자 잘 먹고 잘살겠다는 의식을 가지고 있는 사람이 타인이나 조국을 위해 무언가를 할 것이라고 기대할 수는 없을 것입니다. 이처럼 한 인간의 행동을 규정하는 데 있어서 결정적 역할을 하는 것은 그 사람이 어떤 사회적 의식과 계급의식을 함유하고 있느냐입니다.

그런데 이런 현상을 보고 세계의 변화 발전에서도 의식이 결정적인 역할을 한다고 판단하였고, 나아가 이 세상의 변화와 발전은 결국 의식의 변화와 발전이라고 바라보기까지 하였습니다. 이를 가장 잘 집대성하여 표현한 것이 헤겔의 정신현상학입니다.

그런데 인간에게 있어서 의식이 중대한 역할을 한다고 하여 세계의 변화 발전이 의식에 의해서 이뤄진다면 의식만 바꾸면 될 것입니다. 허나 누구나 알듯이 자신의 의식을 바꾼다고 해서 세상이 바뀌지 않습니다.

이에 대해, 그것은 주관적 의식에 해당한 것이고, 절대정신이나 절대의식은 그렇지 않다고 반문할 수 있습니다. 하지만 이 주장 또한 인간이 세상을 살아가는 데에 하등 도움이 되지 않습니다. 절대정신, 절대의식은 곧 신 같은 것을 상정하는 것인데, 인간이 어떻게 신의 뜻을 알겠습니까? 설사 알았다고 한들 어떻게 개입할 수 있겠습니까? 결국 신의 뜻대로 이뤄지고 있으니 현실을 인정하자는 게 될 것이고, 그렇게 현실을 그대로 인정하자는 조건에서 어떻게 사회와 역사를 발전시키는 길에 나설 수 있겠습니까?

이 문제를 해결하자면 존재와 의식 간의 관계 문제를 옳게 정립시켜야 했습니다. 그런데 이 문제 해결의 관건은 결국 존재(물질)와 의식(정)과의 관계에서 무엇이 선차적이고, 또 인간은 과연 이 세계를 옳게 인식하는 것이 가능하냐에 대해 그 해답을 내리는 것이었습니다.

의식과 존재와의 관계에서 선후차의 문제가 발생하는 것은 결국 무엇을 선차적으로 보느냐에 따라 그것에 의해 세상이 좌우되기 때문입니다. 물질, 즉 존재가 선차적이라면 물질에 의해서 세상이 움직일 것이며, 의식이 선차적이라면 의식에 의해서 세계가 변화 발전하는 것으로 되기 때문입니다. 또 의식의 문제로 인식의 가능성을 따지는 것은 이 세상을 인간의 요구에 맞게 개조 변혁할 수 있는가의 문제와 관련되었습니다. 인간이 이 세상의 변화 발전 과정을 옳게 인식하는 것이 불가능하다는 조건이라면 어떻게 세상을 개조하고 변혁해 나갈 수 있겠습니까?

이 문제에 대한 해답으로 세계는 물질로 통일되어 있고, 물질 자체가 합법칙적으로 변화 발전하며, 인간은 단번에 세계를 인식하지 못한다고 해도 지속적인 실천 과정을 통해 인식할 수 있다고 주장하게 되었습니다. 실상 인간이 이 세상을 인식할 수 없다고 한다면 어떻게 실천 과정을 통해 옳은지, 그른지 검증할 수 있겠습니까? 실제로 과학이 발전하는 과정은 여러 실험을 통해 그 검증을 확인할 수 있기 때문입니다. 곧장 파악하지 못하고 여러 번의 실천 과정을 통해 검증했다고 하더라도 인간이 세계의 변화 발전 과정을 인식할 수 있다는 것에는 변함이 없습니다.

결국 존재와 의식 간의 관계에서 선후차를 어떻게 보느냐, 세계를 인식할 수 있느냐의 문제는 인간이 세상을 개조 변혁할 수 있느냐 하는 사람의 이해관계와 결부됩니다. 그것도 가장 기초적이고 기본적인 이해관계와 관련됩니다. 왜냐하면 존재와 의식이라는 단어는 가장 기초적이고 일반적인 개념 규정인데, 그런 논리의 전개에서 의식을 선차적으로 보거나 인간의 인식이 불가능하다고 보면 세상을 개조 변혁할 수 없다는 입장에 서게 되고, 반면에 물질을 선차적으로 보고 인간이 인식할 수 있다고 보면 당장은 아니더라도 궁극적으로는 세상을 인간이 개조 변혁할 수 있다는 뜻이 되기 때문입니다. 그래서 이렇게 사람의 이해관계에 따라 투쟁이 벌어지는 철학사의 논쟁 과정을 두고 관념론과 유물론의 투쟁사라고 설명하였습니다.

허나 이것은 존재와 의식을 가장 기초적인 범주로 놓고 살펴보았기 때문입니다. 실상 존재와 의식의 관계로 놓고 보면 존재와 의식이 가장 기초적인 범주로 됩니다. 아무리 사물의 형상이 천차만별이

더라도 존재(물질)라는 개념보다 더 기초적인 범주는 성립할 수 없고, 또 수많은 생각과 관념이 존재하더라도 그것은 결국 의식으로 표현될 수 있습니다.

존재와 의식의 범주는 세계를 인식하고 변화 발전시킬 수 있는가를 해결하기 위한 요구에서 설정되었다

그러면 왜 다른 것도 아니고 존재와 의식의 관계로 설정하였겠습니까? 그것은 이 세계가 무엇으로 통일되어 있고, 또 인간이 인식할 수 있는가에 대한 질문에 대답하자면 가장 기초적이고 일반적인 범주인 존재와 의식의 관계 문제로 설정해야만 했기 때문입니다. 한마디로 세상이 무엇으로 통일되어 있고 변화 발전하는가, 또 인간은 그것을 인식할 수 있는가에 대해 대답하기 위해서 그런 범주의 설정 관계가 필요했다는 것입니다. 그리고 그 범주의 설정으로 인해 세계는 물질로 통일되어 있고 합법칙적으로 변화 발전하며, 인간은 능히 여러 실천 과정을 통해 물질세계를 인식할 수 있다는 것을 객관적으로 밝히게 되었습니다.

이렇게 존재와 의식이라는 범주 관계를 통해 객관적 토대를 확고히 세운 것은 철학사의 과정에 큰 진전을 가져왔습니다. 객관적 토대와 근거가 명확히 세워짐으로써 무엇이 옳고 그른가를 판별할 수 있는 잣대를 세워주었기 때문입니다.

허나 존재와 의식의 관계로만 보면 분명 물질의 반영을 통해 인식할 수 있다는 논리는 성립하지만, 의식 자체의 문제로 들어가면 상황은 복잡해집니다. 인간의 의식은 그저 수동적으로 반영하는 차원에서 머물지 않기 때문입니다. 처지와 조건이 노동자라고 해서 저절로 노동자의 계급의식을 형성하지는 않습니다. 주체가 어떤 지향과 요구를 갖고 있느냐에 따라 달라집니다. 그래서 한편에서 의식의 능동적 역할을 강조하는 현상이 나타납니다. 심지어는 의식의 중요성을 너무 강조한 결과 의식에 의해서 세상이 바뀌는 것처럼 여기는 주장마저 나타났습니다. 여기서 의식이 갖는 역할을 명백히 밝힐 필요성이 제기됩니다.

인간 의식의 역할을 파악하자면 사람과의 관계에서 살펴보고, 사람의 주체적 특성을 파악하자면 세계와의 관계에서 따져보아야 한다

동물도 감정을 갖기에 사람만 의식을 갖는다고 말할 수는 없습니다. 하지만 인간인 이상 인간의 의식을 다룰 수밖에 없습니다. 인간의 의식 문제를 풀려면 사람과의 관계에서 그 해답을 찾아야 합니다.

하지만 사람의 주체적 특성을 파악하자면 사람과 세계와의 관계 문제를 따져보아야 합니다. 사람과 세계와의 관계가 어떠하냐에 따라 사람의 주체적 특성이 나타나기 때문입니다. 사과가 달다고 하고, 레몬이 시다고 말하는 것은 여러 과일을 비교해서 표현한 것입니다. 만약 사과나 레몬이 그 자체로 홀로 있다고 한다면 어떻게 단지, 신지 판단할 수 있겠습니까? 인간을 사회적 존재라고 정의하는 것도 동물과 비교해서입니다.

사람을 일방으로 하면서 가장 기초적이고 일반적인 범주는 세계이기에 사람과 세계와의 관계를 살펴보아야 한다는 것입니다.

여기서 존재와 의식이라는 가장 기초적이고 일반적인 개념이 있는데, 왜 사람과 세계라는 범주를 또 설정하냐고 물을 수 있습니다. 범주는 인간의 필요에 의해서 얼마든지 새롭게 설정할 수 있습니다. 일례로 인간에게 해로운 물질과 인간에 이로운 물질이라는 범주로 나눠 설정할 수 있습니다. 그런데 독은 일반적으로 볼 때 인간에게 치명적입니다. 하지만 독을 치료하자면 독이 필요합니다. 그러면 이런 상황에 맞는 범주를 다시 설정해야 할 것입니다. 이렇듯 인간의 필요에 의해 범주를 수많이 설정할 수 있지만, 그 설정이 적합한지, 그렇지 않은지는 인간의 의식에 의해 결정되지 않고 물질 자체의 합법칙성에 달려 있습니다.

인간과 세계를 가장 기초적이고 일반적인 범주로 설정해야 하는 이유는 이 관계가 인간의 주체적 요구를 가장 잘 드러내 주기 때문이다

인간을 동물과 비교해서는 사회를 구성해서 살아가는 사회적 존재라고 규명할 수 있습니다. 하지만 인간이 이 세상에서 어떻게 살아가야 하는 존재인가에 대해서는 더 이상 해답을 주지 못합니다. 마찬가지로 존재(물질)와 의식(정신)의 관계로서는 이 세상이 물질로 통일되어 있고, 합법칙적으로 변화 발전하는데, 이를 인식할 수 있기에 이 세상을 개조 변혁할 수 있다는 것을 설명해주지만, 인간이 이 세상에서 어떻게 살아가야 하는 존재인지에 대해서는 설명해주지 못합니다.

인간이 사회적 존재로서 어떻게 살아가야 하는지와 같은 주체적 요구에 대한 질문은 인간과 세계와의 관계에서 밝혀진다는 것입니다. 인간이 세계를 어떻게 대하고 살아가야 하는 것이 밝혀져야 인간의 주체적 특성이 전면적으로 드러나게 됩니다. 그런데 인간이 세계를 어떻게 대하고 살아가야 하는지를 결정하자면 세계가 무엇으로 통일되어 있고 변화 발전하는지를 알아야 할 것입니다. 알지 못해서는 세계를 대하는 입장 자체, 즉 주체적 요구를 세울 수 없습니다.

이런 점에서 보면 존재와 의식의 관계를 철학의 근본문제로 놓고 살펴보았던 것은 인간이 세계와의 관계에서 어떻게 살아가야 하는지, 즉 주체적 요구가 무엇인지에 대한 해답을 풀기 위해 필히 겪으면서 해결해야 할 선차적 과제라는 것을 알 수 있습니다.

허나 이 문제가 일정하게 해결된 조건에서는 계속 거기에 매달려 멈춰 있을 수는 없습니다. 이제 본격적으로 인간은 세계 속에서 어떻게 살아갈지에 대해 대답해야 합니다. 인간의 주체적 요구에 대해 화답해야 한다는 것입니다. 여기서 인간과 세계와의 관계 문제가 이 질문에 대한 대답을 내려주기 위한 근본문제로 되는 것입니다. 한마디로 민이 사회 역사의 주체로 등장하고, 이 주체시대로부터 주체적 요구가 제기된 것은 또 한 번의 철학사의 획기적인 진전을 가져오게 되었다는 것입니다. 사람과 세계와의 관계 문제의 해결이 철학의 근본문제로 다가오는 이상 이 과제를 해결하기 위해 나서는 것은 지극히 당연할 것입니다.

사람과 세계와의 관계에서 제기되는 근본문제를 해결하자면 인간의 주체적 지향과 요구를 견지해야 한다

사회 역사에서 민을 범주화할 때 그저 객관적으로 존재하는 각계 각층의 제반 세력을 단순히 포함해서 지칭한 것이 아닙니다. 객관적 측면에 토대를 두면서도 주되게 구속과 억압으로부터 벗어나려는 주체의 지향과 요구를 견지하는 사회적 존재를 상정한 것입니다.

이런 맥락에서 주체의 지향과 요구가 높고 완벽할수록 민의 단결력은 높아지고, 사회와 역사의 발전에 더 큰 역할을 하게 됩니다. 마찬가지 이치로 인간과 세계와의 관계에서 주체의 요구를 더 높고 완벽하게 표명할수록 인간의 주체적 특성을 비롯해 인간이 어떻게 살 것인가의 문제를 더 높은 차원에서 해결하게 됩니다.

주체적 요구를 인간의 의식 문제로 축소해서는 안 된다

인간의 주체적 요구는 분명 인간의 의식과 관련되어 있습니다. 하지만 그렇다고 하여 인간의 의식을 세계와 직접 관련시켜 적용할 수는 없습니다. 이것은 범주를 적용하는 데 있어서의 오류이자 혼란입니다.

인간이 개념을 정립시켜 범주를 사용하는 것은 세상을 객관적으로 이해하기 위해서입니다. 그래서 물질세계에 맞게 범주 체계를 세워 설명하게 됩니다. 그런데 범주 체계를 잘못 세웠거나 대비할 수 없는 것을 관계 지어 섞어 놓으면 혼란스러움만 불러올 뿐입니다.

이런 차원에서 볼 때 인간의 주체적 요구는 인간의 의식과 관계되는 것은 분명하지만, 세계와 인간의 의식을 직접적으로 관련 지어 파악할 수는 없습니다. 인간의 의식은 인간을 통해 세계와 관계를 맺습니다. 의식 그 자체로서는 옳은지 그른지를 알 수도 없을뿐더러 세계에 영향을 미치지도 못합니다. 그래서 인간의 주체적 요구를 파악하려면 인간과 세계와의 관계를 놓고 살펴보아야 합니다. 그래야 서로 비교 검토가 가능합니다. 세계는 물질로 통일되어 있고, 인간은 사회적 존재이니만큼 그 객관적 근거에 의해 관계 문제를 논할 수 있다는 것입니다. 그리고 인간의 의식은 인간에 속하는 것이니만큼 인간과의 관계로 놓고 파악해야 합니다.

그런데 주체적 요구를 인간과 세계와의 관계 문제로 보지 않고 인간 의식과 세계와의 관계 문제로 치환하면 어떻게 되겠습니까? 인간과 세계와의 관계도 아니고, 인간과 인간 의식과의 관계도 아니고, 세계와 단지 인간의 한 구성 부분인 인간 의식과의 관계를 따지게 되니, 불명확하고 혼란스러운 주장이 나오게 되는 것입니다. 아무리 의식을 논해 보아야 의식 자체로서는 옳은지 그른지를 판단할 수 없으니 말입니다. 이를 피하려고 인간의 의식을 강조하게 되면 결국 세상이 인간 의식에 의해 좌우된다는 식의 허망한 결론이 나오게 될 것입니다. 어차피 인간 의식을 꺼내놓은 것 자체가 의식의 중요성을 강조하려고 하는 것이니, 거기서 그런 식의 결론이 나오는 것은 자연스럽다는 것입니다.

이렇듯 세계와 인간 의식과의 관계 문제로 살펴보는 것은 범주의 문제를 혼용시킴으로써 혼란을 가져왔던 것입니다. 그뿐만 아니라 존재와 의식의 관계 문제가 해명된 조건에서 인간이 어떻게 살 것인가의 문제에 대한 해명이 철학사의 근본문제로 다가온 것인데, 이를 바로 보지 못하고 여전히 존재와 의식의 관계 문제가 철학의 근본문제라고 여기고 있는 데에도 기인한다는 것입니다.

인간 의식의 역할을 따지자면 인간이 의식을 갖는 것이기에 인간과의 관계에서 따져봐야 합니다. 그래야만 인간의 의식이 인간에게서 어떤 역할을 하는지 제대로 파악할 수 있습니다.

하여튼 사회와 역사의 주체로 민이 등장하고 주체시대가 열림에 따라 철학사의 발전 과정에도 인간과 세계와의 관계 문제가 철학의 근본문제로 등장하였고, 이 문제를 해결하기 위해서도 인간 존재의 주체적 특성에 대해 전면적으로 밝히면서 동시에 어떻게 살아야 할 것인가에 대해서도 해답을 내려주어야 하는 상황에 이르렀다는 것입니다.

인간이 세계와의 관계 맺음에서 나타나는 주체적 요구의 최상의 경지는 세계의 모든 구속과 억압에서 벗어나 자신의 삶을 주인답게 풀어가며 살아가는 것이다

인간과 세계와의 관계 문제의 해결은 결국 인간의 주체적 특성과 관련되니만큼 주체의 요구를 최상의 경지로 끌어올리는 측면을 완벽하게 해명해내는 데 있다고 할 수 있습니다.

인간의 주체적 지향과 요구는 수많이 제기될 수 있습니다. 하지만 그 모든 것들은 인간이 세계의 모든 억압과 구속에서 벗어나 자신의 삶을 주인답게 개척하며 살아가는 것에 귀결된다고 말할 수 있습니다. 사회와 역사의 주체인 민이 통치계급의 지배와 억압으로부터 벗어나 참다운 사회적 존재로서 살아가려는 지향과 요구를 견지하는 것 또한 실상 세계의 모든 억압과 구속에서 벗어나 자신의 삶을 주인답게 살아가려는 데에 있다는 것과 마찬가지 이치라고 할 수 있습니다. 인간이 세계와 관계를 맺으면서 나타나는 주체적 요구의 최상의 경지는 세계의 모든 구속과 억압에서 벗어나 자신의 삶을 주인답게 풀어가면서 살아가는 것입니다. 이보다 더 높거나 완벽한 것은 없다는 것입니다.

물론 인간이 세계 속에서 자기 삶을 주인답게 살아가려 한다는 주체적 요구는 인간이 세계의 중심이라거나 주인의 지위와 위치를 차지한다는 뜻이 아닙니다. 실상 어떻게 인간이 세상의 중심이고, 주인의 지위와 위치를 차지한다고 말할 수 있겠습니까? 물질세계는 물질 자체의 합법칙성에 의해 변화 발전할 뿐입니다. 물질세계에서는 중심이나 주인이 있을 수는 없습니다. 단 인간은 세계 속에서 자기 삶을 주인답게 풀어가면서 살아가려는 주체적인 지향과 요구를 가진다는 것입니다. 이것이 얼마나 높게 실현되느냐, 마느냐는 인간의 노력 여하에 달려 있습니다.

인간 존재의 주체적 특성은 자주성과 창조성, 의식성을 갖는 사회적 존재이다

인간이 세계와의 관계 속에서 자기 삶을 주인답게 개척하며 살아가려는 것이 주체적인 요구의 최상의 경지라고 한다면 인간 존재의 주체적 특성 또한 이 측면에서 살펴보아야 할 것입니다. 만약 다른 데서 찾게 된다면 인간이 세계 속에서 자신의 삶을 주인답게 개척할 수 없다는 뜻이 되어 버리기 때문입니다.

이 측면에서 살펴볼 때 인간은 자주성과 창조성, 의식성을 갖는 사회적 존재임이 명백해집니다. 자주성은 인간이 주인답게 살아가려고 하는 지향과 요구를 가진다는 것이고, 창조성은 인간이 세상을 개조하고 변혁하는 능력을 발휘한다는 것이고, 의식성은 인간이 자신과 세계를 인식하고 파악할 수 있다는 것을 뜻합니다. 자주성과 창조성, 의식성이 있기에 인간은 주체적 요구를 실현할 수 있다는 것입니다.

인간이 지닌 자주성과 창조성, 의식성은 서로서로 지지해주고 담보해주는 관계에 있습니다. 주인답게 살아가려는 지향과 요구, 즉 자주성을 가지고 있기에 세계를 개조 변혁하는 창조성을 적극 발휘하게 됩니다. 마찬가지로 세계를 개조 변혁할 수 있는 창조적 능력이 있기에 주인답게 살아가려는 지향과 요구를 실현할 수 있습니다. 그런데 인간이 세계와 자기 자신을 인식하고 파악할 수 없다면 자주성과 창조성은 실현될 수 없을 것입니다. 그래서 의식성은 자주성과 창조성을 담보해준다고 할 수 있습니다. 마찬가지 이치로 자주적인 지향과 창조적인 능력이 없다면 자기 자신과 세계를 인식하고 파악하는 능력이 향상되지 못할 것입니다. 그래서 자주성과 창조성은 의식적 능력을 향상시켜 주는 관계에 있다고 할 수 있습니다.

인간이 주체적 특성으로 자주성과 창조성, 의식성을 가지고 있다는 것은 인간이 실제로 세계와 자기 자신을 파악하면서 주인답게 자기 삶을 개척하기 위해 세상을 개조 변혁해 가고 있는 것에서 확인되고 있습니다.

주체적 특성으로 자주성과 창조성, 의식성을 가지고 있다는 것이 확인됨으로 하여 인간이 세계와의 관계에서 모든 억압과 구속에서 벗어나 자신의 삶을 주인답게 개척하며 살아간다는 파악이 정당하다는 것을 확증시켜 줍니다. 만약 인간의 주체적 특성을 살펴보았는데, 인간이 세계 속에서 주인답게 자기 삶을 개척하면서 살아가는 모습이 보이지 않았다면 뭔가 잘못된 이해라고 볼 수밖에 없을 것입니다.

인간의 주체적 특성으로 자주성과 창조성, 의식성을 가지고 있다는 것이 밝혀진 조건에서 인간의 면모를 살펴보려면 이 모든 것을 한꺼번에 고려해서 살펴보아야 합니다. 한 부분에 치우친다면 전면적이고 총체적인 고찰이 어렵게 될 것입니다.

총체적이고 전면적으로 살펴볼 때 자주성과 창조성, 의식성은 다 인간이 세계 속에서 자신의 삶을 주인답게 개척하고 살아가려는 모습을 담고 있습니다. 그 속에서 자주성은 주되게 세계 속에서 주인답게 살아가려고 하는 모습 속에서의 현 수준 상태의 위치를 드러내고, 창조성은 그것을 얼마나 실현할 수 있느냐의 현 수준 상태의 능력을 나타냅니다. 그리고 의식성은 그 모든 것을 확고히 담보해주는 관계에 있습니다. 여기서 바로 의식에 대한 문제가 발생합니다.

의식의 문제를 옳게 해결하자면 인간의 주체적 특성 속에서 인간의 의식이 어떤 역할을 하는가를 살펴보아야 한다

실상 인간이 동물과 다른 질적 차이를 가지고 물질문명을 크게 발전시킨 근원을 생각할 때 인간의 의식을 따지지 않을 수 없습니다. 그래서 인간의 의식을 강조하고자 한 나머지 세계와 인간의 의식을 직접 연결했던 것입니다. 그러다 보니 인간의 의식이 어떻게 주관적으로 형성되었느냐에 따라 세계가 달리 보인다고 말하면서 인간의 의식을 바꾸면 모든 것이 편안해질 것처럼 여기는 주장이 나타나기도 하였습니다. 심지어는 인간의 의식 자체에 의해서 세상이 변화될 것처럼 생각하는 주장마저 나타났습니다.

허나 의식만 바꾼다고 한들 세상이 달라지는 것은 아닙니다. 그리고 생각 그 자체로는 세상에 영향을 줄 수도 없습니다. 이것은 인간의 의식을 이해하는 데에서 세계와 인간 의식의 범주로 살펴볼 것이 아니라 인간과의 관계에서 인간의 의식이 어떤 역할을 하는가를 살펴보아야 한다는 것을 말해줍니다.

여기서 인간의 주체적 특성이 자주성과 창조성, 의식성이라고 하였으니 의식성이 자주성과 창조성에 대해 어떤 역할을 하는지의 문제와 관련되어 있다는 것을 알 수 있습니다. 그래서 이 관계 문제에 대해 해답을 찾게 되면 인간에게 있어서 의식이 어떤 역할을 하는지가 명확하게 파악될 수 있습니다.

의식성은 자주성과 창조성을 담보하고 지지해주는 관계에 있습니다. 즉 의식성은 주인답게 자기 삶을 개척해 가는 데에 있어서 현수준의 위치와 능력을 드러내고 있는 자주성과 창조성을 고무 추동해주는 역할을 합니다.

물론 모든 의식이 그 역할을 수행하는 데서 다 똑같은 것은 아닙니다. 의식의 종류에 따라 수준과 역할에 차이가 납니다. 의식에는 크게 세 가지 부류로 나눌 수 있는데, 하나는 감각으로 감지하면서 감정 등을 느끼는 감각적 지각이고, 또 하나는 세계를 과학적으로 인식하고 판단하는 과학적 지식이고, 나머지 하나는 사람의 이해관계 및 지향과 요구를 직접적으로 반영하여 표현하는 사상의식입니다. 여기서 가장 큰 영향을 미치는 것은 사상의식입니다.

실제로 한 사람의 판단과 행동을 결정하는 데 있어서 가장 큰 영향을 미치는 것은 사상의식입니다. 감정이나 과학적 지식도 영향을 주는 것은 사실이나 사람의 이해관계 및 지향과 요구를 직접적으로 반영하는 사상의식에 비할 수는 없습니다. 이것은 정치적 입장에 따라 사람의 행동이 달라지는 것에서 확인됩니다. 정치라는 것이 원래 사람을 조절 통제하는 기능을 수행하는데, 이것이 사람의 이해관계를 가장 직접적으로 반영하고 있기 때문입니다.

그래서 자주성과 창조성을 고무 추동하는 데에 있어서 사상의식이 결정적 역할을 수행한다고 말하는 것입니다. 다른 말로 표현하면 사람의 품격과 능력의 수준을 드러내는 것은 자주성과 창조성인데, 이를 고무 추동해주는 원동력이 사상의식이라는 것입니다.

자주적인 사상의식이 주체적 특성을 견지하게 하는 결정적인 담보이다

물론 모든 사상의식 자체가 자주성과 창조성을 고무 추동한다는 것은 아닙니다. 다른 사람을 지배 통치하려는 사상을 품었다면 어떻게 주인답게 살아가려는 지향과 요구를 품겠습니까? 그래서 정말로 자주성과 창조성을 고무 추동하는 사상의식은 자주적인 사상의식이라고 말하는 것입니다. 한마디로 사람의 품격과 수준을 고무 추동하는 원동력은 사상의식에 달려 있고, 참다운 자주성과 창조성을 담보해주는 것은 자주적인 사상의식이라는 것입니다.

이는 결국 사람으로 하여금 참다운 주체적 특성을 견지하도록 하는 결정적인 담보는 자주적인 사상의식에 달려 있다는 뜻이 됩니다. 이것은 세계와 인간 의식의 관계로 놓고 파악하는 것이 아니라 인간과 인간 의식과의 관계 속에서 사상의식의 역할을 해명한 데에 따른 것입니다.

자주적인 사상의식이 이런 역할을 하기 때문에 세상을 개조 변혁하여 주인답게 자기 삶을 개척하려면 자주적인 사상의식을 형성하기 위해 노력해야 합니다. 사상을 앞세워서 일을 풀어나가야 하는 이유가 여기에 있습니다.

결론적으로, 민이 사회와 역사의 주체로 등장하여 주체시대가 열리게 됨으로써 주체적 요구가 철학의 중요 과제로 제기되었고, 이를 해명하기 위한 과정에서 사람과 세계와의 관계 문제가 철학의 근본문제로 된다는 것이 파악되었습니다. 그 근본문제를 해결하기 위한 과정에서 사람이 세계 속에서 자신의 삶을 주인답게 개척하며 살아가려고 하는 것이 주체적 요구이며, 그 주체적 요구는 사람이 자주성과 창조성, 의식성이라는 주체적 특성을 가지고 살아가고 있다는 것에서 그 정당성이 확증되기에 이르렀습니다. 나아가 인간의 품격과 능력을 고무 추동하는 그 근원이 자주적인 사상의식에 있다는 것도 밝혀지게 되었습니다.

이러한 철학사의 전변은 결국 인간이 어떻게 살아야 할지에 대해 일정하게 해답을 내려주는 것이라고 볼 수 있습니다. 한마디로 왜 인간이 주체를 강화하여 세계의 모든 억압과 구속에서 벗어나 주인답게 자신의 삶을 개척해 나가야 하는지에 대해 강력한 철학적 무기를 안겨준 것이라고 할 수 있습니다.

03
주체 역량의 강화는 인간과 자연, 사회 발전의 근본 담보이다

어떻게 살 것인가에 대한 문제는 인간의 오랜 고민이었고, 철학은 이 문제를 자기 본연의 임무로 안고서 이를 해결하기 위해 끊임없이 노력해왔습니다.

그런 노력이 진행되는 가운데 마침내 민이 사회와 역사의 주체로 등장하고 주체시대가 열리면서 철학사의 전변이 이뤄지고, 그 속에서 인간은 세계의 모든 억압과 구속에서 벗어나 자기 삶을 주인답게 개척하며 살아가려고 하는 주체적 특성과 요구를 가지고 있음이 전면적으로 밝혀지게 되었습니다. 이것은 인간이 어떻게 살아갈 것인가에 대해 일정한 해답을 내려주는 것으로 되고, 또 주체적 요구를 어떻게 하면 실현할 수 있는지에 대해서도 강력한 철학적 무기를 안겨준 것이라고 할 수 있습니다. 그렇다면 이런 철학적, 사상적 무기를 기반으로 주체를 세우고 확대 강화해 가면 될 것입니다.

주체가 민이기에 어떻게 살 것인가의 문제를 민의 삶과 결부시켜야 한다

하지만 주체를 세운다는 의미가 무엇을 뜻하는지 분명히 하지 못함으로 하여 여러 혼란이 발생하고 있습니다. 그것은 주체가 다름 아닌 민임을 분명히 하지 않기 때문입니다. 그 때문에 주체를 세운다는 것은 곧 민을 주체로 세운다는 의미임을 분명히 하면서 앞으로 나아갈 사회의 미래상을 어떻게 실현해야 하는지 그 방도까지 밝힐 필요성이 제기되었습니다. 여기까지 해답을 내려주어야 주체를 세우고 확대 강화하면 인간은 필연코 모든 구속과 억압에서 벗어나 자기 삶을 주인답게 개척할 수 있다는 확신을 지니고 적극적으로 추진할 수 있기 때문입니다.

주체가 민이기에 민을 떠나서 주체를 세운다는 것은 의미가 없습니다. 바로 이 점을 분명히 하지 못하니 혼란이 발생했던 것입니다. 한마디로 구체적이고 개별적으로 존재하는 사람 일반을 놓고 그런 사람 일반을 주체로 세우는 것으로 바라본다는 것입니다. 그러다 보니 기준 설정 자체가 없게 되고, 제각각 자기주장만 하는 꼴이 되는 것입니다. 판단할 수 있는 잣대가 없는 조건에서 서로 자기주장만 펼친다면 거기서 어떻게 주체가 세워질 수 있겠습니까?

분명 인간은 똑같은 사람이 없을 정도로 구체적이고 개별적으로 존재합니다. 하지만 철학에서 정의된 사람이라는 개념은 사회 역사 속에서 주체로 존재하는 민을 지칭한 것입니다. 이를 저버리면 동물의 생존 법칙인 약육강식의 법칙을 주장하면서 자기 혼자만 잘 먹고 잘살기 위해 남을 약탈하고 못살게 굴어도 그것을 잘못되었다고 반대할 근거가 사라지게 됩니다. 다시 말해 인간이 주체적인 지향과 요구를 지니고 있다는 의미를 사회와 역사의 주체로 형성된 민의 측면에서 살펴보지 않음으로써 약육강식의 법칙에 근거한 이기심이나 욕망 같은 것조차 인간의 특성인 것처럼 혼돈시키는 현상이 발생한 것입니다. 어떻게 살 것인가에 관해 수많은 책이 나오면서도 각기 개별적인 주장에 그치고 진정으로 어떤 삶이 참답고 가치 있는지를 명확하게 제시하지 못하며 감동 감화를 주지 못했던 것은 이 때문입니다. 민을 떠나서는 어떻게 살 것인가의 문제가 성립되지 않는다는 것입니다. 어떻게 살 것인가의 문제를 민의 삶과 결부시켜야 하는 이유가 여기에 있습니다.

삶을 풍부화하기 위해서라도 민의 삶과 결부시켜 주체로 세워내야 한다

어떻게 살 것인가의 문제를 민의 삶과 결부시킨다고 해서 인간의 삶을 획일화하자는 것은 아닙니다. 이미 민 자체가 각계각층으로 구체적으로 존재합니다. 그리고 각기 능력과 자질 등에서 서로 차이가 있습니다. 이것을 부정할 수는 없습니다. 하지만 구체적인 조건 속에서도 모든 억압과 구속에서 벗어나 자기 삶을 주인답게 개척하며 살아가려는 주체적인 지향과 요구를 가진다는 점에서는 공통성이 존재합니다. 그래서 그런 주체적인 지향과 요구를 구체적인 조건에서 실현해야 합니다.

이것은 민의 삶과 결부시키는 것이 삶을 획일화시키자는 것이 아니라 도리어 민의 구체적인 삶과 결부되어 있다는 뜻이고, 그 속에서 모든 억압과 구속에서 벗어나 자기 운명을 주인답게 개척하며 살아가게 한다는 측면에서 삶을 더욱 풍부화하는 것이라고 할 수 있습니다. 그래서 참다운 삶을 풍부화하기 위해서라도 민의 삶과 결부시켜 주체로 세워내는 것에 모든 화력을 집중하여야 합니다.

민을 주체로 세워내기 위해서는
우선 민의 지향과 요구를 받아안아야 한다

민을 주체로 세워낸다면서 그 지향과 요구를 받아안지 않는다면 그것은 빈말에 지나지 않을 것입니다. 그래서 민의 지향과 요구를 받아들인다는 것은 원칙의 문제입니다. 이 원칙이 바로 서지 않는다면 첫 단추를 잘못 끼운 관계로 결코 민을 주체로 세울 수 없습니다.

이 원칙적인 문제가 중요하게 나서는 이유는 이 입장이 민을 사회와 역사의 주체로 여기느냐, 그렇지 않으냐의 관건이 되기 때문입니다. 지배계급은 항상 민을 자신들의 통치를 받는 대상으로 전락시키고자 합니다. 그래서 민을 하찮은 존재로 끊임없이 비하합니다. 그 방식은 주로 이기적 욕망을 추구하도록 조장하여 대립과 갈등을 불러일으키면서 서로를 분열하도록 만듭니다. 그리고는 마치 자신들이 이런 분열과 갈등을 극복할 수 있는 주체나 되는 듯이 주장하여 통치해 나갑니다. 한마디로 사회와 역사를 발전시키는 원동력이 바로 통치계급이라는 식으로 행세합니다. 이런 상황이 지속된다면 민은 주체로 서지 못하고 여전히 지배계급의 통치를 받아야 할 것입니다. 그래서 민의 지향과 요구를 받아들이는 것을 원칙적인 문제로 여기고 결코 양보해서는 안 된다고 말하는 것입니다.

민의 지향과 요구를 받아들여야 하는 이유는, 또한 주체를 세워서 제반의 문제를 해결하는 방법과도 관련되어 있습니다. 주체를 세웠는데, 현실에서 제기되는 제반의 문제를 해결하지 못한다면 아무런 의미가 없습니다. 아니, 제기되는 문제 하나도 해결하지 못한 이상 주체를 세울 필요성 자체가 부정당하게 될 것입니다.

그래서 사회 역사적 발전 과정에 제기되는 제반의 문제를 해결해 나가야 하는데, 그러자면 엄청난 지혜와 창발성이 필요합니다. 지혜와 창발성을 동원하지 못하면 그것은 희망 사항으로만 그치고 말 것입니다. 의지만으로는 해결할 수가 없다는 것입니다. 그런데 그런 지혜와 창발성의 발판은 구체적인 실정에 기반한 집체적인 힘에서 창출됩니다. 이것은 이 모든 것을 담보하고 있는 주체가 민이라는 것을 의미합니다.

민은 각계각층으로 존재하면서 집체적인 지혜와 힘을 동원하여 구체적인 실정에 맞게 풀어가고 있습니다. 그래서 민의 지향과 요구를 받아들인다는 것은 추상적인 구호를 들먹이자는 것이 아니라 이런 구체적인 실정 속에서 풀어나가는 집체적인 지혜와 힘, 창발성을 적극 수용한다는 뜻입니다. 민의 집체적인 지혜와 힘에 의거한다면 사회 역사적 과정에서 제기되는 문제를 풀지 못할 이유가 없습니다. 지금껏 사회 역사적 발전 과정은 민의 집체적인 지혜와 힘에 의해 전진해 왔듯이 앞으로의 미래 사회도 그렇게 진행될 것입니다.

노선과 정책은 민의 지향과 요구를 실현하기 위한 강력한 수단이자 무기이다

그런데 민의 지향과 요구를 받아들이고 집체적인 지혜와 힘에 확고히 의거해 풀어가자면 노선과 정책으로까지 확립시켜야 합니다. 어떤 일을 추진하는 데 있어서 담보가 마련되지 않으면 그저 희망에 그치고 말 것입니다. 그 담보를 마련하기 위해서는 노선과 정책으로 확립하기 위해 적극적으로 노력해야 합니다.

노선과 정책은 인간이 세계와의 관계에서 어떻게 풀어가야 할지에 대한 방향과 목적, 수단을 밝힌 것입니다. 한마디로 민의 지향과 요구 및 집체적인 지혜와 힘을 반영하여 실현하기 위한 확고한 담보가 된다는 것입니다. 그런데 노선과 정책이 확립되지 못했다면 어떻게 되겠습니까? 노선과 정책이 결정되지 못했으니 우왕좌왕할 것이고, 끝내는 중도반단을 면치 못할 것입니다. 그러면 민이 주체로 서는 것은 요원할 것이고, 그로 인해 세계의 모든 구속과 억압에서 벗어나 자기 삶을 주인답게 개척하며 살아가려는 주체적인 요구가 좌절당하게 될 것입니다. 사회 역사적 발전 과정에서 먼 미래에 대한 꿈을 꾸면서도 실현되지 못하고 그저 바람으로만 그치고 있는 이유가 여기에 있습니다. 이런 상황에서 벗어나 실질적으로 실현하기 위해서는 그 담보가 되는 노선과 정책을 확립하는 것을 명확히 해야 합니다. 지금껏 사회 역사적 발전 과정에서 노선과 정책을 두고 심각한 정치투쟁이 벌어졌던 것도 여기에 근원이 있습니다. 그래서 노선과 정책을 확고히 마련하여 민의 지향과 요구를 실현하기 위한 강력한 수단이자 무기로 삼도록 해야 합니다. 이 수단과 무기가 없이는 사회 역사를 발전시킬 수도 없고, 민을 주체로 확고히 세울 수도 없습니다. 당연히 세계의 모든 구속과 억압에서 벗어나 주인답게 삶을 살려는 꿈도 희망으로만 그치고 말 것입니다.

민은 사회와 역사의 주체로 우뚝 선 하나의 공고한 집단체이다

민은 주체적 지향과 요구를 견지하면서 사회와 역사의 주체로 우뚝 선 하나의 공고한 집단체로 존재합니다. 개별적이고 여러 계급 계층의 형태를 띠고 있더라도 각기 따로따로 떨어져 있는 상태로서는 사회와 역사의 주체로서의 제 역할을 다할 수 없습니다. 사회와 역사의 주체로서 지위와 역할을 다 하자면 하나의 강력한 사회 역사적 집단체로 우뚝 서야만 합니다. 지금껏 민이 사회와 역사의 주체이면서도 지배계급의 통치를 받는 대상으로 취급받았던 것은 하나의 강력한 사회 역사적 집단체를 형성하지 못했기 때문입니다. 사회 역사적 발전 과정을 보더라도 민이 하나의 강력한 사회적 집단체로 단합하였을 때에는 사회를 개조 변혁해 커다란 전진을 이루었지만, 그렇지 못할 때에는 각개 격파되어 패배를 면치 못했습니다.

그런데 하나의 강력한 사회 역사적 집단체는 저절로 형성되지 않습니다. 이것은 민의 형성이 자연발생적인 것이 아니라 주체적인 지향과 요구를 반영해서 확립되었다는 것에서 드러납니다. 한마디로 주체적인 지향과 요구를 떠나서 민을 생각할 수 없다는 것입니다. 그래서 사람의 특성을 파악하는 데서도 주체적인 지향과 요구를 반영해서 자주성과 창조성, 의식성을 지닌 사회적 존재라고 이해했던 것입니다. 그 때문에 민은 사회와 역사의 강력한 집단체로 형성시키기 위해서는 주체적인 지향과 요구를 중심으로 놓고 파악해야 합니다.

민이 사회 역사적 집단체을 형성하여 실질적인 주체로서의 지위와 역할을 다하자면 무엇보다 집단과 조직을 소중히 여겨야 한다

사회 역사적 집단체를 공고히 하고 조직을 확대 강화하자면 주체적인 노력이 전개되어야 합니다. 민이라는 집단체에 대한 자부심이 없고 소중히 여기지도 않으면서 조직에 대한 관념마저 없다면 주체적인 노력이 전개될 리 만무합니다. 그러면 조직이 형성되고 강화되지도 않을 것이며, 끝내는 민이라는 집단체 자체도 공고하게 형성되지 못할 것입니다.

사회 역사적인 집단체를 형성하기 위해 적극 노력해야 하는 이유는 조직을 구성하고 확대 강화해야 한다는 당연한 이유 때문만은 아닙니다. 사회 역사적 집단체인 민이 공고하게 형성되는 것이야말로 주체적인 지향과 요구가 자라날 수 있는 기반이자 뿌리가 되기 때문입니다. 주체적인 지향과 요구는 다름 아닌 민의 지향과 요구입니다. 민이 사회 역사적 집단체로 공고하게 형성되지 못하면 주체적인 지향과 요구가 자라날 기반이 사라진다는 것입니다. 싹이 자라날 기반이 사라졌는데, 주체적인 지향과 요구가 생겨날 리 만무합니다.

집단체로 형성되지 못하고 각기 따로따로 분리되어 있을 경우 노선과 정책은 물론 주체적인 지향과 요구조차 제기하지 못하고 각개 격파되어 버린 것이 이런 이유 때문입니다. 그 때문에 사회와 역사의 발전에 대해 확고한 확신을 갖지 못하고 회의와 패배감에 빠져 한숨만 쉬었던 것입니다.

그 때문에 민을 강력한 사회 역사적 집단체로 형성하기 위해서는 민이라는 집단체를 무엇보다 소중히 여기고 조직 규율을 확립하여 확대 강화하는 데에 큰 힘을 기울여야 합니다.

사회 역사적 집단체를 확대 강화하기 위해서는 다양한 형식과 방법으로 조직을 결성하여야 한다

조직의 형식을 하나만으로 한정할 필요는 없습니다. 구체적인 상황과 조건, 주체적 수준이 제각각 다르기에 다양한 형식과 방법으로 진행하여야 합니다. 그런데 여기서 무엇보다 중요한 것은 주체적 수준을 고려하는 것입니다. 이것은 주체적인 지향과 요구와 관련되어 있다는 데에서 나오는 자연스러운 귀결입니다. 그래서 주체적 수준을 고려하여 다양한 형식과 방법으로 조직을 결성하면서 그 조직들이 서로가 서로를 지지하고 고무해주는 관계로 되도록 해야 합니다. 그러면 사회 역사적 집단체인 민의 힘은 더욱 확대 강화될 것입니다.

민의 지향과 요구를 노선과 정책으로 확립하기 위해서는 민적 품성과 자세를 확립해야 한다

민적 품성과 자세를 확립해야 한다는 것은 민의 지향과 요구를 받아안는다는 것에서 자연스럽게 도출되어 나온 원칙입니다.

그런데 민을 사회 역사의 주체라고 말하고, 그래서 민의 지향과 요구를 받아들이겠다고 해놓고선 민을 통제하려고 든다면 어떻게 되겠습니까? 이것은 민을 기만하는 행위입니다. 이것은 결국 민이 사회와 역사의 주체가 아니고 자신들이 주체라고 하는 것과 하등 다르지 않습니다.

민이 사회와 역사의 주체라고 하는 것은 민을 대신할 주체가 또 있을 수 없다는 뜻입니다. 또 다른 주체가 있을 것 같으면 그 세력을 주체라고 할 것이지 무엇 때문에 민을 주체라고 언명하겠습니까? 민을 대신할 주체가 있을 수 없다면 당연히 주체인 민으로부터 배워야 할 것인데, 왜 민을 통제하며 지시하려 드는 현상이 나타나느냐 하는 것입니다. 이것은 민이 여러 계급 계층의 사회적 존재라는 객관적 근거에 토대를 두면서도 주되게 모든 구속과 억압에서 벗어나 주인답게 살아가려는 주체적인 지향과 요구를 기초로 형성된 개념이라는 것을 간과하기 때문입니다. 한마디로 주체적인 지향과 요구를 배제해버리고 객관적인 측면만을 언급한다는 것입니다. 그래서 객관적인 측면에서 나타나는 불합리한 요소들이 마치 민의 품성이자 자세, 모습인 것처럼 설명한다는 것입니다.

허나 민의 개념은 객관적 토대에 근거하는 것은 사실이지만, 그로부터 바로 기계적으로 도출되는 개념이 아닙니다. 객관적 토대에 근거하면서도 모든 구속과 억압으로부터 벗어나 자기 삶을 주인답게 살아가려는 주체적 지향과 요구를 기초로 하여 형성된 사회 역사적 집단체입니다.

주체적 지향과 요구가 사상되고 단지 객관적 상황에 안주하려는 측면의 모습과 자세를 가지고 있다고 한다면 어떻게 사회 역사를 발전시킬 수 있겠습니까? 그 때문에 민의 개념에서 주체적인 지향과 요구의 측면을 매우 중시하는 것이고, 바로 그로부터 도출되는 인간적인 모습을 민적 품성이자 자세라고 말하는 것입니다.

그렇다면 이런 주체적인 지향과 요구 자체가 민의 품성이자 자세로 설명해야 할 것인데, 이를 쏙 빼버리게 되니 민으로부터 배울 것이 없고 지시하며 통제하려 드는 현상이 나타나는 것입니다. 이것이야말로 사회와 역사의 주체인 민을 부정하고 자신들의 지배 통치를 정당화하기 위한 수법입니다. 지배 세력이 항상 민을 좋지 않은 품성과 자세를 가진 하찮은 존재로 전락시키는 것은 그런 구실로 자신들의 지배 통치를 정당화하기 위해서입니다.

하지만 민을 주체적인 지향과 요구를 갖는 공고한 하나의 사회 역사적 집단체로 바라보면 전혀 달라집니다. 주체적인 지향과 요구, 즉 모든 억압과 구속에서 벗어나 주인답게 자기 삶을 개척하며 살아가려는 존재라고 한다면 주체적 요구에 대해 어떤 핑계를 대지 않고 무조건 받아안아야 할 것입니다.

실상 주인답게 자기 삶을 개척하려는 주체적인 지향과 요구를 가진 민의 모습을 보면 인간으로서 배워야 할 품성과 풍모를 보여주고 있습니다. 주위 동료들과 허심탄회하고 겸허하게 서로 배우고 가르치면서 난관에 봉착하더라도 민의 단결을 중심에 놓고 창발적인 지혜와 힘을 동원하여 풀어가고 있습니다.

물론 그 수준이 모두 다 똑같다는 것은 아닙니다. 하지만 모든 구속과 억압에서 벗어나 주인답게 자기 삶을 개척하려면 이런 품성과 자세를 견지하는 것이 원칙적인 요구라는 것입니다. 주인답게 자기 삶을 개척하려면 주인으로서의 권리를 행사하면서도 동시에 의무를 이행해야 하기 때문입니다. 주인으로서의 권리 행사는 물론 제반의 의무 사항을 적극적으로 이행해야 모든 구속과 억압에서 벗어나 주인답게 자기 삶을 개척할 수 있다는 것입니다.

이에 대해 민의 좋은 측면만을 살펴본 것이지 불건전한 부분도 있지 않으냐고 반문할 수 있습니다. 하지만 이런 주장은 주체적인 지향과 요구를 반영해서 민의 개념이 성립되었다는 것을 부정하는 꼴입니다. 게다가 이기심이나 허영, 허위의식 같은 많은 결함 부분들이 사라지지 않는 가장 큰 이유는 지배계급이 민의 단결을 방해하면서 분열시키고자 하는 목적에서 비롯된 측면이 많습니다. 그래서 이런 지배계급의 분열통치 책동을 극복하기 위해서라도 철저하게 민적인 품성과 자세를 확립하도록 노력해야 합니다. 민적인 품성과 자세를 확립하도록 노력해야만 통치계급의 분열통치 책동을 극복하고 민의 지향과 요구를 반영한 노선과 정책을 확고히 마련할 수 있습니다.

물론 주체적인 지향과 요구를 갖고 있더라도 불합리하고 불건전한 요소들이 곧바로 사라지지는 않을 것입니다. 허나 주체적 역량을 드높여 하나씩 문제를 풀어가면서 성과를 드러낸다면 그 정당성에 대해 확신하게 될 것이고, 그러면 사회는 점차 민적 품성과 풍모가 확립되면서 확산되어 갈 것입니다.

주체적 역량을 강화하는 데서 제기되는 제반의 문제를 올바로 풀어가자면 방도를 밝혀야 하는데, 그것은 인간개조와 사회개조, 자연개조를 통해 진행된다

주체를 세우는 문제는 당연히 주체적 역량을 강화하는 데서 제기되는 문제를 풀 수 있어야 실질적으로 해결됩니다. 바로 여기서 제기되는 제반의 문제를 올바로 풀어가는 방도를 밝히는 것이 중요한 과제로 등장하게 됩니다.

그런데 인간은 세계 속에서 살아갑니다. 그래서 주인답게 자기 삶을 개척하며 살아가자면 세계의 모든 구속과 억압으로부터 벗어나야 합니다. 억압과 구속을 당하면 그만큼 주인답게 자기 삶을 개척하는 데에 제약을 받기 때문입니다.

여기서 구속과 억압으로부터 벗어난다는 것은 단순히 그 상황 자체를 부정한다는 뜻이 아닙니다. 인간이 세계 속에서 사는 것을 부정한다고 해서 그 관계가 사라지는 것은 아닙니다. 그래서 구속과 억압에서 벗어난다는 것은 인간의 삶에 제약을 가하는 것을 극복해 인간이 주인답게 자기 삶을 살아가는 방향으로 개척해 간다는 것을 의미합니다.

인간에게 제약을 가하는 것을 극복해 모든 방면에서 주인답게 자기 삶을 개척하자면 세계가 어떻게 구성되어 있는지 살펴보아야 합니다. 그 모든 구성 부분에서의 구속과 억압에서 벗어난다면 세계의 모든 부분에서도 제약을 극복했다는 것이고, 그러면 인간은 주인답게 자기 삶을 개척할 수 있기 때문입니다.

그런데 인간을 중심으로 놓고 살펴보면 세계는 인간 자체와 인간이 사회적 관계를 맺고 살아가는 사회, 그리고 인간에게 삶의 터전을 제공하는 자연으로 구성되어 있습니다. 인간의 주체적 요구를 살펴보는 이상 인간을 중심으로 해서 세계의 구성을 살펴보아야 하는데, 그것은 결국 인간, 사회, 자연이라는 범주로 설정될 수밖에 없기 때문입니다.

인간, 사회, 자연으로 세계가 구성되어 있으니만큼 이 모든 부분에서 구속과 억압에서 벗어나 제약을 받지 않을 정도로 개조 변혁하면 주인답게 자기 삶을 개척할 수 있게 됩니다. 그래서 인간개조와 사회개조, 자연개조를 진행하여 그 제약을 극복해 나가야 합니다.

인간 자체가 개조되어 사회 역사적 집단체인 민을 소중히 여기고 민적 풍모와 품성을 갖추게 된다면 그 사람의 인생은 매우 품격 있고 고상한 삶이 될 것입니다. 또 모든 억압과 지배가 사라지는 사회로 개조 변혁되었다면 사회 속에서 모든 인간은 주인의 권리를 누리면서 주인답게 자기 삶을 개척해 가게 될 것입니다. 또 자연을 개조하는 인간의 능력이 고도화되었다면 그만큼 인간은 풍요로운 여건 속에서 풍족한 물질문명과 문화적 혜택을 누리고 살아가게 될 것입니다. 이렇게 인간과 사회, 자연의 세 영역을 모두 개조하여 끊임없이 제약을 극복해 나간다면 인간은 세계 속에서 자기 삶을 주인답게 개척하면서 살아갈 수 있는 길이 열리게 될 것입니다.

인간개조, 사회개조, 자연개조를 풀어가는 데 있어서 관건은 인간이다

인간 자체를 개조하는 것도 인간이고, 사회를 개조하는 것도, 자연을 개조하는 것도 인간입니다. 그 때문에 이 모든 것을 해결하는 데 있어서 인간을 개조하는 것이 그 기본이 된다는 것을 알 수 있습니다.

인간개조가 성과적으로 진행되어야 사회개조와 자연개조가 힘 있게 진행될 수 있다는 것입니다. 사람이 개조되지 못했는데 사회개조와 자연개조가 원만하게 진행될 리 만무합니다. 사회개조와 자연개조를 다름 아닌 사람이 하기 때문입니다. 그래서 인간개조를 기본으로 놓고 진행해야 합니다.

인간개조는 민의 주체적 요구를 실현할 수 있도록 힘 있는 존재로 만들어간다는 것입니다. 힘 있고 능력 있는 존재로 되자면 과학적 지식이 풍부해야 합니다. 과학적 지식이 없다면 물질세계를 비롯해 제반의 각 분야가 어떻게 변화 발전하는지 모른다는 것인데, 거기서 적절한 대응능력이 나올 리 만무합니다. 이 세상에 대한 전반적인 이해는 물론이고 자기 전문 분야에서 얼마나 과학적 지식을 소유했느냐에 따라 대응능력이 달라질 것입니다. 세상이 어떻게 흘러가는지도 이해하지 못하고, 자기 전문 분야의 과학적인 지식이 부족하다면 제 역할을 다할 수는 없을 것입니다. 그래서 자신의 전문 분야는 물론이고 세상을 이해할 수 있는 과학적 지식을 체계적이고 풍부하게 소유하기 위해 적극 노력해야 합니다.

힘 있고 능력 있는 존재로 되기 위해서는 또한 문화적 소양을 갖추고 정서적으로도 풍부화되어야 합니다. 문화적 소양을 습득하고 정서적으로 풍부화되어야 인간의 삶 또한 더욱 다채롭고 풍요롭게 만들어 갈 수 있습니다. 특히 사람을 감동 감화시키는 데 있어서 문화적 소양과 정서의 풍부함은 큰 역할을 합니다. 감정이 메마르고 문화적 소양을 갖추지 못한 사람에게서 감동 감화를 받기는 매우 어려울 것입니다. 그래서 능력 있는 힘 있는 존재가 되자면 문화적 소양을 쌓기 위해 노력해야 합니다.

인간개조의 핵심은 자주적인 사상의식을 끌어올리는 것을 기본으로 놓고 진행해야 한다

하지만 아무리 능력 있고 힘 있는 존재가 되었다고 하더라도 그 능력을 이기적 욕심을 채우기 위해 남을 억압하고 지배하는 데에 이용한다면 아무런 쓸모가 없을 것입니다. 그 능력을 무엇을 위해 사용하는가가 중요한 문제로 나서게 된다는 것입니다. 여기서 사람의 이해관계가 반영되고, 어떻게 살 것인가의 문제가 중심적인 논제로 나타납니다. 사상의식의 문제가 전면적으로 나타난다는 것입니다.

과학적 지식과 문화적 소양이 사람의 판단과 행동에 일정한 영향을 주는 것은 사실이지만, 그것은 한정적입니다. 사람이 어떤 판단을 하고 행동하는지에 직접적인 영향을 미치는 것은 사람의 이해관계와 결부되어 있고, 그 이해관계를 직접적으로 반영하는 것이 사상의식이므로, 사람의 판단과 행동에 결정적으로 영향을 미치는 것은 사상의식입니다. 그래서 사상의식은 그 과학적 지식과 문화적 소양을 어떻게 사용할지를 규정하게 됩니다.

이것은 결국 인간개조에는 사상의 영역과 문화적 소양, 과학적 지식 즉 기술의 영역이 있기에 이 모든 부분에서 능력을 키워나가야 합니다만, 그 성과를 확고하게 보장하자면 사상의식을 옳게 세우는 것이 중핵적인 문제로 등장한다는 것입니다. 이런 의미에서 인간개조의 핵심은 결국 사상개조가 얼마나 성과적으로 이뤄졌느냐에 따라 달려있게 됩니다. 그래서 인간개조는 사람을 어떻게 하겠다는 것이 아니라 사상을 개조한다는 것이 핵심 내용으로 됩니다.

그런데 사상의식은 결국 민의 주체적 요구와 관련됩니다. 이것은 인간개조, 사회개조, 자연개조를 하는 이유가 민의 주체적 지향과 요구를 실현하여 주인답게 자기 삶을 개척하며 살아가기 위해서라는 데에서 나오는 자연스러운 귀결입니다. 그래서 민을 떠난 사상의식은 의미가 없습니다. 민의 주체적인 지향과 요구를 반영하는 사상의식이 되어야 한다는 것입니다. 한마디로 세계의 모든 구속과 억압에서 벗어나 주인답게 자기 삶을 개척하며 살아가려는 자주적인 사상의식이어야 한다는 것입니다.

그래서 자주적인 사상의식을 끌어올리는 것을 기본으로 놓고 끊임없이 노력하여야 합니다. 이 자주적인 사상의식을 끌어올리는 것에는 한계가 있을 수 없습니다. 자주적인 사상의식이 높으면 높을수록 그만큼 인간은 사회개조와 자연개조를 힘 있게 진행할 수 있습니다. 여기서 자주적인 사상의식을 어떻게 비약적으로 높여갈 수 있는지에 대한 방법이 제기됩니다.

사회개조를 우선해서 진행하면서 정권을 옳게 세워내야 한다

더 좋은 여건에서 자주적인 사상의식을 확립하기 위해 노력한다면 더 좋은 성과가 나올 것은 당연할 것입니다. 소수가 아니라 다수가, 그것도 인간이 태어난 어린 시기부터 체계적으로 교육을 받을 수 있도록 한다면 그 성과가 더욱 크게 나올 것으로 충분히 예측할 수 있습니다. 여기서 선차적으로 해결해야 할 문제가 제기됩니다. 한마디로 사회개조를 우선해서 진행해야 한다는 것입니다.

사회라는 것 자체가 인간이 세상을 개척하는 데에서 강력한 무기이기도 하고, 또 인간이 자신의 능력을 키워가는 온상이기도 합니다.

물론 사회개조를 진행하는 것 또한 끝이 없습니다. 하지만 그 모든 부분의 사회개조를 진행하기 위한 핵심고리가 있습니다. 그것이 바로 정권입니다. 정권은 그런 핵심적 역할을 하는 정치의 기능과 관련되어 있습니다. 정치란 것이 다름 아닌 사람을 조절 통제하고 지휘하는 기능을 수행합니다. 이 정치의 기능을 정권이 행사한다는 것입니다.

지금껏 국가나 정권을 논할 때 지배계급이 통치하기 위한 이데올로기적 억압기구라고 여기며 부정적으로 바라보았습니다. 하지만 이것은 지배계급이 국가나 정권을 장악하고서 그렇게 이용했기 때문이지, 국가나 정권 자체가 그런 기능을 수행한다고 말할 수는 없습니다.

어차피 인간이 사회적 관계를 맺고 사회적 활동을 하자면 사람을 조절 통제하고 지휘하는 기능이 필요합니다. 이런 기능이 없다면 사회는 무질서하게 될 것이고, 끝내는 사회 자체가 유지되지 못할 것입니다.

이런 의미에서 국가나 정권을 바로 세워내고 옳게 이용하는 것이 필요합니다. 실제로 어떤 정권이 등장하느냐에 따라 사회 속에서 수행하는 역할이 크게 다릅니다. 지배계급이 정권을 잡아 권력을 행사하면 억압과 탄압이 이뤄지는 것이고, 민의 지향과 요구를 받아안는 세력이 정권을 장악하면 모든 사람이 주인답게 자기 삶을 개척할 수 있도록 사회적 활동을 적극 보장하는 방향으로 나가게 될 것입니다.

이런 측면에서 사회개조, 그중에서 특히 정권을 장악하는 문제를 선차적으로 해결하기 위해 노력해야 합니다.

정권을 장악하게 되면 그것을 무기로 삼아 사람을 더욱 힘 있는 존재로 성장시킬 수 있습니다. 그뿐 아니라 물질적 이해관계에서도 더욱 공평한 분배가 이뤄지도록 만들어갈 것입니다. 결국 인간이 이 세상에서 모든 구속과 억압에서 벗어나 주인답게 자기 삶을 개척해 갈 수 있느냐의 관건은 정권의 문제를 선차적으로 해결하느냐에 달려 있다고 해도 과언이 아닙니다. 식민지에서 민족해방을 수행하여 민족적 주권을 확립하기 위해 독립투쟁을 벌이는 것이나 독재국가에서 민주적 권리를 확립하기 위해 독재자를 반대하여 싸우는 것도 정권 문제의 해결이 선차적으로 해결되어야 주인답게 자기 삶을 개척하는 길이 열리기 때문입니다.

민의 지향과 요구를 받아안은 정권을 세우지 못하면 인간의 능력을 체계적으로 키우는 데에 제약을 받을 뿐만이 아니라 지배계급으로부터 계속 지배와 억압을 받아야 합니다. 그 때문에 주인답게 자기 삶을 개척하면서 살아가고자 한다면 선차적으로 정권을 장악하기 위해 노력해야 합니다.

정권을 장악하기 위해서는 정치사업을 앞세워야 한다

정권의 문제는 곧 정치적 문제입니다. 지금껏 흔히 정치는 정치가들이나 하는 것으로 여기는 경향이 많았습니다. 그래서 단지 투표권을 행사하는 것만을 정당한 정치적 권리의 행사라고 여겼습니다. 허나 그렇게 투표권만을 행사해서야 어떻게 정권을 장악할 수 있겠습니까? 특히 민의 지향과 요구를 제대로 반영하지 않는 정당이 제1당과 2당이라는 형식의 양당체제가 형성된 조건이라면 아무리 투표권을 행사해 봐야 참다운 정권이 세워질 리 만무합니다.

민의 주체적 지향과 요구를 받아안은 정권을 세우자면 그 누가 대신해 줄 것이라고 여기지 말고 민 자신이 주체가 되어 진행해야 합니다. 그것도 전 방면에 걸쳐 적극적인 정치 활동을 벌여야 합니다. 지난날 양심적인 지식인이나 종교인들이 독재정치에 반대하여 나선 것도 정치 활동이 정권의 형성에 큰 영향을 미치고, 어떤 정권을 세우느냐가 주인답게 자기 삶을 개척하는 데 결정적인 영향을 미치기 때문이었습니다.

정치 활동이 몇몇 정치가들의 전유물로 될 수는 없습니다. 세계의 모든 구속과 억압에서 벗어나는 데에 있어서 정권 문제가 선차적으로 해결되어야 인간이 자기 삶을 주인답게 개척할 수 있기에 모든 방면에 걸쳐 적극적으로 정치 활동을 벌여 나가야 합니다.

이렇게 모든 사람이 정치 활동을 적극적으로 전개하여 올바른 정권을 세워내기 위해 노력한다면 끝내는 민의 주체적 지향과 요구를 받아안는 정권을 세울 수 있을 것이며, 그러면 그 정권을 무기로 주체적 역량을 더욱 확대 강화할 수 있을 것이고, 그 주체적 역량으로 인간개조와 사회개조, 자연개조 또한 더욱 전면적으로 심화된 방향에서 진행할 수 있을 것입니다. 그러면 그만큼 인간은 주인답게 자기 삶을 개척하는 길이 활짝 열리게 될 것입니다.

민의 주체적 지향과 요구를 실현하는 문제와 인간이 어떻게 살 것인가의 문제는 하나로 연결되어 있다

이렇게 민이 사회와 역사의 주체로 등장한 주체시대에 맞게 민의 주체적 지향과 요구를 실현하는 것이 세계의 모든 억압과 구속에서 벗어나 주인답게 자기 삶을 개척하는 길이라는 것을 밝힌 것은 인간이 어떻게 살아야 할 것인가에 대한 명확한 해답을 내려주는 것으로 됩니다. 한마디로 인간이 어떻게 사는 것이 가치 있고 참된 삶인가의 문제와 민의 주체적 지향과 요구를 실현하는 것이 따로 떨어진 관계가 아니라 하나로 연결되어 있다는 것입니다.

이러한 해명은 사회 역사의 주체인 민의 주체적 지향과 요구를 실현하는 것이 참다운 삶이라는 것을 확신성 있게 논증한 것으로 됩니다. 이로 인해 민이 사회 역사의 주체로 등장하면서 정립된 사람중심의 철학은 자기 삶을 주인답게 개척하려는 문제를 비롯해 어떻게 사는 것이 참되고 가치 있는 삶인가에 대해 해답을 명확하게 내려줌으로써 철학사에 또 한 번의 획기적인 전변을 이룩함과 동시에 철학이 담당해온 본연의 역할을 다할 수 있게 하였습니다.

이런 철학적 무기를 지님으로 하여 철학은 인간개조와 사회개조, 자연개조를 수행하는 데에 더욱 적극적 역할을 할 수 있게 되었고, 이 문제 해결의 모든 담보가 주체 역량의 확대 강화에 달려 있는 것이니만큼 여기에 힘을 집중할 수 있게 하였습니다.

4장

애민시대에 맞는 사상과 이론이 필요하다

01
민은 개인과 집단, 나라와 민족 단위로 살아간다

민이 사회와 역사의 주체로 등장하여 주체시대가 열린 이래로 인간개조, 사회개조, 자연개조의 근본 담보가 주체 역량에 달려 있다는 것이 명확히 밝혀짐으로 하여 주체 역량을 확대 강화하기 위한 노력이 지속적으로 전개되었습니다. 게다가 어떻게 살 것인가의 문제는 주체적 요구와 관련되니만큼, 주체 역량을 확대 강화하면 결국 이 문제에 대해서도 명백한 해답을 내려준 것으로 되기 때문입니다.

하지만 주체 역량의 확대 강화는 기대한 만큼의 성과를 달성하지 못하고 있다

주체 역량이 확대 강화되었다면 지금쯤 강대국이 약소국을 식민지배하거나 침략하는 그런 야만적 현상은 최소한 사라졌어야 합니다. 하지만 여전히 지구상에서 이런 현상이 없어지지 않고 있고, 미국은 자신들의 국익 추구에 저해되거나 맘에 들지 않으면 언제든지 군사 무기를 동원하여 다른 나라를 침략하고 있습니다.

또 분명 주체 역량이 확대 강화되었다면 지금쯤 세상의 모든 구속과 억압으로부터 벗어나려는 민의 지향과 요구가 실현되는 방향으로 한 발짝 더 다가가는 세상이 되어야 정상일 것입니다. 그렇다면 현실 사회주의 국가가 비록 주체의 요구를 기초로 사회주의의 면모를 보지 못하고 생산수단의 사회화 등 사회의 객관적 측면을 위주로 바라보았던 제한성이 있었다손 치더라도 자본주의, 제국주의 국가보다는 더 진보적이기에 더 늘어나야 한다는 것입니다. 허나 동구권은 붕괴되었고, 그것도 도리어 역사의 퇴보라고 여길 만하게 자본주의 시장경제 체제에 편입되었습니다.

그뿐만 아니라 인류사의 발전상 제국주의 국가는 더 이상 온존되거나 유지되지 못해야 정상일 터인데, 도리어 미 제국주의는 세계제국주의 국가로까지 힘을 강화하여 세계 유일의 패권적 지위까지 차지하여 호령하고 있습니다.

이런 이상야릇한 현상은 사상 문화적 측면에서도 나타나고 있습니다. 단적으로 시중 서점들에서 실용서적이나 돈을 버는 기술과 방법 등을 다룬 도서가 많이 팔리고 있는 것에서 드러나고 있습니다. 어떻게 살아야 할까를 논할 때에 주체시대에 이르는 상황에선 민을 떠나서는 의미가 없습니다. 도리어 민의 지향과 요구를 철저히 받아안은 삶이야말로 가장 가치 있고 참된 삶이라는 것이 명백해집니다. 이런 조건이라면 그에 관한 책이 많이 나오고 팔리는 것이 자연스러울 것입니다. 헌데 이런 책은 보기도 어려울뿐더러 설사 간간이 나왔다고 해도 외면당하고 있는 것이 현실입니다.

도무지 인류 역사의 발전상으로 볼 때 이해할 수 없는 현상이 벌어지고 있습니다.

물론 주체시대라는 규정은 주체의 요구를 반영하여 성립된 개념입니다. 민이 사회와 역사의 전면에 등장하였고, 그런 민의 주체적 지향과 요구를 담아 주체시대로 명명한 것입니다. 이런 시대 규정이 옳으나 그르냐는 주체의 활동 여하에 달려 있습니다.

허나 분명한 건 인간이 세계와의 관계에서 주인답게 자기 삶을 개척하며 살아가려고 하는 것은 최고의 주체적 요구라는 점입니다. 이보다 더 주체적 요구를 최상의 경지에서 전면적이고 완벽하게 설명해줄 수는 없습니다. 그리고 인간으로 태어난 이상 인간의 주체적 요구를 제기하고 살아가는 것은 운명입니다. 이 운명을 피할 길은 없습니다.

결국 인간으로 태어났기에 주체적 요구를 제기하고 살아갈 수밖에 없는데, 거기서 인간이 세계와의 관계 속에서 주인답게 자기 삶을 개척하고 살아가는 것이 최고의 요구이자 최상의 경지라고 한다면 지금의 이런 가당치 않은 현실 상황의 문제점을 어디에서 찾아야 할까요?

주체 역량의 강화 방안도 주체적 요구와 관련된 만큼 주체에서 찾아야 한다

세계는 물질로 통일되어 있고 변화 발전합니다. 그것도 무한성의 방식으로 변화 발전합니다. 그런데 인간을 중심축으로 놓고 보면 인간과 사회, 자연으로 구성되어 변화 발전합니다. 이것은 이미 주어진 환경으로서 인간의 생각이나 관념에 의해서 바뀌는 것이 아닙니다. 인간은 이런 환경 속에서 살아갑니다.

하지만 이런 삶의 환경 자체를 바꿀 수는 없으나 인간이 어떻게 대응하느냐에 따라 얼마든지 인간의 삶을 바꿀 수 있습니다. 우주 자체의 법칙을 바꾸거나 지구라는 행성의 법칙 자체를 바꿀 수는 없으나 물질세계의 변화 발전 법칙을 이해함으로써 더 쾌적하고 안락한 환경으로 만들 수 있다는 것입니다. 이것은 객관적인 조건이 아니라 주체가 어떻게 대응하느냐에 달려 있다는 것을 말해줍니다. 주체적 요구와 그 대응능력이 관건이라는 것입니다. 철학사에서 세계가 물질로 통일되어 있고 합법칙적으로 변화 발전한다는 것이 밝혀진 것도 따지고 보면 인간의 주체적 대응 능력을 키우기 위해 필연코 겪어야 할 과정이었습니다. 물질세계가 객관적인 합법칙성에 맞게 변화 발전한다는 것이 밝혀지지 않으면 인간이 주체적으로 대응할 길이 없기 때문입니다.

이렇게 세계가 물질세계의 합법칙성에 맞게 변화 발전한다는 것이 밝혀졌고, 거기서 더 나아가 민이 사회와 역사의 전면에 등장해 주체시대가 열리면서 이제 주체 역량을 확대 강화하면 모든 문제가 해결될 것이 명확한데, 도대체 이 세상 사회는 왜 거꾸로 가는 듯한 현상이 나타나느냐 하는 것입니다. 여기서 이 모든 문제의 초점이 어디 다른 데에 있는 것이 아니라 주체의 문제라는 것이 명확한 이상 주체의 문제를 더욱 심화시켜야 할 필요성이 제기되기에 이릅니다.

어떻게 해야 주체 역량을 확대 강화할 수 있는지를 전면적으로 밝히자면 우선 주체가 어떤 방식으로 존재하며 살아가고 있는가를 파악해야 한다

주체 역량의 강화는 말로 외친다고 해서 실현되지 않습니다. 말로 될 것 같았으면 진작에 그리되었어야 할 것입니다. 실상 지배계급은 백성이 나라의 근본이고, 민이 나라의 주인이라고 수도 없이 떠들었습니다. 지금도 정치가들은 입만 열면 민을 위해서라고 혀가 닿도록 얘기합니다. 하지만 세상은 그렇게 바뀌지 않았습니다. 도리어 빈익빈 부익부의 양극화 현상이 심화되고 있습니다. 더욱이 국제적인 관계를 보면 침략과 약탈이 계속 벌어지고, 심지어 침략전쟁마저 수시로 발생하고 있습니다. 침략전쟁이 벌어지면서 가공할 무기가 등장하여 수많은 사람이 대량으로 살상당하고, 국토와 자연환경의 파괴 또한 지난날의 전쟁 양상과 달리 비할 바 없이 심대해지면서 더욱 고통에 시달리고 있습니다.

이것은 주체 역량의 강화가 결코 말로서 되지 않고 어떻게 해야만 그렇게 될 수 있는지를 명확히 했을 때 가능하다는 것을 말해주고 있습니다. 그러면 어디서부터 문제를 풀어가야 할까요? 이 문제를 해결하자면 우선적으로 주체가 어떤 존재방식으로 살아가며 활동하는가를 밝힐 필요성이 제기됩니다. 주체가 성립되는 객관적 조건이자 주체적 조건을 따져보자는 것입니다.

주체가 성립되는 주·객관적 조건을 따져보아야 그 토대에 근거하여 주체적 역량을 강화할 수 있기 때문입니다. 주체가 어떻게 존재하고 활동하는지도 모르는 조건에서 주체 역량을 강화할 수는 없습니다. 어떤 사물이 성장하려면 그 싹이 자라는 존립 근거가 있어야 합니다. 그 싹이 자라날 존립 근거 없이 갑자기 왕성하게 성장할 리 없습니다. 그래서 무엇보다 존립 근거를 명확히 확립하면서 그에 따라 거름도 주고 영양분도 적극 공급해주어야 합니다. 그러면 쑥쑥 자라날 수 있습니다.

민은 개성을 가진 존재로서 집단을 구성하여 나라와 민족 단위로 살아가고 있다

지금껏 주체에 대해 수많은 논의들이 이뤄졌습니다. 그런데 주체로 거론된 논의들을 대별해보면 그 하나는 개인이고, 또 하나는 계급 계층이고, 또 다른 하나는 나라와 민족입니다. 이런 개념들은 일정하게 인간이 어떤 방식으로 존재하며 살아가고 있는가를 기초로 해서 파악한 것이라고 할 수 있습니다. 그래서 나름대로 일정한 근거 또한 존재합니다.

하지만 그 논지의 전개를 보면 서로 간의 관계를 총체적으로 연결짓지 못하고 따로따로 파악하는 경우가 많습니다. 개인을 강조하는 논자는 주되게 개별적 존재의 다양성을 논하고, 계급 계층으로 파악하는 사람은 계급의식을 강조하고, 나라와 민족을 논하는 사람은 민족적 특성과 자주권을 강조해서 주장합니다.

물론 그렇게 주장하는 논자들이 전적으로 다 틀렸다는 것은 아닙니다. 상당 부분에 많은 설득력이 있습니다. 그러나 이 구성 부분들은 서로 떨어진 관계가 아닙니다. 단적으로 민은 개성을 가진 존재로서 집단을 구성하여 나라와 민족 단위로 살아가고 있습니다. 개인으로만 살아가는 것도 아니고, 계급 계층으로만 존재하는 것도 아니고, 나라와 민족 단위로만 특징지어지는 것도 아닙니다. 동시적이며 총체적으로 하나로 연결되어 살아가고 있습니다.

그런데 이런 동시적이고 총체적인 연관성을 확고하게 견지하지 못하니 각 부분에서의 파악도 온전하지 못하고 일정한 한계를 가지게 되었습니다. 개인으로 파악할 때는 개성을 가진다는 것과 다양성의 관계가 어떠한지, 계급 계층으로 파악할 때는 계급의식과 자주의식 및 집단과의 관계는 어떠한지, 나라와 민족으로 파악할 때는 민족과 민은 어떤 관계에 있는지에 대해 명확히 하지 못하고 일정하게 제한적인 이해에 머물게 되었습니다.

이것은 철저히 민을 중심으로 살펴보지 않았기 때문입니다. 거듭 말하지만, 주체의 요구는 사회와 역사의 주체로 등장한 민을 떠나서 성립될 수 없습니다. 그래서 주체적 요구는 다름 아닌 민의 주체적 요구라는 것을 항상 명확히 해야 합니다.

민을 중심으로 놓고 살펴볼 때 인간은 사회적 존재이면서 동시에 누구나 개성을 가진 존재로서 집단을 구성하여 나라와 민족 단위로 살아갑니다. 이것은 민이 어떤 방식으로 존재하고 살아가고 있는가의 객관적 근거를 밝힌 것입니다. 객관적 근거가 명확해야 판별할 수 있습니다. 그런데 객관적 근거를 밝히는 데 있어서 가장 근본적인 기준은 어떻게 생존하고 살아가는가입니다. 사람 자체가 생존하고 살아가지 못하는데 거기서 주체를 논할 수는 없습니다. 개인과 계급 계층 및 나라와 민족을 논하는 것도 다 사람이 거기에 근거해 생존하며 살아가고 있다고 보기 때문입니다.

그래서 사람이 어떤 방식으로 생존하고 살아가느냐, 즉 존재방식과 활동방식을 근간으로 살펴보아야 합니다. 이를 근거로 살펴보면 사람은 개인이나 계급 계층 및 나라와 민족이라는 한 부분으로만 고립되어 살아가지 않습니다. 서로 동시적이고 총체적으로 연관되어 살아갑니다. 그래서 한 부분만으로 고립시켜 보아서는 안 되고, 서로 관련지어 총체적으로 살펴보아야 합니다. 그래야 전면적인 고찰이 이뤄질 수 있습니다.

인간을 개인과 계급 계층 및 나라와 민족을 서로 연관 지어 총체적으로 살펴보아야 하지만 그것을 객관적인 측면에만 한정시켜서는 안 된다

민이라는 개념 자체가 성립된 것은 객관적 토대에 근거하면서도 주되게 주체적 요구와 관련되어 있습니다. 주체적 요구와 관련이 없다면 인간은 사회를 구성하고 살아가는 사회적 존재라고 규정하는 차원으로 끝나도 상관없을 것입니다.

어차피 지배계급이든, 피지배계급이든 사회를 구성하여 살아가는 것은 마찬가지입니다. 그런데 누구는 지배계급이 되어 사회와 역사에서 주인 행세하고, 또 누구는 사회의 온갖 재부를 창조하여 실질적으로 사회와 역사를 발전시키면서도 지배와 통치를 받는 관계, 즉 사회와 역사의 주체가 아닌 대상으로 전락된 존재로 취급당하고 있습니다.

이런 현상이 벌어지는 것은 국가권력과 생산수단을 장악한 세력이 주인 행세하고 있기 때문입니다. 그래서 그들은 피지배계급이 창조해낸 사회적 재부들을 착취하면서 호의호식하고 있습니다. 반면에 실질적으로 사회 역사의 재부를 힘들게 창출해낸 사람들은 주인 행세하는 자들에게 속절없이 빼앗김으로써 고달픈 생활을 이어가고 있습니다. 도대체 이런 가당치 않은 일들이 왜 벌어져야만 합니까?

바로 이런 잘못된 현상을 타파하기 위해 사회와 역사의 주체로서 민의 개념이 정립된 것입니다. 한마디로 통치계급의 지배와 억압으로부터 벗어나 주인답게 자기 삶을 개척하겠다는 것입니다. 이런 주체적 요구를 실현하기 위한 사회 역사적 집단체로서 민의 개념이 성립되었다는 것입니다.

그래서 민의 개념에는 객관적 토대를 반영하고 있기는 하지만 주되게는 주체적 요구가 중심을 차지하고 있습니다. 민을 단지 사회적 존재라고 설명하지 않고 개성을 가진 존재로서 집단을 구성하여 나라와 민족 단위로 살아가고 있다고 구체적으로 그 객관적 토대를 밝히고 있는 것도 사실은 주체적 요구를 실현하자는 데에 그 목적이 있습니다. 따라서 존재방식과 활동방식에서의 객관적 토대에 근거하면서도 거기에 머물지 않고 철두철미 주체적 지향과 요구를 중심으로 개인과 계급 계층 및 나라와 민족 부분을 파악해야 합니다.

사람을 객관적 토대에 근거하면서도 주체적 요구를 중심으로 파악할 때 인간은 우선 개성을 가진 존재이다

개성을 가진 존재라는 것은

그 자체로 유일한 존재로 대접받아야 한다는 뜻이다!

개성을 가진 존재라는 것은 각기 독특한 특성을 가진 존재라는 것입니다. 실제로 인간을 구체적으로 살펴보면 쌍둥이도 서로 다르다고 합니다. 그만큼 인간은 천차만별입니다. 이것은 물질세계의 무한성으로부터 자연스럽게 도출됩니다.

물론 취미나 성격 등을 몇몇 범주로 나눠 살펴볼 때 일정하게 같은 측면이 있을 수는 있습니다. 하지만 몇몇 범주에서 같을 수는 있어도 총체적인 부분에서는 같지 않습니다. 총체적으로 같지 않다는 것은 저마다 개성적 특성이 있다는 것이고, 그 특성이 있으니만큼 어느 누가 대신해 줄 수 없는 것으로 됩니다. 한마디로 한 인간이 개성을 가진 존재라는 것은 이 세상에서 어느 누구와도 똑같은 존재가 없는 터이니, 그 자체로 유일한 존재로 대접받아야 한다는 것입니다.

유일한 존재로 대접받는다는 것은 가장 귀하고 소중한 존재로 대접받아야 한다는 뜻입니다. 금이 귀하게 취급받는 데에는 여러 요인이 있지만, 그중의 하나는 희귀성이기도 합니다. 희귀하면 그만큼 대치할 수 있는 게 제한적이기에 귀하게 여겨지는 것이 당연합니다. 그런데 희귀한 것도 아니고 유일하다면 어떻게 되겠습니까? 대치할 수 있는 것이 없다는 뜻입니다. 그 자체로 소중하고 귀중한 존재로 인정되어 다뤄져야 합니다. 인간을 목적이나 수단으로 대하지 말고 그 자체로 소중한 존재로 존중받아야 한다는 주장도 여기에 근거하고 있습니다. 그 어떤 사람도 그 누구로 대신할 수 없기에 유일한 한 사람으로 대접받아야 한다는 것입니다.

개성의 유일성이 옳게 실현되려면 객관적 측면에 근거하면서도 자기 삶을 주인답게 살아가려는 주체적 요구로부터 도출되었다는 점을 분명히 해야 한다

개성의 유일성은 주인답게 자기 삶을 개척하며 살아가려는 주체적 요구로부터 기인합니다. 이를 부정해버리면 개성이 참답게 실현될 수 없습니다. 주인답게 자기 삶을 개척하며 살아가려 한다는 전제가 명확하게 확립되지 않으면 진정한 개성의 확립이 보장되지 않는다는 것입니다.

참답게 자기 삶을 개척하려고 하지 않고 남을 지배하고 부려먹으면서 살려고 하는데 거기서 어떻게 참다운 개성의 보장이 이뤄지겠습니까? 자신의 지배적 야망을 실현하기 위해 사람을 이용하는 방식이 통용되는 것은 지극히 당연할 것입니다. 인류 역사 과정에서 지배계급이 사람을 항상 자신들의 목적을 실현하기 위한 도구와 수단으로 이용했던 것은 이런 이유에서 당연한 현상이었습니다. 그래서 개성의 유일성을 논할 때 무작위적으로 개성을 거론할 것이 아니라 철저히 주인답게 자기 삶을 개척해 나가려는 주체적 요구를 전제로 하고 있음을 분명히 해야 합니다.

실상 주인답게 자기 삶을 개척하며 살아가려고 하는 사람은 독특한 개성을 가진 그 당사자이지 그 누가 아닙니다. 만약 대신해서 주인답게 살아줄 수 있다면 그토록 개성을 강조하고, 심지어 개성의 유일성까지 거론할 필요가 없을 것입니다. 대신이 가능하다면 그 누가 해도 상관없을 것이며, 상관이 없는 조건에서 사람을 수단과 도구로 여기지 않을 이유가 없습니다. 바로 여기서 인간은 개성을 가진 존재라고 여겨야 할 근본적인 이유가 있습니다.

이처럼 개성의 유일성은 철저히 민의 주체적 요구, 즉 주인답게 자기 삶을 개척하며 살아가려는 주체적 요구를 전제한 조건에서만 가능합니다. 이 전제를 망각하게 되면 어떤 것이 참다운 개성의 실현인지가 애매모호하게 됩니다. 민적 풍모와 품성을 저버리는 것도 개성의 실현이고, 다양성의 보장이라고 주장한다면 어떻게 되겠습니까? 이것은 필연코 인간을 도구와 수단으로 전락시키기 때문에 참다운 개성의 실현을 가로막고 말 것입니다.

저마다 개성의 차이가 있으니 다양성이 보장되어야 한다고 말하고, 그런 연장 선상에서 다당제가 민주주의 실현인 것처럼 주장하지만, 그런 주장으로서는 민이 실질적인 주인의 권리를 행사하지 못하고, 개성도 참답게 실현하지 못했던 이유가 여기에 있습니다. 아무리 다양성을 얘기하고 다당제가 실현되어도 주인의 권리를 제약하는 것을 허용한다면 거기서 어떻게 참다운 개성이 꽃 피어날 수 있겠습니까? 이것은 진정으로 자유를 누리자면 남의 자유를 억압하는 행위의 자유는 허용해서는 안 된다는 것과 같은 이치입니다. 그러니 다양성이나 다당제 그 자체가 중요한 것이 아니라 주인의 권리를 누리고 살아가려는 주체적 요구가 철저히 전제되고 보장되는 것이 더 중요하다는 것입니다. 이런 주체적 요구로 보면 다양성의 보장이라고 설명하기보다는 개성의 유일성을 공인받는 측면으로 바라보는 것이 더 적합하다는 것입니다.

주체적 요구가 전제되고 보장되면서 개성의 유일성을 공인받는 측면으로 바라보지 못하면 다양성이라는 명분으로 개인주의를 조장하는 현상이 나타나게 된다

개인주의를 합리화하는 명분으로 개인과 전체의 관계를 내세웁니다. 그 관계에서 개인의 다양성을 보장하지 않고 전체의 이익만 앞세우면 전체주의 사회가 되어 개인의 민주적 권리가 제약당한다고 주장합니다. 허나 이것은 교묘한 말장난이자 궤변에 지나지 않습니다.

전체의 이익을 앞세운다고 해서 전체주의가 되는 것이 아니라 전체의 이익이 아닌 것을 전체의 이익인 것처럼 강박했기 때문에 전체주의 사회가 된 것입니다. 여기서 전체의 이익을 바로 세우는 것이 필요합니다.

실상 개성의 유일성이 존재한다고 해서 공통의 이해관계가 없을 순 없습니다. 인간은 개성을 가진 존재이지만 홀로 떨어져서 살아가는 것이 아니라 사회적 관계를 맺고 살아갑니다. 그리고 세상을 개조 변혁하는 데 있어서 집단적인 지혜와 힘으로 개척해 나갑니다. 이런 상황에서 사회적으로 제기되는 당면 과제를 풀어가야 합니다. 이 과제를 풀지 못하면 주인답게 자기 삶을 개척하여 참답게 개성을 꽃피워가는 데에 제약받게 될 것입니다. 이것은 공통의 이해관계가 존재한다는 것이고, 그 해결이 곧 개성의 실현에도 이바지한다는 것입니다.

공통의 이해관계가 존재한다는 것과 개성의 유일성은 서로 배치되는 관계가 아닙니다. 도리어 개성의 유일성을 꽃피워가기 위해서는 공통의 이해관계를 내세워서 풀어가야 합니다. 따라서 공통의 이해관계, 즉 일치된 측면에 대해서는 단결해서 풀어가는 것이 필요한데, 이것이 어떻게 전체주의로 귀결된다는 것입니까? 이것은 개성의 다양성이라는 미명 하에 은근슬쩍 남을 억압하고 지배하려는 행위도 허용하자는 궤변과 하등 다르지 않습니다. 그 때문에 공통의 이해관계를 내세우는 것을 그 무슨 전체주의 사회가 되는 것처럼 매도하는 것은 참다운 개성의 실현을 가로막는 행위라는 것을 분명히 하여야 합니다.

개성의 유일성을 보장한다는 것은 사람마다 수준의 차이가 있다는 것을 부정하는 것은 아닙니다. 도리어 현실적으로 수준의 차이가 있다는 것을 적극 인정합니다. 어차피 개성을 꽃피우려고 하는 것은 주체적 요구입니다. 그래서 주체적 요구를 실현하려고 각자가 얼마나 노력하느냐에 따라 그 결과는 달라집니다. 수준의 차이가 없다면 뭣 때문에 민적 품성과 풍모를 갖추고 참답게 개성을 꽃피우려고 노력하겠습니까? 주체적 노력 여하에 따라 영웅이 탄생하기도 합니다. 그래서 누구나 참답게 개성을 꽃피워 영웅이 되자고 말하는 것입니다. 이렇게 누구나 영웅이 되어 참답게 개성을 꽃피워나간다면 인간은 누구나 다 주인답게 자기 삶을 개척하며 살아가는 존재가 될 것입니다.

인간은 개성을 가진 존재이면서 동시에 집단을 구성하여 살아간다
사회는 기본적으로 집단의 힘으로 움직여 나간다

인간이 집단을 구성하여 살아갈 수밖에 없는 이유는 사회를 구성하여 살아가는 데서 비롯됩니다. 사회를 구성해서 살아가자면 사회적 관계를 맺고 그에 따라 집단을 형성하여 살아가야 합니다. 사회는 집단적인 힘에 의해 돌아가는 것이지, 고립된 한 개인의 힘으로는 움직여지지 않습니다. 그래서 사회를 말할 때 집단을 떠나서 논할 수 없습니다.

실상 인간은 누구나 집단을 구성해서 살아갑니다. 일시적으로 회사를 그만둔다고 하더라도 가족관계나 지역 공동체 등에서 관련을 맺고 살아갑니다.

물론 집단을 구성해서 살아간다고 해서 누구나 다 똑같은 지위를 차지하고 똑같은 역할을 수행하는 것은 아닙니다. 이것은 인간이라면 누구나 다 개성의 유일성을 가지고 있지만, 그것을 얼마나 참답게 꽃피우느냐는 주체적 노력 여하에 달려 있는 것과 마찬가지 이치입니다.

그런데 개성은 한 개인의 주체적 측면을 주되게 보여주지만, 집단에서는 집단 자체가 평가 기준이 됩니다. 어떤 집단 자체가 사회에서 위력한 힘을 행사하면 그 집단의 사회적 지위와 역할이 높아집니다. 그 때문에 주인답게 자기 삶을 개척하자면 어떤 집단을 형성하고 강화할 것인가에 대해 적극적인 관심을 가질 수밖에 없습니다. 사회는 집단의 힘에 움직여지는데, 집단에 관심이 없다면 어떻게 사회를 개조 변혁할 수 있겠으며, 자기 삶을 주인답게 풀어갈 수 있겠습니까?

실상 사회 역사적 과정을 보면 사회를 바꾸려고 하는 사람들은 그들의 지향과 요구에 동감하는 사람들부터 하나로 모아 조직을 결성하고 집단을 구성하였습니다. 주체적 요구의 실현이 집단의 힘에 담보되어 있기 때문입니다. 그래서 주체적 요구를 실현하자면 자신들의 지향과 요구에 맞게 적극적으로 조직을 결성하고 구축하여야 합니다.

인간이 집단을 구성해서 살아가는 측면을 계급적 관점으로 대체해서는 안 된다

인간이 집단을 구성해서 살아가는 측면을 주되게 계급적 관점으로 대체하려는 경향이 존재합니다. 물론 계급적 지배와 억압이 존재하는 조건에서는 계급적 관점을 확고히 견지해야 합니다. 하지만 집단을 계급으로만 온전히 대체할 수는 없습니다. 만약 계급적 지배와 억압이 폐지되면 어떻게 되는 것입니까? 계급이 존재한 이상 계급적 지배와 억압이 없어지지 않을 것이지만, 그 지배와 억압이 폐지되었다면 계급이 존재하지 않게 되었다는 뜻이 될 것입니다. 그러면 그때는 집단을 구성하고 살아가는 것이 없어지는 것일까요? 계급이 철폐되어 없어지더라도 주체적 요구를 실현하기 위해서는 여전히 집단을 조직해서 발전시켜야 합니다. 사회와 역사의 발전은 집단적인 지혜와 힘을 통해서만 가능하기 때문입니다. 그래서 주인답게 자기 삶을 개척해 나가는 미래 사회를 포괄적으로 설명하는 데에서도 집단을 놓고 바라보는 것이 더 합리적이라는 것입니다.

그뿐이 아닙니다. 집단을 구성하고 살아간다는 데에는 객관적인 측면만이 아니라 주되게 민의 주체적 요구와 관련되어 있습니다. 한마디로 주인답게 자기 삶을 개척하려는 자주의식과 관련되어 있습니다. 자주의식과 관련되지 않는 집단의 구성은 의미가 없습니다. 아니 그런 의미의 집단은 사회에서 존속할 수 없도록 만들어야 합니다. 민을 억압하고 지배하려는 집단이 존속되어서는 주인답게 자기 삶을 개척할 수 없기 때문입니다.

집단을 구성하고 살아간다는 것은 자주의식을 기반으로 하는데, 이 자주의식은 계급의식보다 훨씬 더 포괄적이고 핵심적인 뜻을 함축하고 있다

계급적 관점이 나오게 된 것은 사회와 역사의 발전 과정에서 지배와 억압이 이루어지는 객관적인 토대가 무엇이냐와 관련이 있습니다. 한마디로 어떤 부류는 주인 행세하며 남을 억압하고 착취하여 호의호식하고 사는데, 왜 어떤 부류는 자신들이 사회적 재부를 창조해놓고서도 빼앗김으로써 궁핍한 생활을 하고 사는가의 문제였습니다. 바로 여기서 누가 국가권력과 생산수단을 장악하고 있느냐에 따라 사회적 관계에서의 지위와 역할이 결정된다는 것입니다. 국가권력과 생산수단을 장악하고 있는 세력은 지배계급이 되어 주인 행세하고, 그렇지 못한 세력은 피지배계급이 되어 착취와 억압을 당한다는 것입니다. 이에 기초해 사회가 계급으로 존재하고 있는 객관적인 토대를 밝힌 것입니다.

객관적인 토대를 밝힌 것은 왜 계급적 지배와 억압이 존재하는가의 근거를 명확히 했다는 점에서 커다란 의의가 있습니다. 하지만 계급적 존재는 저절로 계급의식을 갖지 않습니다. 그 계급적 토대가 계급의식에 일정하게 영향을 주는 것은 사실이지만 계급의식을 형성하느냐, 그렇지 않냐는 주체적인 요구에 주되게 달려 있습니다. 계급의식의 형성 자체가 벌써 주체적 요구에서 비롯되었다는 것입니다. 한마디로 계급적 지배와 억압이 이뤄지고 있으니 이를 극복해야 한다는 것입니다.

계급적 지배와 억압이 이뤄지는 조건에서 계급의식의 관점을 확고히 견지해야 합니다. 하지만 계급의식 또한 주체적 요구에 의해서 형성된다는 점에서 볼 때 자주의식은 계급의식보다 훨씬 더 포괄적이고 핵심적인 내용을 담고 있습니다. 계급적 지배와 억압에서 벗어나려는 이유는 다름 아닌 주인답게 자기 삶을 개척하며 살아가려는 자주의식에 기반하고 있습니다.

아울러 계급의식에 의해 설명되지 못하는 부분도 자주의식에 의해 해명할 수 있습니다. 과학기술을 이용해 자연을 어떻게 개조할 것인가는 계급의식과 일정한 관련을 맺고 있지만, 과학기술을 발전시키는 것 자체는 계급의식과 직접적으로 연관되지 않습니다. 하지만 자연의 구속에서 벗어나 주인답게 살아가기 위해서는 과학기술을 적극 발전시켜야 합니다. 자기 삶을 주인답게 개척하며 살아가기 위해서 필수적으로 요구되기 때문입니다.

그뿐이 아닙니다. 도시와 농촌 지역과의 관계나 나아가 대기업과 중소기업, 자영업과의 관계에서 – 물론 자본주의 사회 구조에서 착취와 억압 관계가 형성되겠지만 일정하게 자본주의적 착취와 억압 구조가 극복되었으나 아직 기술, 문화적 수준에서 뒤떨어진 사회적 상황에 처해 있을 경우 – 농촌 지역과 중소기업, 자영업자들을 하루빨리 도시나 대기업 수준으로 끌어올리고자 하는 것도 주인답게 자기 삶을 개척하려는 자주의식에 기반해서 살펴보면 쉽게 이해할 수 있습니다.

그 때문에 자주의식과 계급의식은 서로 배치되는 관계가 아닙니다. 당연한 게 주인답게 자기 삶을 개척하며 살아가려고 하는데, 계급적 지배와 억압을 허용한다면 어떻게 그것이 가능하겠습니까? 그래서 자주의식은 계급의식을 자체로 포함하면서도 모든 구속과 억압으로부터 벗어나 주인답게 자기 삶을 개척하며 살아가려는 주체적 지향과 요구를 포괄하게 됩니다.

인간은 집단을 구성하여 살아가는 존재라는 것은 바로 이런 자주의식을 근간으로 바라보는 관점이라는 것입니다. 한마디로 민의 주체적 요구를 기반으로 해서 살펴본 개념이라는 것입니다.

자주의식을 기반으로 해서 집단을 구성하여 살아간다고 바라보는 것은 또한 각 집단이 어떤 위치를 갖고 역할을 수행하고 있는가를 분명하게 파악할 수 있게 한다

사회에서는 계급적 토대에 의해 형성된 집단만이 구성되어 있는 것은 아닙니다. 주체적 지향과 요구에 따라 얼마든지 여러 조직을 구성할 수 있습니다. 주인의 권리를 누리고 살려는 주체적 지향이 높으면 높을수록 수많은 조직이 등장하여 활동하고 있는 것이 그 증거입니다. 여기서 주체적 지향과 요구 수준이 높으면 높을수록 사회에서 수행하는 역할이 커지게 됩니다. 다시 말해 사회에서 수행하는 역할은 계급적 존재나 객관적 토대에 의해서 결정되는 것이 아니라 주체적 지향과 요구를 실현하려는 집단의 수준 높은 구성에 달려 있다는 것입니다. 여기서 주체적 지향과 요구, 능력을 키워서 더 수준 높은 조직을 더욱 적극적으로 결성할 필요성이 요구됩니다.

물론 계급의식에 의해서도 계급적 정당을 만들 수 있습니다. 계급의식에 기반을 둔 계급적 정당은 계급적 지배와 억압을 철폐하는 데 큰 역할을 수행할 수 있습니다. 하지만 계급적 정당에 제한을 둘 이유는 없습니다. 주체적 지향과 요구를 더 풍부히 실현하자면 필요에 따라 더 많이 조직하고 결성하여야 합니다. 여러 방면에서의 주체적 지향과 요구를 실현하기 위한 정당이 더 많이 만들어지면 만들어질수록 주체적 요구를 더 광범위하고 풍부하게 실현할 수 있습니다.

집단의 힘이 주체의 지향과 요구를 뒷받침한다는 것은 주체적 요구를 가로막고 있는 세력 중에서 어떤 집단을 우선해서 타격해야 하는지도 분명하게 가르쳐준다

주체적 요구의 실현을 가로막고 있는 세력과 주체세력은 양립할 수 없습니다. 주체세력을 억압하고 탄압하는 세력을 그대로 두고서는 주체세력을 적극 조직할 수 없습니다. 그 때문에 주체적 요구의 실현을 가로막고 있는 세력을 청산해야 하고, 또 청산한 만큼 주체세력이 확대 강화되어 갑니다. 여기서 주체적 요구의 실현을 가로막는 세력을 청산할 때에 그 핵심적 집단을 주타격 대상으로 삼아야 합니다. 사회에서 얼마나 영향력과 힘을 행사하는가는 객관적 토대보다는 집단적 구성의 힘입니다. 그래서 주체적 요구의 실현을 가로막고 있는 세력 중에서도 그 영향력과 힘을 행사하는 핵심적 집단이나 조직에 주된 타격을 가해야 합니다.

실제로 박정희 군사정권이나 전두환 군사정권의 경우 그들의 무력 기반은 군대 자체가 아니라 5·16쿠데타 세력이나 하나회라는 집단이었습니다. 그들은 그 조직을 무기로 하여 군대를 움직였고, 결국은 군사독재를 실시하였습니다. 그래서 그들의 힘을 약화시키자면 군대 일반이 아니라 그들의 핵심 주모 세력을 응징하면 됩니다. 실제로 5·16군사쿠데타 주모 세력이 붕괴되고 하나회가 와해되니 군사독재세력은 더 이상 맥을 못 추게 되었습니다. 사법적 판결에서 형벌을 내릴 때 조직의 결성 측면과 함께 그 수괴를 엄중히 처벌하는 것도 집단과 조직의 구성에서 그 힘이 나오기 때문입니다. 그래서 주체세력을 형성하여 주체적 요구를 실현하기 위해서는 주체적 요구를 가로막는 데에서 막강한 영향력과 힘을 행사하고 있는 조직과 그 핵심 성원을 제거하는 데에 일차적인 화살을 돌려야 합니다.

집단의 힘으로 주체적 요구를 실현한다고 보는 것은 또한 청년들에 대한 사업을 적극적으로 벌여 나갈 수 있는 근거를 마련해준다

청년은 시대에 민감하고 왕성한 활동력을 담보하고 있기에
시대의 개척자적 역할을 한다!

인생에 있어서 청년 시기는 누구에게나 황금기라고 말할 수 있습니다. 실제로 어떤 한 인간이 인류사에 큰 업적을 남길 때 그 사상적 핵심 자양분은 대부분 청년 시기에 형성됩니다. 한 개인의 인생사에서도 그러하지만, 사회 역사적인 문제를 해결할 때에도 청년을 빼고서 말할 수 없습니다. 나라를 방위하는 것도 청년이요, 물질적 창조물을 왕성하게 생산하는 것도 청년들입니다. 청년들을 떠나서는 그 어느 것 하나 성공적으로 완수하기가 힘듭니다. 게다가 나라의 미래도 청년들에 의해 결정됩니다. 청년이 살아있다면 빼앗긴 나라도 되찾을 수 있지만, 청년이 썩어 있으면 부강했던 나라도 망조가 듭니다.

그러면 청년이 왜 그런 막중한 역할을 담당하게 된 것이겠습니까? 그것은 청년이라는 인생 시기 자체가 시대적으로 민감한 때일 뿐만이 아니라 왕성한 활동력을 담보하고 있기 때문입니다. 시대에 민감하다는 것은 주체적 지향과 요구에 민감하다는 것이고, 왕성한 활동력이라는 것은 실천력을 실질적으로 담보하고 있다는 뜻입니다. 주체적 요구에 그 누구보다 민감하고 실천력까지 담보하고 있는데, 어떤 일인들 못 해낸다는 게 더 이상한 일입니다. 그래서 청년은 시대의 개척자적 역할을 한다고 말하는 것입니다. 그 때문에 청년 단체를 적극 조직하고 결성하도록 하는 데 심혈을 기울여야 합니다.

시대의 개척자적 역할을 하기에 청년 단체를 적극 조직하고 결성하도록 해야 한다는 주장은 계급적 관점에 의해서가 아니라 주체적 요구를 실현하기 위해 집단을 구성하고 살아간다고 바라보는 자주의식의 입장에서 자연스럽게 흘러나옵니다.

주체적 요구를 실현하자면 조직을 건설해서 집단을 구성해야만 힘을 발휘할 수 있습니다. 마찬가지 이치로 청년이 시대의 개척자적 역할을 다하기 위해서는 조직을 결성해서 강력한 집단을 형성해야 가능하지, 그렇지 않고서는 망상에 지나지 않습니다. 주체적 요구는 집단의 힘으로 진행해야 하기에 청년 단체의 조직 결성이 그만큼 중대하다는 것입니다.

주체적 요구를 집단의 힘으로 풀어가야 한다는 입장은 주체적 수준에 맞게 수많은 조직 결성을 추동함과 동시에 주체적 수준과 능력을 더욱 끌어올리게 만듦으로써 주체 역량의 확대 강화에 확고한 밑천으로 작용할 것입니다.

사람은 개성을 가진 존재로서 집단을 구성하여 살아가면서도 나라와 민족 단위로 살아간다

나라와 민족 단위로 살아간다는 것은 나라와 민족을 삶의 단위로 해서 운명공동체 집단이 공고하게 형성된다는 것을 의미합니다. 운명공동체 집단이 형성됨으로 하여 나라와 민족 단위로 사회가 운영되고 관리됩니다.

운명공동체 집단으로서의 권리가 보장되자면 대외적 관계에서 주권이 철저히 보장되어야 합니다. 대외적 관계에서 주권을 행사하느냐, 못 하느냐는 그 삶의 단위에서 사는 사람들의 권리를 인정받느냐, 인정받지 못하느냐와 관련됩니다. 그래서 그 삶의 단위에서 사람의 권리를 인정받으려면 대외적 관계에서 필연코 주권을 행사할 수 있어야 합니다.

그런데 주권의 행사는 개인과 집단으로서가 아니라 나라와 민족 단위로 행사됩니다. 그렇게 행사되는 이유는 인류사의 발전 과정에서 나라와 민족이라는 삶의 단위가 가장 공고하게 일반화되어 형성되어 왔기 때문입니다.

물론 삶의 단위가 나라와 민족만 있는 것은 아닙니다. 인종이나 종교, 대륙 간의 구분도 있고, 또 어떤 면에서는 그런 구분도 유의미하기도 합니다. 하지만 이것은 주권의 행사와 직접적인 관련이 없습니다.

나라와 민족이라는 삶의 단위가 주권 행사와 직접적인 관련을 맺게 된 것은 인간이 어떻게 사회를 구성해서 활동해 왔는가와 연관되어 있다

참다운 의미에서의 인류사가 시작되려면 인간이라는 존재에 대한 자각에 기초해서 국가를 세우고, 그로부터 사회적 관계를 맺고 사회활동을 하며 살아가야 합니다. 그래서 인간세상을 널리 이롭게 한다는 홍익인간의 이념으로 단군조선을 건국했던 역사적 사건이 실질적인 의미에서의 인류사의 시작이라고 말했던 것입니다.

그런데 국가 건설의 기초적인 인적 구성을 보면 핏줄과 언어, 지역과 문화의 공통적 측면이 작용하고 있습니다. 여기서 나라와 민족이 삶의 단위로서의 유의미성을 가지게 되고 공고화되면서 주권의 행사를 대변하게 되었던 것입니다. 실질적으로 인류사의 진행 과정을 보면 영토가 넓어지고 좁아지기도 하고, 또 강성해지고 쇠락해지기도 하지만 주되게 삶의 단위로 작용하고 있는 것은 나라와 민족 단위입니다. 그만큼 나라와 민족은 인류사의 발전 과정에서 운명공동체 집단이라는 삶의 단위로서 공고하게 형성되었던 것입니다. 그렇다면 운명공동체 집단인 하나의 민족이 하나의 나라를 형성하는 방식이 가장 이상적인 형태라고 말할 수 있을 것입니다.

그러나 현실 사회에서는 그렇지 못합니다. 어떤 민족은 나라가 없어 주권을 행사하지 못하는 데다 각기 다른 나라에 흩어져 있는 경우도 있고, 또 어떤 민족은 나라를 세워 주권을 행사하고는 있으나 여전히 일부 민족 성원이 다른 나라에 소속되어 있는 경우도 있고, 또 어떤 민족은 분단된 채 서로 분열해 싸우고 있는 경우도 있습니다. 이렇게 하나의 민족이 하나의 나라를 세우지 못하고 분열되어 있거나 서로 싸우는 것은 그만큼 민족적 고통을 안겨줍니다. 이를 해결하자면 하나의 민족이 하나의 국가를 형성하는 방향으로 나가야 합니다.

하나의 민족이 하나의 나라를 세워 주권을 행사하는 방향으로 나아가기 위해서는 우선 그 정당성부터 확보해야 한다

정당성이 확보되어야 명분이 서고, 명분이 서야 주체적 요구를 적극 제기할 수 있습니다.

약소국을 분열하여 지배하려는 세력은 그 명분으로 국가적 이익을 내세웁니다. 국가적 이익을 위해 다른 나라와 민족의 땅을 침략하여 자기 영토로 편입시키고자 합니다. 팽창욕입니다.

하지만 국가를 세운 근본 목적이 무엇입니까? 그것은 궁극적으로 인간이 사회적 활동을 원만히 수행하여 주인답게 자기 삶을 개척하며 살아가기 위해서라는 것으로 귀결됩니다. 그런데 다른 나라를 침략하여 전쟁을 일으킨다면 그것이 어떻게 국가를 세운 근본 목적에 맞겠으며, 주인답게 자기 삶을 개척하는 데에 이바지하겠습니까? 이것은 지배계급이 국가적 이익이라는 교묘한 말장난 아래 자신들의 이익을 추구하기 위한 행위에 다름 아닙니다.

실제로 두 나라 간에 전쟁이 일어나면 어떻게 됩니까? 당장 민이 죽어가기에 희생을 당합니다. 그래서 국제사회에서는 침략 전쟁을 일으킨 자들을 전범자로 여기고 있습니다. 게다가 전쟁이 벌어지면 이겨야 한다는 명분 아래 사람 자체가 수단과 도구로 전락 당합니다. 침략전쟁이 주인답게 자기 삶을 풀어가는 데 해악이 되는 이유가 여기에 있습니다. 이로 볼 때 침략적인 전쟁은 엄밀히 말해 국가적 이익이 될 수 없습니다.

실상 민은 나라와 민족 단위로 살아가기에 세계에는 여러 민족과 나라가 존재합니다. 그래서 여러 나라와 민족 단위에서 민은 주권을 행사하면서 주인답게 자기 삶을 개척해 나가게 됩니다. 그런데 침략적인 전쟁을 불러일으켜 자기와는 다른 나라, 내지 다른 민족 단위로 살아가고 있는 민이 주인답게 자기 삶을 개척해 살아가려는 것을 방해한다면 과연 그것이 자기 삶의 개척에 도움이 되겠습니까?

자신이 소중하면 남도 소중합니다. 남을 업신여기면 자기 자신 또한 업신여김을 당하게 됩니다. 언뜻 보면 노예를 부려먹는 인간이 주인 행세하는 것으로 보이지만, 진정한 삶의 의미로 볼 때 노예에 의지한 기생적 삶이 되므로 결국 그 자신 또한 노예적 삶으로 전락되는 것과 마찬가지 이치입니다. 다른 나라와 민족을 침략하는 전쟁을 벌이게 되면 주인답게 자기 삶을 개척하는 것과 배치되게 지배와 억압의 통치를 허용하게 되고, 그것은 필경 자기 나라와 민족 단위에서 지배와 억압을 허용하게 됩니다. 그래서 나라와 민족 단위의 관계에서도 침략전쟁은 물론이고 지배와 억압적인 정책이 추진되도록 허용해서는 안 됩니다.

나라와 민족을 이해함에 있어서 민과 떨어뜨려 파악해서는 안 된다

국제적인 대외관계에서 국가의 이익이라는 명분으로 침략과 약탈행위가 수시로 벌어지게 되는 근원적인 이유가 어디에 있겠습니까? 지배계급이 자신들의 이익을 추구한다는 데에 일차적인 원인이 있겠지만, 그것을 명백히 이해하지 못하고 국가적 이익이라는 명분이 왜 사회 속에서 통용되고 있느냐 하는 문제입니다. 그것은 나라와 민족을 민과 떨어뜨려 파악하고 있기 때문입니다. 그러다 보니 나라와 민족이 그 자체로 존재할 것처럼 이해하는 경향이 나타난 것입니다. 그런 관계로 국가적 이익이라는 명분이 통용될 수 있었던 것입니다.

그러나 나라와 민족은 민을 떠나서는 성립될 수 없습니다. 민이 나라와 민족 단위로 삶을 살아가고 있다는 것입니다. 지금 현실에선 하나의 민족이 하나의 나라를 갖지 못해 꼭 일치하는 형태는 아니지만, 나라와 민족이라는 삶의 단위에서 민의 특성이 대체로 민족성으로 나타나는 것은 그 때문입니다. 민의 특성이 민족성으로 나타나는 것이지 민을 떠나서 나라와 민족성 자체가 존재하는 것처럼 생각해서는 안 된다는 것입니다. 그렇지 않으면 나라와 민족성 자체가 존재하는 것처럼 여겨지게 되고, 그것은 곧 지배계급이 자신들의 이익을 위해 국가적 이익이라는 명분을 내거는 토대로 작용하게 되는 것입니다. 그래서 나라와 민족성을 철두철미하게 민과 결부시켜 이해해야 합니다.

나라와 민족성을 민과 결부시켜 파악하면
나라와 민족에 대한 이해에서도 주체적 요구가 중요하다
나라와 민족은 민이 주체적 요구를 실현하면서 형성된
하나의 공고한 운명공동체 집단이다

나라와 민족성을 민과 결부시켜야 하는 것은 민이라는 개념 자체가 객관적 토대에 근거를 두면서도 주되게 주체적 요구의 반영이라는 점에서 당연한 이치입니다.

흔히 민족을 핏줄과 언어, 지역과 문화의 공통성에 기초해서 성립된 사회 역사의 공고한 집단체로 설명합니다. 이것은 민족 형성의 객관적 측면을 밝힌 것으로서 민족을 이해하는 데에 큰 진전을 가져다 주었습니다. 하지만 여기서 멈출 수는 없습니다. 객관적 토대가 주체의 형성에 일정한 영향을 주는 것은 사실이지만, 그보다 더 중요한 것은 주체적 요구이기 때문입니다. 그 때문에 민족이라는 이해도 주체적 측면을 위주로 놓고 살펴보아야 합니다. 객관적 측면을 위주로 놓고 보면 핏줄과 언어, 지역과 문화의 공통성이 있는데, 왜 매국노

짓거리를 하는지 이해할 수 없게 됩니다.

주체적 측면을 위주로 놓고 민족을 살펴보면 운명공동체 집단이라고 말할 수 있습니다. 운명공동체 집단이라는 개념 자체가 주체적 요구의 반영입니다. 운명공동체 집단으로서의 소속감을 가지고 있다면 그 주체는 거기에 자신의 운명을 걸게 될 것이고, 그런 소속감이 없다면 나라와 민족이 어떻게 되든 상관하지 않고 자기 욕심만 추구하게 될 것입니다.

주체적 측면을 위주로 해서 운명공동체 집단으로서의 소속감을 갖고 있느냐, 그렇지 않느냐고 파악했기에 민족의 구성원으로 볼 것이냐 아니냐는 이 잣대에 의거해서 살펴보아야 합니다. 이에 근거해 파악할 때 매국노는 핏줄과 언어, 지역과 문화의 공통성이 있다고 하더라도 민족 구성원으로 바라볼 수 없지만, 귀화인은 비록 핏줄과 언어, 지역과 문화의 공통성이 없다손 치더라도 민족 구성원으로 바라볼 수 있습니다. 당연하지만 운명공동체 집단으로서의 소속감을 갖지 않고 자기 욕심을 위해 나라와 민족을 팔아먹는 자를 어떻게 민족 구성원이라고 바라볼 수 있겠습니까? 그러나 귀화인은 외형적 측면에서 비록 구별된다고 하더라도 운명공동체 집단으로서의 소속감을 가지고 살아가려는 지향과 요구를 가지고 있으니만큼 성원으로 인정하고 적극 지지 고무해주어야 합니다. 반면에 매국노는 단호히 응징해야 합니다.

매국노에 대한 응징은 민족의 분열이 아니라 도리어 민족적 특성을 참답게 세워가는 길입니다. 민족성이라는 것 자체가 저절로 확립되는 것이 아니라 민이 주체적 요구를 실현하는 과정에서 공고하게 형성되기 때문입니다. 주체가 민적 품성과 풍모로 빛내어 나가려고 노력해야만 참답게 민족성이 발화될 수 있다는 것입니다.

나라와 민족 단위에서 운명공동체 집단으로서의 민족성을 전면적으로 빛내기 위해서는 우선적으로 민의 정권을 세워내야 한다

나라와 민족 단위에서의 주권의 행사는 사실상 정권이 담당합니다. 그래서 정권을 올바르게 세워내지 못하면 주권도 제대로 행사하지 못하고, 심지어 외세의 침략과 약탈을 수반하게까지 합니다. 이것은 민이 주체적 요구를 실현하는 데서 심대한 타격으로 됩니다.

그뿐만이 아닙니다. 정권은 나라와 민족 단위로 살아가는 구성원을 적극적으로 동원하고 통솔하는 기능을 수행합니다. 그래서 어떤 정권이 등장하느냐는 민의 주체적 요구를 실현하는 데에서 중대한 영향을 미칩니다. 여기서 민의 지향과 요구를 실현해야 하니만큼 민의 정권을 세워내야 합니다. 민의 정권을 세워내면 강력한 무기를 손에 쥐게 되어 주체적 요구 실현에 획기적인 전변을 가져올 수 있습니다.

주체의 존재방식과 활동방식의 해명은 주체 역량의 확대 강화의 나침반이자 어떻게 사는 것이 참되고 가치 있는 삶인가에 대한 주체적 이해를 더욱 심화시켜 준다

이렇듯 민은 개성을 가진 존재로서 집단을 구성하여 나라와 민족 단위로 살아가고 있습니다. 그 때문에 어느 한 부분만이 아니라 총체적으로 연관시켜 살펴보아야 하고, 나아가 객관적인 측면의 파악에 그칠 것이 아니라 이 모든 부분에서 주체적 요구가 실현되도록 하여야 합니다.

민의 존재방식과 활동방식이 개인과 집단, 나라와 민족 단위로 살아간다는 것이 밝혀진 조건에서 이 모든 부분에서 주체적 요구가 실현되면 민은 주인답게 자기 삶을 개척할 수 있습니다. 바로 여기에 민이 개성을 가진 존재로서 집단을 구성하여 나라와 민족 단위로 살아가고 있다고 밝힌 것의 의의가 있다고 할 수 있습니다. 그래서 민 자신이 강력한 무기인 민의 정권을 세워 개인과 집단, 나라와 민족 단위의 모든 부분에서 주체적 지향과 요구를 확고히 실현해 나간다면 인간은 세계 속에서 주인답게 자기 삶을 개척하며 살아갈 수 있게 될 것입니다. 이것은 철학사에서 오랫동안 제기된 과제, 즉 인간이 어떻게 사는 것이 참되고 가치 있는 삶인가에 대한 주체적 이해를 더욱 심화시켜 준 것이라고 할 수 있습니다.

02
애민은 일치와 입체, 통일의 방식으로 실현된다

민이 개성을 가진 존재로서 집단을 구성하여 나라와 민족 단위로 살아가고 있다는 것이 명확히 밝혀짐으로 하여 인간이 주인답게 자기 삶을 개척할 수 있는 밑천이 확고하게 마련되었습니다. 인간이 생존하고 활동하는 그 모든 존재 방면에서 주체적 요구를 전면적으로 발화시켜 나가면 그 길이 열리게 된다는 것입니다. 그러자면 민을 이 세상에서 가장 소중하고 귀중한 존재로 여기는 애민의 기치를 더욱 철저하게 들어야 합니다.

애민시대는 민이 개인과 집단, 나라와 민족 단위의 모든 부분에서 주체적 요구를 전면적으로 실현할 것을 요구한다

사람이 개인과 집단, 나라와 민족 단위로 살아가고 있다고 밝힌 것은 더욱 철저히 민의 주체적 요구를 중심으로 살펴볼 것을 요구합니다. 개인과 집단, 나라와 민족을 민과 결부시켜 파악하지 못하면 제한적 이해가 성립되기 때문입니다. 이것은 민이 사회와 역사의 주체로 등장하여 주체시대가 열리면서 민의 주체적 요구를 더욱 귀중히 여기는 애민시대의 등장을 가져왔습니다.

애민시대는 민이 개성을 가진 존재로서 집단을 구성하여 나라와 민족 단위로 살아가고 있기에 이 모든 부분에서 주체적 요구를 전면적으로 실현하려는 시대적 요구를 반영한 것입니다. 주체시대와 애민시대는 민을 중시한다는 점에서 하등의 차이가 없습니다만, 애민시대는 개인과 집단, 나라와 민족 단위의 모든 부분에서 민의 주체적 요구를 전면적으로 실현하려는 데에 방점을 둔 것이라고 할 수 있습니다.

실상 한국 사회에서는 군사독재세력이 더 이상 맥을 추지 못하게 되자, 민의 요구가 분출하기 시작했습니다. 비록 군사독재세력을 대신한 배신세력을 청산하지는 못했지만, 1990년대부터 점차 환경과 여성 문제를 비롯해 제반의 문제를 해결하기 위한 움직임이 벌어지면서 그 요구는 점차 개인과 집단, 나라와 민족 단위의 모든 방면으로 분출하며 확산되어 나갔습니다. 이런 시대적 흐름을 놓고 애민시대라고 규정하게 된 것입니다. 그 때문에 앞으로 전개되는 미래 사회를 넓고 포괄적인 의미로 주체시대로 통칭해서 말할 수 있겠지만, 민이 개인과 집단, 나라와 민족 단위의 모든 방면에서 주체적 요구를 전면적으로 실현해가야 한다는 척도로서는 애민시대라고 명명하는 것이 더 적합하다고 할 수 있습니다.

주체시대와 애민시대의 구분을 별 의미 없는 것으로 여길 수 있겠으나, 애민시대라고 명명한 것은 그만큼 민의 주체적 요구를 중시하기 때문입니다. 개성을 가진 존재로서 집단을 구성하여 나라와 민족 단위로 살아가고 있다는 것은 단순히 인간관계의 면면을 파악하고자 함이 아닙니다.

인간 자신을 개조하는 것도 인간이지만, 자연개조와 사회개조도 인간이 합니다. 한마디로 물질세계의 법칙 자체를 바꿀 수는 없지만, 그 법칙을 이해하고 어떻게 세계를 개조해 나가는가는 인간에 달려 있습니다. 그런데 인간 자신의 주체적 요구를 어떻게 실현해가는가는 세계를 개조하는 목적과 방향, 내용 등을 규정하게 됩니다. 인간관계가 차별적으로 이뤄지면 세계 개조도 차별적으로 진행되고, 그렇게 개조된 성과물도 차별적으로 누리게 됩니다. 여기서 개인과 집단, 나라와 민족 단위의 모든 방면에서 민의 주체적 요구를 전면적으로 실현하려고 하는 것은 세계 개조의 목적과 방향, 내용 등이 이에 맞게 진행되어야 한다는 뜻을 의미합니다. 한마디로 세계 개조의 방향과 목적, 내용을 개인과 집단, 나라와 민족 단위에서 민의 주체적 요구와 결부시켜 이해하고 있다는 것입니다. 세계 개조가 개인과 집단, 나라와 민족 단위에서 민의 모든 주체적 요구를 실현하는 방향으로 진행된다면 인간은 세계와의 관계에서도 전면적으로 주인답게 자기 삶을 개척하며 살아갈 수 있게 될 것입니다.

개인과 집단, 나라와 민족 단위의 모든 방면에서 민의 주체적 요구를 전면적으로 실현하자면 애민시대에 맞는 방안과 방법이 도출되어야 한다

세상일은 말만으로 성사되지 않습니다. 치밀한 방안과 방법을 제시하고 강력하게 밀고 나가야 합니다. 여기서 먼저 요구되는 것은 민의 주체적 요구를 확고하게 실현할 방안과 방법들을 세워내는 것입니다. 방안과 방법들을 마련하지 않고서는 민의 힘을 하나로 모을 수 없고, 힘을 하나로 모으지 못하면 논란만 거듭하다 혼란을 겪게 될 것입니다.

더욱이 이 문제는 주체의 요구를 실현하는 것과 관련됩니다. 과학기술적 문제도 아닌 주체적 요구를 실현하는 데서는 특히나 어떻게 주체를 하나로 모아내 발동시켜 내느냐가 중대한 문제로 나서게 됩니다.

하나로 모아내 발동시키지 못한 경우에 계선이 잘못 설정되어 주체적 요구가 왜곡되기도 합니다. 이런 상황이 펼쳐지면 지배계급은 그것을 기화로 집단 이기주의를 들먹이며 사회의 암적 존재가 되는 것처럼 공격하고 나섭니다. 노노 간의 갈등이 발생하자 사회의 통치세력이 그것을 빌미로 노동자 집단을 대대적으로 공격하고 나서는 것이 그 증거입니다. 이런 상황이 벌어져서는 결코 민의 주체적 요구를 실현할 수 없습니다.

그런데 이런 현상은 일시적으로 발생하거나 손쉽게 극복되는 것이 아닙니다. 한국 사회에서 영호남 간의 지역갈등의 문제가 그토록 오랫동안 해결되지 못하고, 한국 정치사의 발전에 발목을 잡고 있는 것도 이런 예의 하나입니다. 저절로 사라질 것 같았으면 지금쯤은 해결되었어야 할 것입니다. 전라도 출신이었던 김대중 정권도 등장했으니 말입니다. 하지만 그렇지 못하다는 것은 선거 때를 보면 확연히 드러납니다.

지금껏 지역갈등이 해결되지 못한 것은 지역갈등의 본질이 무엇이고, 무엇을 중심으로 단결하고 어떤 전망을 가지고 풀어가야 하는지를 명확히 하지 못했기 때문이다

지역갈등의 본질은 지역감정이 아니라 지역 차별입니다. 자기가 태어난 지역과 사람들을 사랑하기에 그들과 돈독한 관계를 형성하여 잘 발전시키려는 마음이 뭐가 나쁘겠습니까? 하지만 그것을 기화로 다른 지역을 차별하는 것은 안 됩니다. 차별을 가하는 것은 다른 지역 사람들의 정상적인 발전 과정을 가로막는 행위입니다.

물론 모든 지역을 일률적으로 똑같이 하라는 것은 아닙니다. 어차피 지역 간에 특색이 있어 그런 부분이 고려되어야 할 것입니다. 하지만 재정 재원이나 인물을 등용할 때 보편적인 척도가 적용되어야 할 것입니다. 여기서 큰 편차가 발생하는 것은 차별에 다름 아닙니다. 게다가 종합적이고 균형적인 국토 개발의 목표 아래 각 지역을 특색있게 발전시키려는 전망도 밝히지 않고 한 지역만 집중투자해 성장시킨다면 그에 대해 어느 누가 지역 차별이라고 느끼지 않겠습니까?

이렇게 한번 차별이 가해지면 차별받는 지역은 그런 현상이 잘못되었으니 고치라고 주장할 것이고, 그 차별로 이익을 보았던 측은 비록 차별적 현상이 나쁘다는 것을 알지만 그때껏 얻었던 혜택을 잃을까 봐 애써 그 시정 노력을 외면하는 길로 나가게 됩니다. 한번 첫 단추를 잘못 끼우니 계속 영향을 받게 되는 것입니다.

실상 한국 사회가 성립된 이래 처음부터 지역갈등이 이토록 심각했던 것은 아닙니다. 박정희 군사정권이 등장하면서부터였습니다. 박정희는 1971년 7대 대통령 선거에서 영구 집권을 위해 전라도 출신인 김대중 후보에 이기고자 지역감정을 조장해 경상도 지역에서 몰표를 받아냈습니다.

이런 식으로 박정희 정권에 의해 지역감정과 함께 지역 차별이 거듭 확대된 결과 어떻게 해도 지역갈등은 해볼 수 없는 문제로 다가오게 되었습니다. 심지어 지역갈등을 조장하는 것이 나쁘다는 것은 알지만 그것이 선거에서 유리하다고 보고 이용하기까지 하였습니다. 그러니 지역갈등의 문제가 해결될 리 만무합니다.

도리어 정권의 인사 등용의 면면을 보면 특정 지역과 학교 출신 인물들이 더욱 독차지하는 형식으로 진행되고 있습니다. 이명박 정부는 일명 고소영(고려대, 소망교회, 영남출신)이라 하고, 박근혜 정부는 성시경(성균관대, 고시 출신, 경기고)이라고 했으나 결국 최순실에 의해 국정이 농락당하는 꼴이었고, 윤석열 정부에 이르러서는 일명 윤핵관이라는 사람들이 실세로 전면에 등장하고 있는 격입니다.

지역 차별이 해결되지 않고 어떻게 해볼 수 없는 것으로 여겨지니 고쳐지는 것이 아니라 도리어 여러 방면으로 심화되는 꼴입니다. 지역 간의 차별에 그치지 않고 그 지역 내에서도 도시와 농촌 간의 또 다른 차별로 전화되어 간다는 것입니다. 한국 사회에서 시골에 노인들만 있고 어린애들의 울음소리가 들리지 않는 상황으로 치닫는 것도 그 때문입니다. 그래서 이를 명확하게 고치지 않으면 여기에만 그 폐해가 미치는 것이 아니라 계속 다른 방면으로 전화되어 계속 차별적인 질서가 심화되어 가게 됩니다.

지역갈등의 문제를 어떻게 해결해야 할까?

지역갈등의 본질이 지역 차별에 있으니만큼 지역 차별을 반대하는 데에 힘을 모으고, 그러면서도 각 지역이 독자적으로 발전시켜 나가는 것을 고무 지지해주고, 동시에 전 국토의 종합적이고 균형적인 발전 전망을 세워 이 모두가 총체적으로 실현되도록 밀고 나가면 될 것입니다.

이렇게 해야 하는 이유는 세 가지 차원의 문제를 해결해야 하기 때문입니다. 그중 하나는 어디로 힘을 모아야 할 것인가의 계선을 설정하는 문제입니다. 힘을 하나로 모으는 계선을 설정하지 못하면 각기 분산되어 위력한 힘을 발휘할 수 없을 뿐만이 아니라 서로 갈등을 빚고 다투는 현상이 발생하게 됩니다.

지역갈등의 본질이 지역 차별인데, 지역감정의 문제로 여기면 어떻게 되겠습니까? 자기 지역과 사람을 사랑하는 것은 나쁘지 않으니 그에 대해 뭐라고 말할 수 없게 될 것입니다. 이런 현상이 자기 지역만을 위한 부분으로 나아가게 되면 타 지역과 상충되는 부분도 발생할 것입니다. 그러면 지역감정의 극단적 형태로 서로 싸우는 꼴로 확대될 수 있습니다.

지금껏 한국 사회에서 그토록 지역갈등 문제의 해결이 요원했던 것은 지역 차별을 반대하는 차원으로 계선을 설정하여 힘을 모아야 하는데, 지역감정의 문제로 바라보았기 때문입니다. 문제의 근원을 해결할 수 있는 차원으로 힘을 모아야 하는데 그렇게 하지 못했던 것입니다. 이런 점에서 문제의 근원을 해결할 수 있는 차원에서 계선을 설성하고 힘을 하나로 모아갈 수 있느냐가 관건이 됨을 알 수 있습니다.

그런데 지역 차별의 문제를 해결하기 위해 힘을 하나로 모아야 하지만, 또한 동시에 각 지역마다 자기들 특색에 맞게 꾸려가려는 요구를 가질 수 있습니다. 지역이 처한 주·객관적 조건이 다르기에 그 요구가 모두 똑같을 수는 없습니다. 그런데 서로 다르다고 해서 무시하거나 가로막아야 하겠습니까? 자기 지역의 특색에 맞게 발전시켜 나가려는 요구를 가로막는다면 어떻게 되겠습니까? 자기 지역의 요구가 거부당했으니 절망감을 느낄 것이고, 그러면 그 불만 끝에 하나로 힘을 모으는 계선에도 적극 동참하지 않을 것입니다. 그럼 지역 차별을 극복하는 것은 요원하게 될 것입니다. 여기서 자기 지역의 특색에 맞게 발전시켜 나가는 것을 고무 지지해 줄 필요성이 제기됩니다. 한마디로 힘을 하나로 모으는 계선과 함께 또 하나의 측면으로 자기 지역의 특색에 맞게 발전시키는 것을 정당하게 인정해주어야 한다는 것입니다.

그러면 지역 차별을 반대하는 계선으로 힘을 하나로 모으고, 동시에 각 지역이 자기 특색에 맞게 발전시켜 나가는 것을 고무 지지하면 모든 것이 다 해결되겠습니까? 여기서 한 가지가 더 요구됩니다. 지역 또한 여러 개가 있고, 또 그것이 총체적으로 연관되어 있기 때문입니다. 그래서 총체적으로 진행되지 않으면 결코 그 실현을 담보할 수 없습니다. 실현될지 안 될지도 모르는데, 거기서 사람들로부터 적극성을 기대할 수는 없을 것입니다. 여기서 확고한 실현 전망을 열어줄 필요성이 제기됩니다. 국토의 종합적이고 균형적인 발전 전망 속에 지역 차별의 폐지는 물론이고 지역적 특색에 맞게 발전시켜 나갈 수 있는 길을 확고하게 담보해주어야 한다는 것입니다.

그런데 지금껏 지역갈등을 극복하자는 말을 하면서도 이 세 가지 것 중 어느 것 하나 제대로 시행하지 않았습니다. 그러니 극복될 리 만무했던 것입니다.

이런 모습이 지역갈등 차원에서만 나타난 것은 아닙니다.

거대 양당 정치의 모습 또한 그 해결 방안과 방법이 제시되지 못했을 때 그 후과가 얼마나 크게 나타나는지 명백히 보여준다

한국의 거대 양당 정치는 한국의 정치적인 제반 문제를 풀어가는 데에 있어서 가장 큰 질곡으로 되고 있습니다.

거대 양당제도가 성립되어 있고, 게다가 소수 정당까지 존재하고 있으니 겉으로는 민주정치가 잘 실시되고 있는 것으로 보입니다. 하지만 거대 양당제도의 내막을 보면 매우 기만적입니다.

자본주의 사회의 초기에 인간은 누구나 자유를 누리고 평등하게 살아야 한다는 원리 자체는 매우 중요했습니다. 하지만 자본주의 사회의 병폐가 드러나면서 상황은 달라졌습니다. 말로서가 아니라 자유와 평등을 실질적으로 누리는 문제가 중대하게 제기된 것입니다.

실상 말만으로 세상일이 실현될 것 같으면 이미 한국 사회는 이상 사회가 되고 말았을 것입니다. 전두환 군사정권은 정의사회의 구현을 내걸었고, 노태우 정권은 보통 사람들의 시대를 주장했습니다. 정의가 구현되고 보통 사람들의 시대가 되었는데 도대체 무슨 정치적 문제가 생길 것이며, 또 설사 발생하더라도 풀지 못할 문제가 어디 있겠습니까? 그런데 가당치 않은 것은 군사쿠데타를 감행해 정치 권력을 탈취한 자들이 정의와 보통 사람을 거론했다는 점입니다. 그래서 말의 사용이 아니라 그 실체가 중요하다는 것입니다.

마찬가지 이치로 거대 양당 구조에서 관철되는 실체가 어떠하냐는 것입니다. 거대 양당 구조의 실체를 보면 자유와 평등을 말로만 주장할 뿐 실질적으로 누리도록 하는 데에는 별반 관심이 없습니다. 이 부분에서 두 거대 양당은 큰 차이가 없습니다. 부분적인 측면에서 차이가 없거나 획기적인 주장을 펴는 이가 전혀 없는 것은 아니지만 전반적인 정책에 있어서 거기서 거기라는 것입니다. 이것은 두 거대 정당이 시장과 자본의 법칙을 신줏단지처럼 여기고 있는 것에서 드러납니다.

자유와 평등이 형식적으로 전락하고 실질적으로 누리지 못하게 된 것은 다름 아닌 시장과 자본의 법칙이 관철되어 빈익빈 부익부의 현상이 확대 심화되었기 때문입니다. 그렇다면 시장과 자본의 법칙에 얽매일 것이 아니라 빈익빈 부익부 현상을 해결하기 위한 획기적인 조치를 취해야 할 것입니다. 그런데 시장과 자본의 법칙을 계속 들먹이고 있으니 자유와 평등이 실질적으로 실현될 길이 열리겠습니까? 지금껏 미국에서 민주당과 공화당이 번갈아 정권이 바뀌고, 한국 사회에서 여당과 야당이 여러 번에 걸쳐 바뀌었지만, 도무지 세상이 달라지지 않는 것은 이 때문입니다.

거대 양당제도는 도대체 어디에 문제가 있는 것일까?
우선, 정치적 힘을 모아야 할 계선이 잘못 설정되어 있다

계선이 실질적인 자유와 평등, 즉 빈부격차를 획기적으로 해결할 수 있게 설정되어야 하는데, 거대 양당 제도는 형식적인 자유와 평등의 수준으로 설정되어 있다는 것입니다.

형식적인 자유와 평등은 시장과 자본의 법칙을 신줏단지로 모시는 것이니 이것은 결국 돈 있는 자들이나 기득권 세력이 계속 주인 행세하자는 것과 다름없습니다. 돈 있는 자와 기득권 세력이 여전히 주인 행세하는 방식의 정책을 추구하는 속에서 어떻게 참다운 단합이 이뤄질 수 있겠습니까? 도리어 자신들의 이익을 서로 추구하기 위해 서로 치고받고 싸우지 않는 게 이상할 것입니다. 정치권에서 서로 존중하며 합리적인 방안을 찾는 모습들보다는 자신들의 정치적 목적을 위해 죽기 살기로 서로 싸우는 모습이 주로 나타나는 것은 이 때문입니다.

거대 양당 구조가 이렇게 실질적인 자유와 평등을 실현하기 위한 차원에서 계선이 설정되지 않음으로써 힘을 하나로 모으지 못하게 하고, 또 정치권이 서로 권력 싸움만 벌이게 하는 데에만 문제가 있는 것은 아닙니다.

거대 양당제도는 또한 민의 주체적 요구를 실질적으로 실현하려고 하는 신진 정치 세력의 등장을 가로막거나 제약하고 있다

우선 계선이 잘못 설정된 것에서 비롯된 불공평의 문제입니다. 정치 활동을 하는 것은 누구나 당연하기에 일률적으로 정할 수는 없으나 최소한 어느 정도는 공평해야 할 것입니다. 이미 거대 양당은 기득권 세력이기에 국가 기관을 비롯해 언론과 방송 등에 걸친 영향력 면에서 신진 세력과 비교할 수 없을 정도입니다. 하지만 그것은 차치하더라도 정당 활동과 선거운동, 비례대표의원의 선출 등에 있어서도 거대 양당에 많은 부분 유리하게 작용하고 있어 주체적 요구를 실현하고자 하는 신진 세력의 등장이 매우 어렵게 되어 있다는 사실입니다.

그럼에도 소수 정당이 존재하는 것을 두고 민주정치가 시행되고 있는 것처럼 주장하기도 합니다. 하지만 민의 주체적 요구를 받아안은 정책을 실현할 길이 거의 불가능에 가까운 현실에서 그런 정치 활동을 한다는 것이 얼마나 큰 의미가 있겠습니까? 여러 소수 정당이 난립하지만 거의 미미한 정치적 역량 수준에 머무르고 있는 형편입니다. 게다가 소수당 중에서 좀 성공해서 제3당으로 등장하는 정당을 보면 그 이름만 거창했지 실상 그 내용을 들여다보면 거대 양당의 정책과 큰 차이가 있는 것도 아닙니다. 그래서 일부 소수 정당에 대해 위성 정당이니 2중대니 하는 말이 나도는 것입니다.

물론 매우 불공평해서 신진 세력이 정치권에 진입해 그 힘을 확대하는 것이 어려운지라, 정당 활동 자체를 하지 말라는 뜻은 아닙니다. 세상을 바꾸기 위한 하나하나가 모두 소중한 활동들입니다. 그런데 정말 문제가 되는 것은 대중의 힘을 얻어 성장할 것 같으면 거대 양당 세력이 서로 힘을 합쳐 붕괴시켜 버린다는 것입니다. 그 명분에는 여러 가지가 이용되지만, 그 본질은 국가 안보나 사회 체제의 전복을 시도한다는 것입니다. 이것은 어쩌면 당연한 귀결입니다.

거대 양당체제가 형성된 조건에서 여기에서 벗어나 대중의 지지를 받으려면 어떻게 해야 하겠습니까? 사회의 근원적인 문제를 해결하자고 나서야 할 것입니다. 그렇지 않고 거대 양당과 엇비슷하면 거대 양당 세력을 지지할 것이지 신진 세력을 지지할 이유가 없을 것입니다. 신진 세력이 정치 세력으로 성장하려면 근원적인 쇄신안을 들고 나서야 하는데, 바로 이 점을 물고 늘어져 안보 위기와 체제 위협 세력으로 몰아 붕괴시켜 버린다는 것입니다. 한국 사회에서 조봉암의 진보당 사건이나 이석기 의원 사건을 통해 통합진보당을 해산시켜 버렸던 사실은 바로 이런 상황을 잘 보여줍니다.

거대 양당 체제하에서는 또한 그 어떤 전망을 보지 못하게 되니 정치에 대한 환멸과 무관심을 초래하고, 그 결과로 세상이 바뀌지 않게 된다

정치권이 권력 싸움이나 벌이면서도 근원적 쇄신을 원하는 신진 세력이 힘을 형성할 것 같으면 서로 합세해서 붕괴시켜 버리는 거대 양당 제도가 계속 진행된다면 어떻게 되겠습니까? 정치적 전망이 불투명해질뿐더러 그 어떤 희망도 발견하기가 힘들 것입니다. 세상이 결코 바뀌지 않을 것이니까요.

물론 거대 양당들이 무조건 현실 안주만 하고 권력 투쟁만 벌인다는 것은 아닙니다. 대중의 지지를 받지 못하면 권력을 유지할 수 없으니 지지율이 떨어지면 무슨 선심이나 쓰듯 일회성 정책을 들고나오기도 합니다. 허나 어떤 근원적인 쇄신안도 아니고 단지 일회성 정책에 불과한 것이 대부분이니 크게 달라지는 것은 없습니다. 결국 거대 양당 체제하에서 사람들이 그 어떤 전망을 보지 못하니 정치에 무관심 내지는 환멸을 느끼게 되는 것입니다. 정치에 무관심한 사람들이 늘어나는 것은 여기에 그 원인이 있습니다.

세상을 바꾸자면 우선 정치가 바로 서야 하는데, 정치에 환멸을 느끼고 무관심하니, 이로 인해 거대 양당 체제가 바뀌지 않고 지속되는 요인이 됩니다. 그 때문에 거대 양당 구조하에서는 결코 민이 정치적 권리를 확보할 수도 없고, 그 결과로 세상이 바뀌지 않는 구조가 됩니다. 간단하게 정리하자면 힘을 하나로 모아야 하는 계선이 잘못 설정된 구조에다가, 근원적인 쇄신을 주장하는 신진 세력의 등장을 가로막는 구조인 데다, 그 어떤 정치적 사회적 전망을 보여주지 못하니 정치에 대한 환멸을 불러일으켜 무관심하게 만드는 구조이기 때문입니다.

민의 주체적 요구를 전면적으로 풀어나가는 방안을 마련하지 못하면 도리어 시대에 뒤떨어진 세력으로부터 공격당하는 사태까지 벌어진다

미국의 인권 타령은 이의 대표적인 예다

민의 주체적 요구를 실현하는 데서 힘을 한데 모아야 하는 계선을 옳게 설정함과 함께, 각 주체적 요구를 실현하도록 고무 지지해줌과 동시에, 총체적이고 종합적인 전망을 보여주지 못하면 단순히 세상이 바뀌지 않는 정도에서 멈추지 않습니다. 사회와 역사의 발전을 이루려는 세력이 도리어 시대에 뒤떨어진 세력으로부터 공격당하는 이상야릇한 상황이 발생하기도 합니다. 이의 대표적인 예가 미국의 인권 타령입니다.

국제사회에서 인권 문제를 가장 많이 들먹이는 나라가 미국입니다. 그런데 좀 이상하지 않습니까? 미국이야말로 동구권이 붕괴된 이래로 세계 유일의 패권을 행사하고 있는 나라이니 말입니다. 미국은 유일 패권을 행사하는 과정에서 다른 나라의 내정에 수시로 간섭하여 정권 붕괴와 전복까지 시도했습니다. 한국에서 군사쿠데타가 발생해 군사독재정권이 성립된 것도 이런 미국의 움직임과 결코 떨어져서 생각할 수 없습니다. 그런데 이런 나라가 신성한 인간의 권리인 인권을 들먹이다니 참 배치되는 모습이 아닙니까?

실제로 미국이 인권을 들먹이는 나라를 보면 대부분 미국의 간섭에서 벗어나 독립을 이루려는 나라들이거나 사회주의를 지향하는 국가들입니다. 반면에 미국을 추종하는 나라들은 설사 군사독재정권이 등장해 반대 세력을 체포해 구금하고 심지어 잔혹하게 탄압해도 인권 문제를 들이대지는 않습니다. 이를 보면 미국은 신성한 인권 문제를 자신들의 패권적 지배체제의 유지에 이용하고 있다는 것을 알 수 있습니다.

내정을 간섭하고 패권을 행사하는 세력이라면 시대적으로 청산되어야 하는데, 이런 패권세력으로부터 인권이 도리어 내정을 간섭받고 침략받는 도구로 이용되는 기가 막힌 상황이 도대체 왜 벌어지느냐 하는 것입니다. 여기서 인권이라는 것이 무엇인지 총체적으로 규명하면서 어떻게 해야 인권을 지키고 향상시킬 수 있는지 그 방향과 방법을 명확히 밝힐 필요성이 제기됩니다.

인권은 개인과 집단, 나라와 민족 단위의 모든 부분에서 인간이 당연히 누리고 살아야 할 권리이다

인간 개개인의 측면만 인권에 해당되는 것은 아닙니다. 인간이 개성을 가진 존재인 것은 분명하지만 동시에 집단을 구성해서 나라와 민족 단위로 살아갑니다. 그렇다면 이 모든 부분에서 권리가 지켜져야 합니다. 인권은 글자 그대로 사람으로서 당연히 누리고 살아야 할 권리를 말합니다. 그런데 사람이 개인과 집단, 나라와 민족 단위로 살아가고 있다면 이 모든 부분에서 권리를 누리고 사는 것이 너무도 당연할 것입니다. 그렇지 못하다면 결코 참답게 인권이 지켜졌다고 말할 수 없을 것입니다.

실상 사람이 살아가는 존재방식과 활동방식을 떠나 인권을 논하는 것은 별반 의미가 없습니다. 어떤 이론을 전개하는 것은 실제 삶에 투영하기 위해서입니다. 인간이 개인과 집단, 나라와 민족 단위로 살아가는데, 이를 외면한다면 인권을 논해봐야 무슨 의미가 있겠습니까? 또 그리해서 인권이 참답게 신장될 수 있겠습니까? 그래서 인권에서 가장 중요한 생명이 침략 전쟁으로 인해 무참히 살육당하는 현상이 지구상에서 사라지지 않고 수시로 벌어지고 있는 것입니다.

미국에서 거론하는 인권은 주되게 인간 개개인의 측면만을 다룬다

미국은 인권을 개인의 다양성이라는 측면에서 주되게 언급합니다. 그런데 개인의 다양성을 주장하는 그 사상적 근저는 형식적인 차원에서의 자유와 평등의 보장입니다. 형식적인 차원에서의 자유와 평등의 보장은 신분제 사회를 극복할 때에는 중대한 당면문제였지만, 자본주의 사회가 진척되면서부터는 그런 형식적 차원이 아니라 실질적으로 자유와 평등을 누리는 문제가 당면 과제로 등장하였습니다.

한마디로 형식적인 차원에서의 자유와 평등을 주장하는 것은 개인의 다양성이라는 것으로 드러나고, 실질적인 자유와 평등을 누리도록 하자는 것은 개성의 유일성을 보장받게 하자는 것입니다. 개성의 다양성이라는 미명 하에 개성의 유일성이 침해당해서는 안 된다는 것입니다. 개성의 유일성을 보장하자면 실질적인 자유와 평등이 보장되어야 하고, 그러려면 빈부격차가 해소되어야 합니다. 빈부격차가 해결되어야 실질적인 자유와 평등이 보장되는 것처럼, 개성의 유일성이 보장되어야 참답게 개성의 다양성이 실현된다는 것입니다. 그래서 이를 해결하기 위해 세계 각국은 제반의 복지정책을 늘려가며 그 발판을 마련해가고 있습니다.

그 구체적 내용이야 여러 가지일 수 있겠으나 그 본질적 핵심은 빈부격차의 해결에 있습니다. 빈부격차가 극심해지면 실질적인 자유와 평등이 실현되지 않습니다. 그래서 실질적인 자유와 평등을 누리도록 하자면 어떻게든 빈부격차가 해결되어야 하는데, 그런데 문제가 되는 지점은 그 빈부격차가 바로 시장과 자본의 법칙에서 기인한다는 것입니다. 여기서 인간이 시장과 자본의 법칙에 개입할 필요성이 요구됩니다. 시장과 자본의 법칙에 맡겨두어서는 빈부격차의 문제가 해결되지 않는다는 뜻입니다.

물론 인간은 가치의 법칙 자체를 바꿀 수는 없습니다. 하지만 가치의 법칙을 이해하고 인간의 이익에 맞게 이용할 수 있습니다. 과학기술 자체의 법칙을 바꿀 수는 없으나 그 법칙을 이해하고 인간에 이롭게 사용할 수 있습니다. 여기서 인간에게 이롭게 사용하기 위해서 시장과 자본의 법칙을 어떻게 적용시켜야 할지에 대한 기준과 잣대가 무엇이 되어야 하는지의 문제가 발생합니다. 그런데 인간이 주인답게 자기 삶을 개척하며 살아가야 한다는 기준보다 더 원리적이고 근본적인 해답은 없습니다. 이 원리는 인간과 세계와의 관계에서 인간의 주체적 요구를 가장 근본적이고 최상의 경지에서 해명한 것에 기초하고 있기 때문입니다.

다시 말해 실질적인 자유와 평등을 누리게 하자면 빈부격차를 해결해야 하고, 빈부격차를 해결하기 위해서는 시장과 자본의 법칙에 맡겨둘 것이 아니라, 인간이 자기 삶을 주인답게 개척하며 살아가야 한다는 원리에 의해 제한받아야 한다는 것입니다. 한마디로 실질적인 자유와 평등을 누리게 하자는 주장은 주인답게 자기 삶을 개척하며 살아가야 한다는 주체적 요구에 기인하고 있고, 형식적인 자유와 평등을 보장하자는 주장은 시장과 자본의 법칙을 신줏단지처럼 모시자는 것과 다름없다는 것입니다.

미국의 인권 논리는 개개인의 측면에서, 그것도 시대에 뒤떨어진 형식적인 측면에서의 자유와 평등을 주장한다는 점에서 그 내용과 실체가 드러난다

형식적인 자유와 평등의 주장과 실질적인 자유와 평등을 누리도록 해야 한다는 주장 중 어느 것이 더 시대적 요청에 화답하고 있으며, 현재 제기되는 당면 과제를 해결하려고 하는 것이겠습니까? 여기서 미국이 개개인의 측면에서, 그것도 형식적인 측면에서의 자유와 평등을 주장하는 인권의 내용과 실체가 드러납니다. 한마디로 시대에 뒤떨어진 주장일 뿐만 아니라 현시기에 제기되는 당면 과제의 해결을 가로막는 역할을 하고 있다는 것입니다.

당연한 게 실질적인 자유와 평등을 실현하기 위해서는 빈부격차를 해결하는 차원으로 계선을 설정하고 거기로 힘을 한데 모아야 하는데, 이를 저지하고 방해하면서 무조건 시장과 자본의 법칙이 옹호되어야 한다고 주장한다면 어떻게 되겠습니까? 무조건 시장과 자본 법칙을 옹호하자는 것은 빈부격차를 심화시켜 실질적인 자유와 평등을 누리지 못하게 하는 것이고, 이는 곧 착취와 억압을 허용하자는 것인데, 착취와 억압을 허용하고서 그 무슨 인권을 논할 수 있겠습니까?

자유를 지키자면 자유를 억압할 자유를 허용해서는 안 되듯이, 실질적인 자유와 평등을 누리기 위해서는 착취와 억압이 허용되는 방향이 되어서는 안 됩니다. 한마디로 무조건 사상의 자유가 허용되는 것이 아니라 남의 자유를 억압하는 사상은 허용해서는 안 된다는 것입니다.

미국이 형식적인 자유와 평등을 내세우는 것은 인권이라는 탈을 쓰고 내정 간섭을 벌일 명분을 찾기 위해서이다

미국은 세계제국주의 국가로서 세계 유일의 패권을 행사하고 있는데 그 상황에서 착취와 억압을 없애자고 주장할 리 만무합니다. 그러면 세계 유일의 패권 행사를 그만두어야 하니 말입니다. 여기서 미국이 실질적인 자유와 평등을 누리게 하는 데 관심이 없고 형식적인 자유와 평등의 보장에 왜 그토록 집착하는지 그 진면목을 알 수 있습니다. 형식적인 자유와 평등을 주장해 인권을 옹호하는 것처럼 탈을 쓰고서 실질적인 내막으로는 지배와 패권을 계속 유지하고 행사하겠다는 것입니다.

형식적인 자유와 평등만 주장하게 되면 그것은 곧 자본의 착취와 억압을 허용하라는 것이고, 이는 다시 실질적인 자유와 평등이 이뤄지지 못하기 때문에 인간 간에 착취와 억압을 허용하라는 것과 같은 결과가 나옵니다. 착취와 억압이 허용된 조건에서 인간은 실질적인 자유와 평등을 누리기 위해서 힘을 하나로 합칠 수 없습니다. 서로 싸우고 분열한다는 것입니다.

비록 작은 나라라고 할지라도 하나로 굳건히 단결해 있으면 침략할 명분도 찾기 어렵지만, 설사 침략했다고 하더라도 쉽게 제압하기가 어렵습니다. 그래서 다른 나라를 침략해서 지배하려면 필연코 분열 공작을 먼저 진행합니다. 그런데 분열 공작을 하는 이유는 침략하기 위해서이니, 그 사상적 기저는 실질적인 자유와 평등이 아니라 착취와 억압이 허용되는 형식적인 자유와 평등이 될 수밖에 없습니다.

형식적인 자유와 평등을 내세워야 인권이라는 탈을 쓰고 내정 간섭을 벌일 명분이 설 수 있기 때문입니다.

실제로 미국은 그들의 지배에서 벗어나려는 독립 국가와 사회주의를 지향하는 국가들을 향해서 형식적인 자유와 평등이라는 잣대를 들이댑니다. 허나 실질적인 자유와 평등을 지향하는 나라나 사회주의 국가에서는 그 잣대를 받아들일 수 없습니다. 그것을 허용하게 되면 착취와 억압이 허용되어 실질적인 자유와 평등을 누릴 수 없게 되기 때문입니다. 그뿐만이 아니라 착취와 억압이 허용되면 힘을 하나로 합칠 수 없고, 서로 분열 대립하여 나라는 혼란에 휩싸이게 됩니다.

이런 상황이 되면 미국은 형식적인 자유와 평등이 보장되지 않았다는 미명 하에, 실제로는 착취와 억압을 허용하자는 주장을 내세워 내부 분열을 획책한 이들을 그 무슨 정치적 탄압의 희생양이나 민주화의 기수가 되는 양 영웅시하며, 내정에 간섭하고 나옵니다. 그리고는 끊임없이 그들을 고무 지지해주면서 끝내 국가 전복을 유도합니다. 이것은 쿠바나 니카라과 등과 같이 신생독립의 길을 가면서 빈곤에서 벗어나 실질적인 자유와 평등을 누리려고 하는 국가들을 상대로 끊임없이 국가 전복 활동과 테러를 사주했던 것은 물론이고, 또 착취와 억압을 폐지하고 실질적인 자유와 평등을 실현하려는 사회주의 국가를 향해 반인권적 독재국가라면서 그 국가의 내정에 간섭하고, 끝내 사회 분열을 일으켜 국가를 전복시키려고 획책한 것에서 명확히 드러나고 있습니다.

물론 이것은 제3세계 국가를 비롯해 나라의 독립을 추구하고 사회주의를 지향하는 나라들이 모두 형식적인 자유와 평등이 온전히 보장되고 있다고 말하는 것이 아닙니다. 나라마다 사회 역사적 배경과 문화적 차이가 있고, 발전 수준에도 차이가 있습니다. 하지만 그렇다고 해도 형식적인 자유와 평등이 보장되지 않았다고 내부 분열을 일으켜 내정을 간섭하고 끝내 국가 체제를 전복시켜 지배하려는 행위는 허용될 수 없습니다.

게다가 세계제국주의 국가인 미국에 의해 세계화가 진행되어 세계 유일의 패권적 지배가 행해지고 있는 것은 시대적 흐름에서 볼 때 형식적인 자유와 평등의 보장이 아니라 실질적인 자유와 평등의 보장이 시대적 요청임을 부정할 수는 없을 것입니다. 세계화로 인해 국제사회가 서로 끊을 수 없이 거미줄처럼 밀접하게 연결된 상태에서 실질적인 자유와 평등의 보장은 한 나라만의 차원이 아니라 세계적 차원에서의 시대적 요청이라는 것입니다. 이것을 가장 잘 알고 있는 나라가 미국입니다. 그러기에 세계 유일의 패권을 행사하고 있는 것입니다.

결국 미국은 이를 알고도 자신의 패권 추구를 위해 형식적인 자유와 평등의 보장을 내세우고 있는 것입니다. 이것이 내정을 간섭할 수 있는 도구가 되어 분열을 획책하고, 끝내 국가를 전복시켜 자신들의 지배를 유지할 수 있는 길이기 때문입니다. 이것은 실상 미국이 자신의 말을 듣지 않는 나라에 대해서는 형식적인 자유와 평등의 보장을 내세워 간섭하지만, 고분고분 추종하는 나라에 대해서는 독재국가라고 해도 인권 탄압의 실상을 외면하는 모습에서 드러납니다. 이런 이중적인 잣대를 들이대는 것이 어찌 참다운 인권을 보장하겠다는 입장이겠습니까?

미국이 진정 인권에 관심이 있다면 다른 나라의 내정을 간섭하고 지배하려고 할 것이 아니라 지금 시대적 요청이 실질적인 자유와 평등을 보장하는 것이니만큼 자기 나라에서부터 이를 실현하기 위해 노력하는 것이 우선일 것입니다. 자기 집도 없어 지하철이나 공원 등 길거리에서 삶을 연명하고 있는 처지에 있는 사람들이 수없이 존재하고 있는 조건에서 그 무슨 인권을 거론할 수 있겠습니까? 인권을 논하려면 바로 그런 자기 나라의 처지부터 고치려는 노력을 보이라는 것입니다.

미국의 인권 타령의 더욱 큰 문제점은 집단과 나라, 민족 단위의 문제를 외면한다는 것이다

인권을 주되게 개인적 측면에서, 그것도 형식적인 자유와 평등의 보장으로 바라보게 됨으로써 개인적 차원에서 인권을 신장시킬 수 없는 문제점이 드러나지만, 더욱 큰 문제는 집단과 나라와 민족 단위의 문제에 대해서는 그 어떤 해답을 내놓지 않는다는 것입니다.

그런데 사람은 집단의 힘으로 세상을 개조하면서 바꿔 가고, 주권의 행사는 나라와 민족 단위로 진행됩니다. 집단에서의 권리가 보장되지 않고 차별과 억압을 받게 되면 그런 지위와 역할을 담당하는 존재로 전락합니다. 나라와 민족 단위에서 주권을 제대로 행사하지 못하게 되면 망국노가 되어 상갓집 개만도 못한 취급을 받게 됩니다.

인간의 권리를 거론하면서 이처럼 중대한 역할을 담당하고 있는 집단과 함께 나라와 민족을 논하지 않는다면 도대체 무슨 사람의 권리를 말할 수 있다는 것입니까? 그래서 집단 간에 차별이 이뤄지거나 제반 측면에서 차이가 확대되는 것을 적극적으로 막아야 합니다. 차별적 질서가 유지되거나 차이가 확대되면 실질적인 자유와 평등이 실현될 수 없기 때문입니다.

마찬가지 이치로 나라와 민족 단위에서도 주권의 고수가 실현되도록 해야 합니다. 주권이 고수되는 데 있어서 나라와 민족의 자주권이 우선적으로 보장되어야 합니다. 하지만 여기에 멈춰서는 안 됩니다. 세계제국주의 세력이 공모 결탁하여 자주권을 유린하고 침략하는 상황에서 이에 적극 대처할 필요성이 제기되기 때문입니다.

아무리 주권을 보장해 달라고 요구해도 듣지 않고 침략하려 들면 결국 힘의 대결에서 이겨내야 합니다. 그러자면 자체 내부 역량을 튼튼히 꾸려내는 것은 기본으로 되어야 할 뿐만이 아니라 국제적인 연대와 협력도 필요합니다.

국제적인 연대와 협력이 강력하게 이뤄지면 제국주의 세력은 함부로 다른 나라와 민족을 침략하려는 마음을 품지 못하게 될 것이고, 그러면 제국주의 세력은 점차 약해져 끝내 몰락해갈 것입니다. 그래서 국제적인 연대와 연합은 반제국주의의 연합전선을 기준으로 삼으면서 평화 유지와 친선 관계를 발전시키는 방향에서 진행해야 합니다. 반제연합전선을 기준으로 삼는 것은 침략전쟁을 일으키는 주범이 주되게 제국주의 세력이니만큼 이들을 반대해야 침략을 막고 평화를 지킬 수 있기 때문입니다.

이렇게 집단에서의 권리와 나라와 민족 단위에서의 권리가 보장되면 실질적인 자유와 평등을 실현하는 데서 커다란 전진을 가져오게 될 것입니다.

인간이 개성을 가진 존재로서 집단을 구성하여 나라와 민족 단위로 살아가는 조건에서 이 모든 영역에서 인권이 보장되는 것이 당연한데도, 왜 미국은 인권의 문제를 주되게 개개인 측면으로, 그것도 형식적인 자유와 평등의 보장이라는 수준으로 제한하느냐는 것입니다. 그러면 집단의 권리는 물론 나라와 민족적 권리가 인권의 내용으로 들어가면 어떻게 되겠습니까? 다른 나라를 침략 지배하는 게 쉽지 않을 것이고, 그러면 결국엔 세계 유일의 패권적 지배를 유지할 수 없게 될 것입니다. 이것을 보면 미 제국주의는 참다운 인권 보장엔 관심이 없고, 자신들의 세계 유일의 패권적 지배체제의 유지에만 관심이 있다는 것을 알 수 있습니다.

이렇게 미국이 인권을 논할 자격이 없는 나라라는 게 명백한데도, 도대체 현실에서는 그 무슨 인권의 옹호 국가라도 되는 양 행세하여 여전히 다른 나라를 침략 지배하는 현상이 벌어지는 이유가 어디에 있느냐 하는 것입니다. 바로 여기서 주체가 어떻게 대응해야 하는가의 문제가 제기됩니다.

애민시대에 맞게 주체적 요구를 전면적으로 실현할 방법론이 요구된다

주체적 요구를 전면적으로 실현할 수 있는 방안과 방법을 마련하는 문제는 주인답게 자기 삶을 개척하며 살아가느냐, 그렇지 못하느냐의 관건이 됩니다. 주체가 올바르게 대응하지 못하면 아무리 주체적 요구가 정당하더라도 실현되지 않는다는 것입니다. 주체 역량의 강화는 그것을 실현할 방안과 방법이 없이는 실현될 수 없습니다. 주체적 요구를 실현하는 데 있어서 그 방안과 방법론이 절실히 요청된다는 것입니다.

주체 역량이 그저 말로서 실현될 것 같았으면 진작에 풀어졌어야 할 것입니다. 왜냐하면 주체 역량이 강화되면 거의 대부분의 문제가 풀린다는 것은 누구나 알고 있는 사실이기 때문입니다. 허나 현실에서는 아쉽게도 주체 역량의 강화가 획기적으로 이뤄지지 못해 지배와 억압이 통용되고 있습니다. 그로 인해 실질적인 자유와 평등을 누리지 못하고 있고, 자기 삶을 주인답게 개척하며 살아가는 데에 심대한 장애로 작용하고 있습니다. 이것은 주체적 요구를 실현할 수 있는 방안과 방법을 마련하느냐 하는 문제가 주인답게 자기 삶을 개척하며 살아가느냐, 그렇지 못하느냐의 관건이 된다는 것을 말해줍니다.

주체적인 요구를 전면적으로 실현할 방법론이 필요한 이유는 주체의 요구 수준과 내용이 매우 다양하기 때문이다

주체의 요구 수준과 내용이 매우 다양한 조건에서 그 요구를 어떻게 해결하느냐는 주체의 적극적인 활동을 유도하는 데서 관건이 됩니다. 자신의 요구 조건을 들어주면 기분 좋아서 적극 활동할 것이지만, 만약 들어주지 않고 막아버린다면 불만을 품고 잘 움직이지 않을 것입니다. 심지어 서로 누가 옳은가를 놓고 다툴 수도 있습니다. 이런 상황이 벌어지면 주체 역량의 강화가 이뤄지기는커녕 서로 분열

대립하는 관계로 인해 시대적으로 청산되어야 할 세력으로부터 손쉽게 각개 격파되고 말 것입니다.

주체적 요구를 전면적으로 실현할 애민시대의 방법론은 일치와 입체, 통일의 문제로 집약된다

자주적이고 창조적인 지혜와 힘을 반영하고 있는 각기 다양한 수준의 주체적 요구를 모두 반영할 수 있는 방안과 방법은 결국 일치와 입체, 통일의 문제로 집약됩니다.

각기 다른 다양한 수준의 주체적 요구를 실현하자면 그 모든 요구가 실현될 수 있는 방안과 방법론이 요구됩니다. 게다가 각기 다양하게 제기되는 주체적 요구에는 자기 삶을 주인답게 풀어가려는 자주적 입장은 물론이고 구체적 실정에 맞게 풀어가려는 창조적 입장이 녹아들어 있습니다. 그 때문에 각기 제기되는 주체적 요구를 함부로 무시해서는 안 됩니다. 그래서 다양하게 제기되는 자주적이고 창조적인 지혜와 힘을 어떻게 발휘하도록 하느냐가 매우 중대한 문제로 다가온다는 것입니다. 자주적이고 창조적인 지혜와 힘을 발휘하도록 하면 주체 역량은 비약적으로 발전하게 되고, 그렇지 못하면 주체 역량의 확대 강화에 제약을 가져오게 될 것입니다.

이것은 자주적이고 창조적인 지혜와 힘을 반영하고 있는 각기 다양한 수준의 주체적 요구를 모두 반영할 수 있는 방안과 방법이 무엇이냐 하는 문제로 연결됩니다. 그런데 이것은 결국 일치와 입체, 통일의 문제로 집약됩니다.

일치는 이해관계의 동일성의 문제이고, 입체는 일치의 지점을 전제로 하면서도 각기 자신들의 요구를 적극 풀어가도록 보장하는 문제이고, 통일은 일치와 입체로 진행하여 참다운 꿈이 실현될 수 있도록 총체적인 전망을 내세우고 그것을 확고히 담보해주는 문제입니다.

힘을 한데 모아야 당면의 과제를 해결할 수 있기에 일치의 계선이 필요할 것이고, 각기의 요구에 차이가 있고 다양한 조건에서 일치의 지점만 확고히 견지해나간다면 나머지는 각자의 요구를 적극 실현할 수 있도록 보장해야 하니 입체가 요구될 것입니다. 그런데 이런 일치와 입체는 궁극적으로 인간이 주인답게 자기 삶을 개척하여 살아가기 위해서입니다. 여기서 그렇게 되도록 총체적인 관점에서 그 실현의 전망성을 확고히 담보해주는 통일의 지점이 요구됩니다.

일치와 입체, 통일의 방법론을 견지하자면 인간이 개인과 집단, 나라와 민족 단위로 살아가고 있기에 이 모든 부분에서 관철되도록 해야 한다

개인과 집단, 나라와 민족 단위로 살아가는 조건에서 이 모든 방면에서 주인의 권리를 누리며 주인답게 자기 삶을 개척하며 살아가자면 일치와 입체, 통일의 방법론 외에 다른 방안이 나올 수 없습니다. 일치된 지점에서 힘을 단합하여 당면 과제를 풀어가야 하고, 그러면서 다양한 주체적 요구를 실현할 수 있게 보장하자면 일치된 지점을 견지하는 것을 전제로 하면서도 차이를 존중하여 풀어가도록 지지해주는 입체적 자세가 요구될 것이고, 인간의 참다운 목표가 세계 속에서 자기 삶을 주인답게 개척하며 살아가는 것이니만큼 그 실현 전망의 가능성을 총체적으로 담보해주는 통일적인 추진이 필요합니다.

한마디로 주체적 요구를 전면적으로 받아들이면서 주체의 능동적이고 적극적인 활동을 기대하자면 일치와 입체, 통일의 관점과 입장이 분명하게 견지되어야 한다는 것입니다. 일치와 입체, 통일의 관점과 입장이 견지되어야만 주체가 분열, 대립, 고립에서 벗어나 하나의 굳건한 정치적 역량으로 단합할 수 있습니다. 아울러 각기의 주체적 요구를 적극 보장하고 고무 추동해줌으로써 주체의 능동적이고 적극적인 활동을 유도해 가장 빠른 길로 주체 역량을 확대 강화할 수 있고, 동시에 그 실현 전망을 총체적으로 담보해줌으로써 그 모든 주체의 노력이 허사가 되지 않게 할 것입니다.

일치와 입체, 통일의 관점과 입장이 견지되자면 인간이 개성을 가진 존재로서 집단을 구성하여 나라와 민족 단위로 살아가고 있기에 이 모든 부분에서 관철되도록 해야 합니다.

개인과 집단, 나라와 민족 단위의 모든 방면에서 일치와 입체, 통일성을 보장하기 위해서는 우선 일치와 입체, 통일을 총체적으로 연관시켜 이해해야만 한다

일치와 입체, 통일을 서로 떨어뜨려 분리시키면 민의 주체적 요구를 전면적으로 받아들일 수 없습니다.

실상 사회 역사적 과정을 살펴보면 일치된 지점을 주장하지 않았던 것도 아니었고, 다양한 요구가 분출되지 않았던 것도 아니었고, 통일적인 전망을 보여주는 입장이 나오지 않았던 것도 아니었습니다. 하지만 서로 떨어뜨려 분리해 버리니 주체적 요구를 전면적으로 수용할 수 없었던 것입니다.

일치와 입체, 통일을 총체적으로 연관시켜 바라보지 않고 분리시켜 단지 일치의 지점으로 개성의 다양성만을 거론할 경우 이것은 결국 빈부격차를 승인하게 됨으로써 결과적으로 개성의 유일성을 침해하는 것으로 연결됩니다. 마찬가지로 일치와 통일을 빼 버리고 입체만을 거론할 경우에는 서로 이해충돌을 빚으면서 사회적 혼란을 가져오게 됩니다. 이것은 한국 사회에서 의약분업의 문제나 의사와 한의사, 간호사, 간호조무사 간의 직무 영역의 관계를 새롭게 설정하면서 제 권리를 실현하는 문제를 풀어가는 과정에서 그 이해충돌의 모습이 적나라하게 드러나는 것에서 확인할 수 있습니다.

일치와 입체를 빼 버리고 단지 실현 가능성의 전망만을 밝힌 경우에도 허구적 내용에 지나지 않는 경우가 다반사입니다. 한국의 정권담당자와 재벌들은 한국 경제가 성장하고 기업들이 돈을 벌면 낙수효과로 인해 민이 그 혜택을 받을 것이고, 노동자도 잘살 수 있을 것이라고 수없이 주장해왔습니다. 하지만 경제가 성장하고 재벌이 비대해지면서 도리어 빈부격차가 더욱 확대되었습니다. 빈부격차가 더 심화되었다는 것은 그 결과물을 민과 노동자가 정당하게 받은 것이 아니라 재벌들에게 그 혜택이 더 크게 돌아갔다는 뜻입니다. 이는 곧 민의 삶이 나아진 것이 아니라 더 어려워졌다는 것을 의미합니다.

이렇게 일치와 입체, 통일을 분리해 떨어뜨려 놓고 보면 주체적 요구를 전면적으로 수용할 수 없습니다. 항간에서 부분적인 시혜정책을 두고 포퓰리즘이라고 비판하는 것도 그 내막을 보면 일치와 입체, 통일을 총체적으로 연관시켜 바라보지 않을 뿐만이 아니라, 그것을 실현할 수 있도록 확고하게 담보해주지 못한 데서 비롯된 것임을 알 수 있습니다. 그래서 일치와 입체, 통일을 총체적으로 관련시켜 풀어가야 합니다.

일치와 입체, 통일의 관점과 입장을 견지하자면 또한 개인과 집단, 나라와 민족 단위의 각 영역 내에서도 철저히 견지되도록 해야 한다

사람이 개성을 가진 존재인데 개인 간의 관계에서 일치와 입체, 통일의 방법이 총체적으로 관련시켜 적용하지 않는다면 어떻게 개성이 전면적으로 발휘되는 꿈이 실현될 수 있겠습니까? 마찬가지로 집단 간의 관계는 물론이고 나라와 민족 단위에서도 각각 일치와 입체, 통일의 방법을 총체적으로 연관시켜 풀어가야 합니다.

각각의 영역에서 일치와 입체, 통일을 총체적으로 연관시켜 풀어가는 데 있어서 일치의 문제는 주되게 당면 과제를 해결하는 데서의 최대 방해세력과 관련되어 있다

일치의 문제를 제기하는 것은 힘을 하나로 단합시켜 현실에서 제기되는 당면 과제를 해결해 가자는 데 있습니다. 그런데 주체적 요구인 만큼 보는 각도에 따라 일치된 지점은 여러 개가 설정될 수 있습니다. 여기서 주체적 요구 수준을 너무 높게 잡으면 그 세력의 형성이 미약할 수 있기에 각개 격파되고 말 것입니다. 따라서 높은 수준의 주체적 요구를 풀어가자면 당면 과제부터 해결해 가면서 주체적 역량을 더욱 높여 가야 합니다. 그래서 일치된 지점을 바로 세우기 위해서는 현시기의 당면 과제를 풀어가는 데 있어서 최대의 걸림돌로 되는 세력으로 한정해야 합니다.

일치와 입체, 통일을 총체적으로 연관시켜 풀어가는 데서 입체의 문제는 일치된 지점을 철저히 견지하는 것을 전제로 한 조건 속에서 성립한다

각각의 주체적 요구가 실현되도록 하자면 그것을 가로막는 세력이 없어야 가능할 것입니다. 그런데 다양한 요구라는 미명 아래 다른 주체적 요구의 실현을 가로막고 탄압한다면 어떻게 되겠습니까? 이런 세력을 그대로 놔두고서는 결코 각각의 주체세력이 자신의 요구를 실현할 수가 없게 될 것입니다. 그 때문에 일치된 지점을 확고히 견지하지 않겠다고 한다면 그 요구 조건을 받아들일 수 없을 뿐만이 아니라 청산되어야 할 대상으로 여겨야 합니다.

일치와 입체, 통일을 총체적으로 풀어가는 데서 통일의 문제는 개인과 집단, 나라와 민족 단위의 각 부분에서의 통일적 전망도 필요하지만, 주되게는 나라와 민족, 정권과 관련시켜 바라보아야 한다

통일의 방법론을 주되게 나라와 민족, 정권과 관련시켜 바라보아야 하는 것은 사람을 조절 통제하고 지휘하는 기능을 수행하는 것이 정치이고, 정치는 나라와 민족 단위에서 이뤄지는데, 그 정치적 성과물을 물적으로, 법적으로 담보할 수 있는 것이 국가 영역에서 이뤄지고 있기 때문입니다. 개인이나 집단도 그 자체의 규율이 있겠지만 다른 사람이나 집단에 대해서는 영향력을 미치지 못합니다. 하지만 국가와 정권은 모든 개인과 집단에 영향을 미칠 수 있습니다. 이 점에서 그 실현 가능성의 전망을 국가나 정권 차원에서 철저히 담보할 수 있도록 하여야 합니다.

그런데 법적으로, 물적으로 담보하는 데 있어서 일치된 지점 이하로는 내려가서는 안 됩니다. 예를 들어 나라의 주권을 확고히 고수해야 하는데 사상의 자유라는 미명 하에 매국노적인 주장을 늘어놓는 것을 허용한다면 어떻게 되겠습니까? 주권의 고수는커녕 나라가 망하고 말 것입니다. 그래서 당면문제를 해결하는 문제에 대해서 법적으로, 물적으로 확고히 담보하면서도 총체적으로 더 높은 수준의 과제까지 해결해 가는 방향에까지 철저히 보장하도록 하여야 합니다.

일치와 입체, 통일의 관점과 입장을 총체적으로 연관시켜 바라보기 위해서는 또한 각 부분의 영역 내에서뿐만 아니라 각 영역 간의 관계에서도 적용시켜야 한다

사람이 개인과 집단, 나라와 민족 단위로 동시에 살아가고 있는데, 이들 간의 관계를 단절시켜 떨어뜨려 생각한다면 민의 주체적 요구가 실현될 수 없는 것은 당연합니다. 이들 간의 상호 관계까지도 일치와 입체, 통일의 관점과 입장을 총체적으로 연관시켜 바라본다면 민의 주체적 요구를 전면적으로 실현할 수 있는 길이 확고하게 열리게 될 것입니다.

일치와 입체, 통일의 방법론은 사람이 어떻게 존재하고 살아가고 있는가의 존재방식과 활동방식에 근거하여 도출된 것입니다. 하지만 그렇다고 하여 사람과의 문제에서만 적용된다는 뜻은 아닙니다. 정치와 경제, 사회문화, 환경 등 제반의 영역 자체는 물론이고 이들 간의 관계에까지 적용할 수 있습니다. 어차피 이런 영역들이 다 사람이 활동하고 살아가는 부분이기 때문입니다.

그뿐만 아니라 물질세계의 영역에서도 적용할 필요성이 존재합니다. 물질세계의 무한성을 파악하는 데 있어서 일치된 부분을 하나의 개념으로 범주화하고, 또 차이가 있는 부분에서는 각기 질적으로 변화 발전하는 것이니만큼 입체적으로 바라보면서 총체적으로 물질세계를 이해한다면 그만큼 물질세계의 풍부성을 쉽게 파악할 수 있게 될 것입니다.

일치와 입체, 통일이라는 애민시대의 방법론이 제시된 것은 이런 사회 운영 원리와 관리 방식에 맞게 살아가는 것이야말로 진정 참되고 가치 있는 삶이라는 것을 논증하는 것으로 된다

인간이 개인과 집단, 나라와 민족 단위로 살아가고 있다는 근거에 기초하여 일치와 입체, 통일의 방법론이 제시된 것은 이 모든 방면에서 주체적 요구를 전면적으로 실현할 수 있는 확고한 무기를 손에 쥐게 된 것과 같다고 할 수 있습니다. 이 무기를 확고하게 손에 틀어쥐고 일치와 입체, 통일의 방법론을 구사한다면 주체세력은 더 이상 우왕좌왕하지 않고 흔들림 없이 주체적 요구를 전면적으로 실현할 수 있는 길을 확고하게 열어갈 수 있을 것입니다.

일치와 입체, 통일의 방법론은 또한 인간이 어떻게 살 것인가에 대한 철학적 문제에 대해서도 명쾌하게 해답을 내려준 것이라고 할 수 있습니다. 지금껏 어떻게 살 것인가의 문제는 주로 개인적 영역에 맡겨진 것으로 여겨졌습니다. 하지만 이제 그 차원을 넘어 일치와 입체, 통일이라는 사회 운영 원리와 관리 방식에 맞게 살아가는 것이야말로 참되고 가치 있는 삶이라는 것을 논증하는 것으로 되기 때문입니다. 일치와 입체, 통일의 사회 운영 원리와 관리 방식에 맞게 살아가는 사람들이 점차 많아질수록 인간은 세계 속에서 누구나 다 주인답게 자기 삶을 개척하며 살아가는 참다운 존재가 되어 자기 인생의 꽃을 참답게 피워 나가게 될 것입니다.

03
현시기의 자주, 민주, 통일은 애국이자 애민의 가치에 의해 추진되어야 한다

주체를 강화하면 모든 문제를 풀 수 있고, 일치와 입체, 통일로 주체를 적극 발동해 주체 역량을 확대 강화할 수 있는 길이 열렸다면 이제 무엇을 하면 되겠습니까? 주체를 강화하고 일치와 입체, 통일의 방법론이 나오게 된 것은 제기되는 과제를 해결하자는 것이니만큼 당연히 목표를 정하고 풀어가면 될 것입니다.

그런데 이 목표가 저절로 하나로 정해지지 않습니다. 보는 각도에 따라 얼마든지 수많이 등장할 수 있습니다. 이것은 주체의 수준과 능력이 매우 다양하기 때문입니다.

주체의 요구를 하나로 모아내자면 일치되는 최종적인 목표 설정이 요구된다

인간이 어떻게 살 것인가를 고민하고 인간과 사회, 자연을 개조하는 것은 궁극적으로 이 최종적인 목표를 실현하기 위해서입니다. 물론 이 최종적인 목표가 구체적으로 무슨 내용과 의미를 갖고 있는지는 아직 다 명확히 밝혀지지 않았고 잘 모릅니다. 하지만 확실한 것은 민이 사회와 역사의 주체로 전면에 등장해 주체적 요구를 내걸면서부터 세계와의 관계 속에서 자기 삶을 주인답게 개척하며 살아가고자 하는 것은 최상의 경지이자 최고의 목표로 설정될 수밖에 없다는 것입니다.

인간의 주체적 요구의 종극적이고 이상적인 목표가 세계와의 관계 속에서 자기 삶을 주인답게 개척하며 살아가는 것이 최상의 경지로 되느니만큼 이것을 내걸면 하나로 지향할 수 있는 길이 열린다는 것입니다. 한마디로 다양한 주체적 요구를 하나의 방향으로 바라볼 수 있는 각도가 제시된다는 것입니다.

최종적인 목표 설정을 당면 과제로 내걸어서는 안 된다

하지만 최종적인 목표 설정을 당면 과제로 내걸게 되면 그 목표를 달성할 수 없습니다.

이 목표는 한마디로 세계의 모든 구속과 억압에서 온전히 벗어나야 가능한데, 그러자면 인간 자체는 물론이고 사회와 자연 상태의 모든 방면에서도 온갖 억압과 구속에서 벗어날 수 있는 정도가 되어야 할 것입니다. 하지만 사회와 자연을 개조하는 능력은 물론이고 인간 자체도 그만한 능력을 갖추고 있지 못합니다.

이런 상태에서 그런 과도한 목표를 내걸면 불협화음을 일으키면서 혼란만 야기할 것입니다. 민주주의를 실시하려고 해도 인간이 그만큼의 능력과 자질을 확보하지 못하면 그 실현이 불가능한 것과 마찬가지 이치입니다. 그래서 인류의 최종적이고 이상적인 목표를 실현하자면 한 단계씩 밟아가면서 인간의 주체적인 힘을 키워나가야 합니다.

인류의 최종적인 이상 목표를 실현하기 위해서는 일치와 입체, 통일을 단계적 발전 과정과 연계시켜 파악해야 한다

단계적 발전 과정에서 일치된 지점을 설정하기 위해서는 질적 차이를 경계선으로 구분하여야 한다

일치와 입체, 통일의 방법론을 단계적 발전 과정과 연결시키는 것은 이 세계가 어떻게 합법칙적으로 변화 발전하느냐와 관련되어 있습니다. 이 세계가 변화 발전하려면 새것이 등장해야 합니다. 다시 말해 질적인 변화 과정을 거치게 된다는 것입니다. 양적인 게 아무리 많이 등장해도 새것이 나오지 않는다면 단지 양이 많아졌을 뿐 세계는 결코 변화 발전하지 않습니다. 세계의 변화 발전은 오직 질적인 변화 단계 과정을 통해야만 이뤄진다는 것입니다.

자본주의 사회에서 자본의 양이 아무리 많아진들 시장의 법칙과 자본의 법칙이 달라지지 않습니다. 그래서 시장과 자본의 법칙에 따라 파산 몰락하는 현상과 빈부의 격차가 사라지는 것이 아니라 단지 많아진 자본의 양에 비례하여 더 격렬하게 이뤄질 뿐입니다. 자본주의 사회에서 경제가 발전해도 빈부격차가 저절로 해소되는 것이 아니라 더 극심해지는 것은 시장과 자본의 법칙에 의해 자본이 더욱 한곳으로 집중되기 때문에 발생되는 필연적 현상입니다.

물론 자본의 크기 변화를 두고 양의 축적이 질적 변화를 일으켰다고 보면서 산업자본, 독점자본, 국가독점자본, 세계거대독점자본의 단계로 나눠 볼 수 있습니다. 허나 이것도 양의 축적에 의해 질적인 변화가 이뤄졌다고 설명하기보다는 질적인 변화를 놓고 그 현상을 설명하는 것이 더 합당하다는 것입니다. 경쟁가격을 형성하면 산업자본이고, 독점가격을 행사할 정도의 질을 담보하면 독점자본이고, 국가조차도 전일적으로 지배 통제할 정도의 질을 담보하면 국가독점자본이고, 세계적 차원에서 지배와 패권을 행사할 정도의 질을 담보하면 세계거대독점자본이라고 말하면 된다는 것입니다. 사물의 특징과 변화를 파악할 때 질적인 측면에서의 변화 발전을 놓고 설명하는 것이 더 타당하다는 것입니다.

물론 질은 양을 포함하고 있습니다. 결코 양과 떨어질 수 없습니다. 허나 여기서 중요한 것은 양 자체로는 별반 의미가 없고, 항상 질과 관계된 양으로 설명되어야만 의미를 가지게 된다는 것입니다. 그래서 양질전화라고 말하는 것이 아니라 질적인 변화를 위주로 해서 질에서 질로, 즉 새것이 낡은 것을 극복하여 변화 발전한다는 방식으로 설명하는 것이 더 합리적이라는 것입니다.

실질적으로 양을 위주로 보았을 때 산업자본에서 독점자본으로 되는 것을 어떻게 파악할 수 있겠습니까? 독점자본으로 되었을 때 그 양이 고정되어 있는 것도 아니고, 또 독점자본이 되느냐의 기준은 경쟁가격이 형성되느냐, 그렇지 않으면 독점적 가격을 행사할 수 있느냐에 의해 달려 있으니 말입니다.

사실 어떤 범주로 놓느냐에 따라 이 세상의 물질은 다 양적인 부분의 변화로 설명할 수 있습니다. 하지만 그런 양의 변화는 질과 관련되지 않을 때 별반 의미가 없습니다. 이것은 이 세계의 변화 발전을 설명하자면 질적 변화를 설정해야만 명확히 파악할 수 있다는 것입니다. 그 때문에 양을 생각하더라도 어떤 질과 관련되어 있는지 연관시켜 파악해야 하고, 또 질적인 것을 위주로 바라보는 것이 이 세계의 변화 발전을 이해하는 데 더 확실한 파악이 된다는 것입니다.

이 세계의 합법칙적인 변화 발전을 바라볼 때 질적인 부분을 위주로 해서 파악하는 것이 합당한 것은 이 세계가 질적인 변화 발전 단계 과정을 거쳐서 진행되기 때문이라는 것입니다. 그래서 민의 주체적 요구를 실현하여 인류의 최종적인 이상 목표를 달성하는 데에서도 어떤 질적인 발전 단계 과정을 밟아가는지를 파악해야 합니다. 한마디로 어떤 질적 단계의 발전 과정을 밟아가야 인간의 최종목표이자 종극적 목표를 실현할 수 있느냐, 즉 세계의 모든 구속과 억압으로부터 벗어나 완벽하게 자기 삶을 주인답게 개척하며 살아갈 수 있게 되느냐 하는 것입니다.

인간의 종극적이고 이상적인 목표를 실현하기 위해 질적 단계의 발전 과정을 밟아가는 것으로 바라보는 것은 일치와 입체, 통일의 방법론을 옳게 적용하는 것과도 관련됩니다.

일치와 입체, 통일은 주체적 요구와 관련되어 있으니만큼 보는 각도에 따라 여러 지점이 나올 수 있습니다. 특히 중요한 것은 일치의 지점입니다.

일치의 지점을 잘못 파악하게 되면 입체와 통일의 적용에도 영향을 미쳐 혼란을 안겨주지만, 주되게 힘을 하나로 모으는 데 큰 장애가 됩니다. 힘을 하나로 모으기 위해서 일치가 제시된 것인데, 도리어 일치의 지점을 잘못 적용해 혼란을 가져온다면 결코 주체적 요구를 실현할 수는 없습니다.

지금 국제사회에서 미국이 세계 유일의 패권 지배가 행사되면서 수시로 침략전쟁이 벌어지는 현상이 허용되는 것은 일치의 지점을 명확히 하지 못하는 것과 크게 관련이 있습니다. 이를 하루빨리 바로잡고 해결하자면 주체적 요구가 어떤 질적 단계의 발전 과정을 밟아 인류의 종극적이고 이상적인 목표가 실현되는지를 파악하면서 일치와 입체, 통일의 방법론과 어떻게 관련되는지를 명확히 밝혀야 합니다.

인류의 이상이자 종극적인 목표, 즉 세계의 모든 구속과 억압으로부터 벗어나 주인답게 자기 삶을 개척하며 살아가기 위해서는 크게 두 단계의 질적 과정을 거치게 된다

하나는 착취와 억압 자체를 완전히 폐지하는 단계입니다. 착취와 억압이 존재하고서는 주인답게 자기 삶을 개척할 수 없습니다. 국가 권력과 생산수단을 장악하고서 주인 행세하는 놈이 계속 억압하고 지배하는 조건에서 어떻게 주인답게 자기 삶을 개척할 수 있겠습니까? 그래서 세계의 모든 구속과 억압으로부터 벗어나자면 착취와 억압 자체를 폐지하는 것이 우선적으로 요구됩니다. 착취와 억압 자체가 폐지되면 더 유리한 조건이 열어지게 됩니다.

이런 질적인 단계의 발전 과정을 거친 후 여기서 다시 세계와의 관계에서 주인답게 자기 삶을 전면적으로 개화 발화해가는 또 하나의 질적 단계가 요구됩니다. 다시 말해 개인과 집단, 나라와 민족 단위의 전 부분에서 전면적으로 자기 삶을 개척하고 빛내어 가면서 인간과 사회, 자연의 영역에까지 전방위적으로 개조 변혁해 나가는 단계입니다. 이렇게 전면적으로 개조 변혁해 가면 인류의 최종적이고 최상의 경지, 즉 세계의 모든 구속과 억압으로부터 벗어나 진정으로 주인답게 자기 삶을 개척하며 살아가는 방향으로 계속 나아가게 될 것입니다.

민의 주체적 요구의 실현을 중심에 놓고 보았을 때 이렇게 질적 발전 과정을 두 단계로 놓고 설명할 수 있는데, 여기서 중요한 것은 억압과 착취 자체를 폐지하는 문제가 관건으로 등장한다는 것입니다. 억압과 착취 자체를 폐지하지 못하면 주체적 요구를 전면적으로 발전시키는 또 다른 질적 단계로 나아갈 수 없다는 것입니다.

억압과 착취 자체를 폐지하는 첫 단계의 질적 과제를 해결하는 것이 무엇보다 중차대한 문제로 등장한다

억압과 착취 자체를 폐지하는 문제는 엄청난 계급적 투쟁과 정치투쟁, 사상투쟁을 동반합니다. 억압과 착취가 존재하는 것은 그런 세력이 있기 때문이고, 그래서 결국 억압과 착취 자체를 폐지한다는 것은 다름 아닌 그들을 청산하는 문제이기 때문입니다. 그들 세력을 청산하자면 압도적인 정치 역량이 마련되어야 합니다. 그런데 현실은 그들이 국가권력과 생산수단을 장악하고 있으며 압도적인 영향력을 행사하고 있다는 사실입니다.

이런 상황이 지속된다면 억압과 착취 자체를 폐지하기는커녕 세상 자체가 바뀌지 않을 것입니다. 여기서 이런 상황을 어떻게 타개해야 역량 관계의 전변을 이뤄낼 수 있느냐의 문제가 전면에 등장하게 됩니다.

실상 이런 문제는 민이 사회와 역사의 주체로 전면에 등장하면서부터 계속 제기되어 왔습니다. 착취와 억압 자체를 폐지하는 전략만이 아니라 그 전략을 실현하기 위한 방안으로 전술이 논의된 것도 그 때문입니다. 그리고 마침내 파시즘과 제국주의의 침략 세력에 대한 대항으로 반파시즘연합전선과 민족해방전선 또한 단순한 전술적 차원이 아니라 전략적 차원으로 격상되었습니다. 한마디로 역량 관계의 전변이 이뤄져야 세상이 바뀔 수 있고, 바로 그 힘에 의해 착취와 억압 자체를 폐지하는 방향으로 나아갈 수 있다는 것입니다.

역량 관계의 전변을 이룩하고자 하는 것은 단지 힘의 역학관계를 바꾸자는 것에만 목적이 있지 않습니다. 그런 측면이 있다는 것을 부정할 수 없지만, 이 또한 주되게 주체적 요구에 기반하고 있습니다.

주체적 요구는 언제나 상황과 조건에서 나오는 것이지 그것을 떠나서는 성립될 수 없습니다. 그래서 현 상황과 조건이 어떤지부터 따져보아야 합니다. 그런데 착취와 억압이 이뤄지는 방식을 보면 그것이 그물망처럼 촘촘히 연결되어 있습니다. 먹이사슬의 구조로 되어 있다는 것입니다. 원래 억압적 구조 자체가 이렇게 해서 성립됩니다.

이렇게 억압적 구조가 체계적으로 성립된 조건에서 억압과 착취 자체를 반대하는 부분으로 나아가면 어떻게 되겠습니까? 중간에 낀 층은 참 난감한 상황에 처하게 될 것입니다. 이것은 단적으로 중소기업의 사장이 처한 이중적 모순 관계를 보면 알 수 있습니다. 자신들은 재벌이나 대기업에 헐값으로 부품을 공급하게 되니 노동자들에게 임금을 올려주고 싶어도 그럴 수 없는 처지에 빠지게 됩니다. 자신이 피해자이면서 동시에 자신이 의도하지 않았는데 피해를 주는 또 다른 가해자가 되는 꼴입니다.

이런 상황과 조건은 그저 객관적 측면으로만 끝나지 않습니다. 객관적 조건이 주체에게 무조건 똑같은 영향을 끼치는 것은 아니지만, 이런 상황은 주체로 하여금 심한 좌절감과 절망감을 심어줍니다. 착취와 억압이 좋은 것은 아니지만 그것을 폐지하는 것이 거의 불가능하다는 패배감입니다. 이것은 항간에서 이상은 좋은데, 현실에서는 통하지 않는다고 말하는 것에서 드러납니다.

이런 마음이 들면 주체적 요구를 실현하기 위해 적극 나서기가 힘들게 될 것입니다. 한마디로 착취와 억압 자체를 폐지하려면 주체 자신이 혁신하고 달라져야 합니다. 그런데 좌절감과 패배감에 휩싸인 상태에서 자기 변화와 혁신이 손쉽게 이뤄질 수 있겠습니까? 이로부터 착취와 억압을 바라지는 않으나 자기 자신도 모르게 착취와 억압의 잔재가 몸에 달라붙게 됩니다. 이렇게 착취와 억압의 잔재가 온전히 청산되지 않는 상태에서 어떻게 억압과 착취 자체를 폐지할 수 있겠습니까? 백날 가도 세상은 바뀌지 않을 것입니다. 여기로부터 착취와 억압의 잔재를 떨어내어 착취와 억압 자체를 폐지할 수 있는 단계로 나아갈 수 있도록 주체적 힘을 더욱 키우는 것이 절실히 요청된다는 것입니다.

첫 단계의 질적 변화를 이뤄내고자 최대의 억압 세력으로 제한 설정하여 투쟁을 벌이는 것은 역량 관계의 전변은 물론 주체를 확대 강화하여 사회를 개조할 수 있는 확고한 담보로 된다

역량 관계의 전변을 이뤄내면서 주체적 힘을 키워 착취와 억압 자체를 폐지하는 방향으로 나아가게 할 고리는 무엇이겠습니까? 그것은 바로 억압과 착취 자체를 가하는 세력 전체가 아니라 그중의 최대의 세력을 제한 설정해서 싸워가는 것입니다.

최대의 착취, 억압 세력으로 제한 설정하여 그들을 청산하기 위한 투쟁을 벌이는 것은 역량 관계의 전변은 물론이고 주체를 더욱 확대 강화하여 사회를 개조할 수 있는 확고한 담보로 됩니다. 최대의 억압과 착취 세력이 힘이 센 이유는 그들이 체계적으로 억압적 지배 그물망을 형성했기 때문입니다. 이 구조적 억압의 그물망을 깨부숴버려야 합니다.

이 그물망을 부숴버리자면 바로 최대의 착취자와 억압 세력에게 화력을 집중해야 합니다. 이들이 고립 몰락하게 되면 억압적 지배 구조 자체가 힘을 잃고 붕괴되지 않을 수 없습니다. 아울러 최대의 착취자와 억압 세력이 몰락 붕괴되면 중간층에 있는 사람들이 더는 눈치를 볼 필요도 없습니다. 중간층 사람들은 점차 절망과 패배감에서 벗어나 신심을 가지고 착취와 억압 자체를 폐지하는 길로 나서게 될 것입니다.

인간이 세계의 모든 구속과 억압에서 벗어나 종극적으로 자기 삶을 주인답게 개척하며 살아가자면 결국 3단계의 합법칙적인 발전 과정을 걷게 된다

자기 삶을 주인답게 살아가는 것을 빛나게 실현하기 위해서는 최대의 착취자와 억압 세력을 청산하는 단계를 1차로 거친 후, 다음 단계로 착취와 억압 자체를 폐지하는 단계로 나아가고, 그다음 단계로 모든 구속과 억압에서 벗어나 자기 삶을 전면적으로 개화 발현하는 과정으로 나아간다는 것입니다.

이런 합법칙적인 발전 과정은 개인과 집단, 나라와 민족 단위의 부분에도 밀접하게 연관되어 진행됩니다. 그렇지 않는다면 의미도 없을뿐더러 도리어 이상한 일일 것입니다. 인간이 개인과 집단, 나라와 민족 단위로 살아가는 것이 존재방식이고 활동방식이니만큼 이 모든 부분에서 관철되어야 한다는 것입니다.

실상 개인과 집단, 나라와 민족 단위로 살아가는 삶을 살펴보면 그리된다는 것을 알 수 있습니다.

개성을 빛나게 실현하는 과정은 인간해방과 연관되어 3단계의 발전 과정을 거친다

우선 인간이 개성을 가진 존재라는 것은 그 개성을 누구도 대신할 수 없게 전면적으로 빛나게 실현한다는 것입니다. 그런데 개성을 빛나게 실현한다는 것은 인간 개개인 간의 관계를 온전히 해방시키는 과제를 갖는다는 의미에서 주되게 인간해방의 문제와 관련된다고 볼 수 있습니다.

인간해방을 이룩하여 어느 누구도 자신을 대신할 수 없게 개성의 유일성을 전면적으로 실현하기 위해서는 우선적으로 개개인 간의 차별과 억압을 가하는 최대의 세력부터 청산하여야 합니다. 그다음으로 차별과 억압을 가하는 최대의 세력이 청산된 유리한 조건을 이용하여 차별과 억압 자체를 폐지하는 단계로 나아가야 합니다. 그다음 단계로 개인의 자질과 능력을 더욱 높여 누구도 대신할 수 없을 정도로 개성의 유일성을 전면적으로 발화시켜나가는 것입니다.

집단의 권리 실현 또한 계급해방과 연관되어 3단계의 발전 과정을 거친다

인간이 집단을 구성하여 살아간다고 하는 것은 자신이 소망하는 바를 집단적인 지혜와 힘으로 풀어간다는 것입니다. 인간의 소망은 고립 분산된 개인의 힘으로 이룰 수 없고, 오직 집단적인 지혜와 힘에 의해 실현됩니다. 그런데 국가권력과 생산수단을 장악한 계급이 주인 행세하는 조건에서 집단의 권리 해방은 주되게 계급해방과 관련됩니다.

물론 계급이 폐지되었다고 해서 집단이 없어지는 것은 아닙니다. 자본주의적 생산관계가 폐지되었다고 해서 경영하는 사람과 근로하는 집단이 사라지는 것은 아닙니다. 자본주의적 생산관계가 폐지되었다는 것은 자본에 의한 착취와 억압이 존속될 수 없게 되었다는 뜻이지 경영활동과 근로활동이 사라지는 것을 의미하지 않기 때문입니다. 인간이 살려면 물질을 생산해야 하는데, 경영활동과 근로활동을 하지 않는다면 어떻게 그것이 가능하겠습니까? 그래서는 사회 자체가 유지되지 못할 것입니다. 이런 측면에서 인간은 계급을 구성하고 살아간다고 하지 않고 포괄적으로 집단을 구성해서 살아간다고 말하는 것입니다. 그 때문에 집단을 없애는 것이 아니라 더욱 고도화하고 그 기능과 역할을 높여가야 합니다.

그런데 집단의 권리를 전면적으로 실현하자면 계급적 착취와 억압의 문제를 풀어야 합니다. 계급적 착취와 억압 자체를 그대로 두고서는 집단의 권리를 전면적으로 실현할 수 없기 때문입니다. 여기에 집단의 권리 실현 문제를 주되게 계급해방과 연계시켜 이해해야 하는 특성이 나타나게 됩니다.

집단의 권리를 실현하자면 계급적 착취와 억압을 폐지해야 하는데, 그러자면 우선적으로 최대의 착취계급과 억압 집단을 청산해야 합니다. 이 최대의 착취계급과 억압 집단은 집단적 차별과 억압을 가하는 최대의 세력이니만큼 이들을 그대로 놔두고서는 계급적 착취와 억압 자체를 없앨 수 없기 때문입니다. 당연히 이 최대의 세력을 청산하고 난 다음에는 착취와 억압 자체를 없애는 단계로 나아가야 합니다. 착취와 억압이 이뤄지는 상황에서는 집단적 권리를 전면적으로 실현할 수 없기 때문입니다.

계급적 착취와 억압이 폐지되면 계급이 폐지되게 되고, 계급이 폐지되면 집단의 권리 실현에 획기적인 전환이 이뤄지게 됩니다. 바로 여기서 계급적 지반을 뛰어넘어 인간이 살아가는 모든 부분과 영역에 걸쳐 전면적으로 집단의 권리를 실현하기 위한 단계의 방향으로 나아가게 됩니다. 그 때문에 계급이 폐지되었다고 해서 집단이 없어지는 것이 아니라 더욱더 수준 높은 차원으로 조직을 활성화시켜야 합니다.

나라와 민족 단위도 민족해방과 관련하여 3단계의 발전 과정을 거친다

나라와 민족 단위에서 권리를 실현하는 문제는 주되게 민족해방과 관련됩니다. 나라와 민족 단위로 주권이 행사되고 있다는 측면에서 일차적으로 요구되는 것은 민족적 주권의 확립입니다. 민족적 주권이 확립되지 못하면 개인과 집단에서의 권리를 실현하는 과제도 심대한 제약을 받게 됩니다. 그 때문에 외세의 지배로부터 벗어나 주권을 견결히 고수하고 확립하는 것은 선차적으로 요구됩니다.

나라와 민족 단위에서의 권리를 전면적으로 실현하기 위해서는 민족적 주권을 확립하는 차원에서 결코 멈출 수는 없습니다. 그다음 단계로 민족 간에 벌어지는 착취와 억압 자체를 없애는 과정으로 나아가야 합니다. 그리고 민족 간에 착취와 억압 자체가 벌어지는 부분을 극복한 이후에는 나라와 민족 단위에서의 민족성과 민적 품성이 전면적으로 발현되는 단계로 나아가야 합니다.

이렇게 개인과 집단, 나라와 민족 단위에서의 권리 실현 과정, 즉 인간해방과 계급해방, 민족해방의 과정을 추진해나간다면 인간은 모든 구속과 억압으로부터 벗어나 참답게 자기 삶을 주인답게 개척하며 살아갈 수 있게 될 것입니다.

개인과 집단, 나라와 민족 단위에서의 권리가 실현되는 과정을 살펴보면 그 모든 관계가 일치, 입체, 통일적으로 적용되고 있다는 것을 알 수 있다

원래부터 인간이 개성을 가진 존재로서 집단을 구성하여 나라와 민족 단위로 살아가고 있기에 일치와 입체, 통일의 방법론을 적용하는 것은 당연합니다만, 그 구체적인 실현 과정을 밟는 데서도 서로 연관되어 진행된다는 것입니다. 한마디로 개인과 집단, 나라와 민족 단위에서의 권리가 실현되는 과정, 즉 인간해방과 계급해방, 민족해방을 풀어가는 과정이 선후차의 문제가 아니라 서로 밀접하게 일치되어 있고, 입체적으로 작용하여 통일적으로 적용되어 풀어가는 관계로 되어 있다는 것입니다.

인간해방과 계급해방, 민족해방이 서로 일치되고 입체적으로 작용하여 통일적으로 적용된다는 것은 그 주체와 대상이 같다는 데에서 드러난다

인간해방, 계급해방, 민족해방에서 최대의 억압 세력과 지배 세력들은 다 청산의 대상으로 되고 그 나머지 세력이 주체로 됩니다. 그 진행 과정에서도 또 다른 주체가 나오는 것이 아니라 첫 공정의 질적 단계에 함께했던 세력이 자기의 역할을 높여 다음 단계의 질적 과제를 해결하는 방향으로 나아가게 된다는 것입니다. 다시 말해 개인과 집단, 나라와 민족 단위에서 제기되는 고유 영역들을 풀어가는 주체 세력들이 계속 자신들의 힘을 키워 제 영역들의 문제를 일치시켜 입체적으로 적용하여 통일적으로 풀어간다는 것입니다.

인간해방과 계급해방, 민족해방의 과제를 선후차의 문제로 볼 것이 아니라 일치시켜 입체적으로 적용하여 통일적으로 풀어가야 한다

인간해방과 계급해방, 민족해방의 과제를 만약 선후차의 문제로 바라본다면 민족문제를 풀 때까지는 계급문제는 건드리지 않아야 할 것이고, 마찬가지로 계급문제가 풀릴 때까지는 인간해방의 문제는 건드리지 말아야 할 것입니다. 이것은 인간해방과 계급해방, 민족해방이 합법칙적인 발전 법칙에 따라 일치되고 입체적으로 적용되어 통일적으로 풀려가는 현실을 부정하는 것일 뿐만 아니라, 인간이 개성을 가진 존재로서 집단을 구성하여 나라와 민족 단위로 동시적으로 살아가고 있다는 것을 부정하는 것과 같습니다. 그 때문에 인간해방과 계급해방, 민족해방은 각기 합법칙적인 발전 과정을 밟아가는 데서 그 자체가 일치되고 입체적으로 적용되고 통일적으로 실현되어 간다는 것을 명확히 해야 합니다. 이것은 한국 사회의 현실을 봐도 드러납니다.

한국에서는 민족적 주권을 확립하고 조국을 통일하기 위한 운동이 열렬히 벌어지면서도 개인의 권리를 신장하기 위한 노력은 물론이고 집단의 권리를 실현하기 위한 투쟁이 활발하게 벌어지고 있습니다. 결코 어느 한 영역에 한정되지 않고 있다는 것입니다. 이것은 인간이 개성을 가진 존재로서 집단을 구성하여 나라와 민족 단위로 살아가고 있다는 점에서 당연한 이치입니다.

한국 사회에서 개인과 집단, 나라와 민족 단위의 모든 부분에서의 권리 실현을 가로막는 최대의 세력은 외세와 매국노이다

한국 사회에서 개인적 측면으로 볼 때 누가 가장 힘이 센가는 주한미군사령관, 주한미국대사관, 미CIA 한국 지부장이 한국 사회에서 차지하는 지위와 영향력에서 드러납니다. 아니 그보다는 한국의 대통령과 미국의 대통령과의 관계를 보면 더욱 명백해집니다. 그런 연장 선장에서 주한미군 병사가 한국인에게 범죄를 저지를 때에도 충격적일 만큼 매우 악랄하기 그지없습니다. 집단적 측면이나 나라와 민족 단위를 살펴보더라도 주한미군의 치외법권적 지위나 한미행정협정, 한미상호방위조약 등에 의해 군사적 주권도 실질적으로 행사하지 못하고 있는 것에서 확연히 드러납니다.

물론 이것은 외세가 한국의 모든 부분에서 다 직접적으로 관계하여 지배하고 억압하고 있다는 뜻이 아닙니다. 한국 사회의 실세로 등장하여 특혜적 지위를 누리며 지배하는 관계를 조성하니, 그로 인해 한국 사회 자체가 전체적으로 차별적이고 억압적인 관계의 그물망이 체계적으로 형성된다는 뜻입니다. 이것은 실제 권력자가 모든 사람과 직접 다 관계해서 지배하고 억압하는 것은 아니지만 핵심적인 위치를 차지한 속에서 그런 관계를 조성하니 그 형태가 사회적으로 파급 확산되는 꼴과 같은 맥락입니다. 그래서 한국 사회에서 실질적으로 주인 행세하는 것은 외세와 매국노라는 것입니다.

물론 외세와 매국노 관계에서 주된 실력자는 외세입니다. 그런데도 단지 외세라 하지 않고 외세와 매국노가 주인 행세한다고 하는 것은 식민 지배의 방식이 매국노를 통해서 실현되기 때문입니다. 실상 매국노가 존재하지 않는다면 식민 지배는 오래갈 수 없습니다. 그 때문에 외세와 매국노와의 관계에서 매국노가 힘이 약하다고 해서 그들의 존재를 간과해서는 안 됩니다. 매국노를 청산하는 것이야말로 외세의 식민 지배를 끊어내는 중요한 고리가 됩니다.

외세와 매국노가 주인 행세하고 있기에 한국 사회는 식민지매국사회이다

식민지매국사회에서 식민지, 즉 식민성은 자기 나라의 필요에 따라 제 발로 걸어가지 못하고 외세의 강압적 요구에 좌지우지된다는 뜻이고, 매국성은 나라와 민족 단위로 삶을 살아가는 민을 배반하는 반민족적이고 반민적인 특성을 가진다는 것입니다.

한국 사회를 식민지매국사회로 규정하는 것은 철저히 누가 사회역사의 주체인 민의 권리 실현을 가로막고 주인 행세하고 있는가를 중심으로 해서 살펴본 것입니다. 사회를 바라보는 데 있어서 경제적 측면을 위주로 해서 사회구성체를 통해 분석할 수도 있고, 사회 제도적 측면을 위주로 해서 사회의 성격을 파악할 수도 있고, 또 민족, 계급 등을 비롯해 사회 문화적 측면을 통해 파악할 수도 있습니다. 한마디로 바라보는 관점에 따라 여러 각도와 방향으로 살펴볼 수 있습니다. 하지만 그 모든 것을 관통하고 있는 것은 결국 누가 민의 권리 실현을 가로막고 주인 행세하고 있는가에 의해 결정됩니다. 주인 행세하는 자들이 결국은 국가권력과 생산수단을 장악하고서 정치와 경제는 물론이고 사상 문화적으로도 지배하고 억압하는 방식으로 만들어가는 것으로 귀결되기 때문입니다. 그래서 사회의 진면목을 파악하고 규정하자면 누가 민의 권리 실현을 가로막고 주인 행세하고 있는가를 살펴보는 것이 가장 정당하다는 것입니다.

이로 볼 때 한국 사회에서 민의 권리를 가로막고 주인 행세하는 주된 세력은 외세와 매국노라는 것입니다. 이들이 국가권력과 생산수단을 장악하고 정치, 경제는 물론이고 사상 문화적 측면에서도 지배하고 억압하고 있다는 것입니다. 물론 식민지의 특성에서 옛날에는 총독부와 같이 직접 지배하는 구식민지적 지배 방식에서 벗어나 형식적으로는 삼권분립 등 국가 주권을 인정하는 방향으로 나아가는 신식민지적 지배 방식으로 전화하고 있고, 또 예전에는 매국노의 주된 세력이 군사독재세력이었지만 이제는 배신세력과 반동세력으로 교체되는 양상으로 되어가는 등 일정한 변화가 일어난 것은 사실입니다. 하지만 이런 변화의 양상 때문에 식민지매국사회라고 규정하지 못하는 것은 아닙니다.

식민지매국사회를 논할 때 사회 제도적 측면으로 접근하여 반봉건성과 반자본성, 반독점자본성 등으로 구분할 수도 있습니다. 그런데 그런 구분보다도 더 중요한 것은 반봉건성과 반자본성, 반독점자본성의 본질이 매국성이라는 사실입니다. 식민지매국사회에서는 식민 종주국의 지배와 침탈 요구가 절대적입니다. 그래서 식민 종주국이 자본주의 국가라고 해서 자유와 평등을 형식적으로 인정하는 사회 운영 원리가 통용되는 것이 아니라 어떻게 하는 것이 식민지를 지배하고 침탈하는 데에 더 유리한가가 중요할 뿐입니다. 그래서 반봉건성과 반자본성, 반독점자본성과 같이 기형적으로 관철됩니다. 한마디로 반봉건성, 반자본성, 반독점자본성으로 나타나는 본질적 원인이 식민성과 매국성에 있다는 것입니다.

게다가 또 고려해야 할 지점은 식민 종주국의 지배와 침탈이 이뤄지자면 필연코 매국노가 필요하다는 것입니다. 매국노들이 활개 칠 수 있는 상황과 조건을 만들어주어야 합니다. 그래서 식민지매국사회에서는 식민 종주국이 지배 침탈하기 위한 식민지적 기형성과 함께 매국노들이 활개 칠 수 있는 조건을 만들어 줄 필요성이 서로 결합하여 매우 복잡하게 중첩적으로 얽혀 나타납니다. 즉 반봉건성과 반자본성, 반독점자본성이 어느 하나만 나타나는 방식으로 되지 않고 매우 복잡하게 중층적으로 서로 얽혀 드러난다는 것입니다. 한국 사회에서 반봉건성과 반자본성, 반독점자본성의 중층적인 모습이 가계세습, 족벌경영, 정경유착 등과 같은 재벌의 형태로 나타나는 것도 그 때문입니다. 이렇게 서로 복잡하게 얽혀 드러나는 상황에서 반봉건사회, 반자본주의사회, 반독점자본주의사회라고 딱 하나의 어느 사회라고 구분 짓는 것은 별반 의미가 없게 됩니다.

아울러 식민지매국사회에서는 외세와 매국노가 주인 행세하기에 이들을 뺀 나머지 대다수 사람들은 주인의 권리를 실현하는 데에 엄청난 제약을 받고 있습니다. 실상 나라와 민족 단위에서 주권을 제대로 행사하지 못하면 상갓집 개만도 못한 대접을 받고 살게 되는 것은 당연한 이치입니다. 그래서 사회가 어떻게 변화하든지 간에 식민지매국사회가 청산되지 않는 한 본질적인 변화가 일어날 수 없습니다. 이것은 사회를 바라보는 데 있어서 누가 주인 행세하는지를 놓고 보는 데에서 나오는 당연한 원리입니다. 그래서 한국 사회를 식민지매국사회라고 규정함으로써 이런 사회를 청산하고 민이 주인의 권리를 누리고 사는 애국, 애민의 사회를 만들어가자고 말하는 것입니다.

물론 식민지매국사회라고 규정한다고 해서 신식민지적 지배 방식으로 전화했고, 또 예전에는 군사독재세력이 매국노의 핵심세력이었지만, 이제는 배신세력과 반동세력이 주된 핵심세력으로 변화하는 양상을 부정하자는 것이 아닙니다. 도리어 적극적으로 이해하고 대처하는 것이 필요하다고 말합니다. 왜냐하면 새로운 핵심세력으로 자리를 잡은 외세와 매국노들의 실체를 보면 그들의 현재적 요구가 무엇인지를 더 정확하게 파악할 수 있기 때문입니다.

실상 한국 사회가 변화되는 과정을 보면 미국이 현대제국주의에서 세계제국주의로의 진행되면서 세계거대독점자본의 이해와 요구가 관철되는 방식으로 전개되었고, 한국 사회 또한 그에 걸맞게 변화되면서 매국노의 핵심세력이 군사독재세력으로부터 배신세력과 반동세력으로 왜 이행되고 있는지 그 근본 원인이 너무도 명확하게 파악되기 때문입니다. 한국 사회에서 여러 번 정권이 바뀌고 교체되어도 질적인 변화가 일어나지 않는 것은 이런 변화의 양상에도 불구하고 외세와 매국노가 주인 행세하고 있는 상황이 전혀 바뀌지 않고 있기 때문입니다. 그래서 질적으로 한국 사회를 바꾸자면 그 본질이 관철되는 식민지매국사회를 극복해야 한다고 말하는 것입니다.

식민지매국사회는 외세와 매국노가 주인 행세하는 사회이니만큼 식민성과 매국성을 그 기본 특징으로 가지고 있습니다. 그래서 식민성과 매국성이 청산되면 식민지매국사회라고 말할 수 없습니다. 반면에 사회가 어떻게 변화하든, 경제가 엄청나게 성장하든 간에 식민성과 매국성을 지니고 있다면 식민지매국사회라고 말할 수밖에 없습니다. 실제로 한국 사회는 군사적 주권이나 외교 정책은 말할 것도 없고, 경제 정책만 살펴보더라도 식민성과 매국성이 관철되고 있습니다. 한국에서 추진했던 수출지향주의 정책이나 세계화 정책은 물론이고, 지금에 이르러서 재벌기업인 삼성과 현대가 국내에 투자하기보다는 미국 현지에 직접투자하는 것은 한국 민의 요구에 기인한다기보다는 철저히 미국의 강압과 강제가 작용하고 있는 측면이 큽니다.

식민지매국사회인 한국 사회에서 외세와 매국노가 주인 행세하고 있으니만큼 개인과 집단, 나라와 민족 단위의 모든 부분에서 주인의 권리를 실현하는 데 최대의 걸림돌로 되고, 청산의 대상이 외세와 매국노로 서로 일치합니다. 그래서 개인과 집단, 나라와 민족 단위의 전 부분에서 주인의 권리를 실현하는 주체 또한 따로따로 존재하는 것이 아니라 외세와 매국노를 제외한 모든 세력이 그 주체로 일치합니다.

이 주체는 당연히 외세와 매국노를 청산하는 차원에서 멈출 것이 아니라 그다음 단계로 착취와 억압 자체를 폐지하는 과정으로 나아가는 것은 물론이고, 그다음으로 개인과 집단, 나라와 민족 단위의 전 부분에서 주인의 권리가 전면적으로 실현되는 단계로 나아가야 합니다.

식민지매국사회를 극복하고 한국 사회가 지향해야 할 목표는 자주, 민주, 통일이다

민의 주체적 요구를 분명하게 실현하자면 식민지매국사회를 극복하고 한국 사회가 지향해야 할 목표가 명확히 제시되어야 합니다. 자주와 민주, 통일이 그 목표로 된다는 것입니다.

자주는 주인으로서의 권리를 실현하는 문제이고, 민주는 주인으로서의 권리를 실현하기 위한 제도와 질서 체계를 세우는 문제이고, 통일은 하나의 단합된 힘으로 강력한 정치 역량을 형성하는 문제입니다.

자주와 민주, 통일 또한 3단계의 합법칙적인 발전 과정을 밟게 된다

자주가 제기되는 것은 민이 사회와 역사의 전면에 주체로 등장한 시대사적 요청에 근거합니다. 한마디로 민이 사회와 역사에서 주인답게 자기 삶을 개척하며 살아가는 것이 시대적 과제로 제기되었다는 것입니다. 주인답게 자기 삶을 개척하기 위해서는 우선 형식적인 측면에서의 자유와 평등이 아니라 실질적으로 자유와 평등을 누리도록 해야 합니다. 물론 여기에서 멈출 수는 없습니다. 그다음 단계로 착취와 억압 자체를 폐지하는 과정으로 나아가야 하고, 여기에서도 멈추지 않고 개인과 집단, 나라와 민족 단위의 모든 부분에서 주인의 권리를 전면적으로 행사할 수 있는 단계로 나아가야 합니다.

이런 주인의 권리는 제도와 질서 체계로 수립되어야만 원만히 실현될 수 있습니다. 그래서 민주적인 제도와 질서를 수립할 필요성이 제기됩니다. 한마디로 민주의 목표가 필요하게 됩니다. 그런데 민주적인 제도와 질서는 자주적인 요구를 실현하는 것이니만큼 자주적 요구를 실현하는 각 단계의 수준에 맞게 진행되어야 합니다.

자주적인 요구를 받아안고 민주적인 제도와 질서 체계를 수립하자면 단결된 강력한 정치 역량이 필요합니다. 단결된 정치 역량을 강력히 구축하는 것이 통일입니다. 따라서 통일에는 분열된 나라에서의 조국 통일뿐만이 아니라 지역갈등과 종교분쟁, 이념문제 등을 해결하는 것도 그 내용으로 포함하고 있다고 말할 수 있습니다. 이 통일 또한 자주적 요구와 민주적 요구에 맞게 각각의 발전 단계의 수준에 맞게 진행되어야 합니다.

자주와 민주, 통일이 이렇게 3단계의 질적 과정을 거쳐 발전하는 것은 인간이 개성을 가진 존재로서 집단을 구성하여 나라와 민족 단위로 살아감에 따라 인간해방과 계급해방, 민족해방이 일치와 입체, 통일적으로 적용되어 합법칙적인 발전 과정을 밟아서 진행된다는 데에 있습니다. 인간이 개인과 집단, 나라와 민족 단위로 살아가고 있으니만큼 이 모든 부분에서 주인의 권리가 실현되어야 하고, 그에 따라 인간해방과 계급해방, 민족해방이 3단계의 합법칙적인 발전 과정을 거쳐서 전진하는데, 자주와 민주, 통일이 여기에서 벗어난다는 것은 도리어 더 이상한 일일 것입니다.

자주와 민주, 통일의 내용 또한 시대사적 요청에 맞게 더욱 풍부화되어야 한다

자주와 민주, 통일의 목표가 개인과 집단, 나라와 민족 단위의 모든 부분에서 전면적으로 주인의 권리를 실현하려는 시대사적 요청에 의해 나왔다는 점에서, 자주는 이 모든 부분을 포함하는 내용으로 되어야지 결코 민족 자주만으로 한정할 필요가 없습니다. 민주 또한 개인과 집단, 나라와 민족 단위의 모든 부분에서 주인의 권리를 실현하기 위한 제도와 질서 체계를 세우는 내용으로 이해해야 하지 독재에 반대되는 것만으로 한정해서는 안 됩니다. 통일 또한 분단을 극복하고 조국을 통일하는 내용은 물론이고 민의 단합과 단군족의 통일 단결을 더욱 확대 강화하는 차원으로 더욱 확장되어 이해되어야 합니다.

자주를 민족 자주만으로, 민주를 반독재의 내용으로, 통일을 조국 통일의 내용으로 한정시키게 되면 이후 민이 개인과 집단, 나라와 민족 단위의 모든 부분에서 주인의 권리를 전면적으로 실현해가는 과정을 합법칙성에 맞게 설명하는 데 제한을 갖게 됩니다. 자주와 민주, 통일을 시대사적 요청에 맞게 파악하면 인간이 어떻게 합법칙적인 발전 단계를 거쳐 개인과 집단, 나라와 민족 단위의 전 부분에서 주인의 권리를 전면적으로 실현할 수 있는지가 명확히 드러납니다. 그런 차원에서 바라보면 나라마다 구체적인 내용이야 조금씩 다를 수 있겠지만 총체적인 흐름에서 자주와 민주, 통일의 목표는 한국 사회에서만이 아니라 세계사적 측면에서도 통용된다고 말할 수 있을 것입니다.

자주와 민주, 통일이 3단계의 질적 과정을 합법칙적으로 밟아가는 과정을 모두 담고 있다고 할지라도 이 모든 과정을 해결하는 관건은 결국 첫 단계의 질적 과제를 우선적으로 해결하는 데에 달려 있다

첫 번째 단계의 질적 과제를 우선적으로 풀어가기 위해서는 거기에 화력을 집중해야 하지, 첫 단계를 해결한 이후의 과정에서 제기되는 내용까지 혼용시켜서는 안 됩니다. 각 단계에서 해결해야 할 과제를 질적으로 구분 짓지 않고 혼용시키게 되면 사회와 역사의 발전에 걸림돌이 되는 최대의 세력을 고립시켜 청산할 수 없고, 그렇게 되면 결국 개인과 집단, 나라와 민족 단위의 모든 부분에서 주인의 권리를 전면적으로 실현할 수 없게 됩니다.

물론 이것은 총체적 차원에서 일치되는 지점을 거론하는 것이지 개인이나 집단, 나라와 민족 단위에서 더 높은 단계의 차원에 해당하는, 즉 미덕으로 되는 행위를 절대 해서는 안 된다는 뜻은 아닙니다. 첫 단계의 일치되는 지점의 이하로는 내려가지 말고 꼭 견지되어야 한다는 뜻이고, 그다음 단계의 요구는 지켜야 할 규율이 아니라 자원성에 맡기는 방식입니다. 하지만 사회와 역사가 발전하려면 높은 단계에 해당하는 모범적인 사례와 미덕 행위가 많이 행해질수록 좋은 것이고, 그러면 그만큼 사회와 역사를 발전시키려는 주체적 힘은 강화될 것입니다.

한국 사회에서 첫 단계의 질적 과제를 우선적으로 해결하기 위해서는 애국과 애민의 기치를 분명하게 들어야 한다

한국 사회는 외세와 매국노가 주인 행세하고 있기에 이들에게 화력을 집중해야 합니다. 이들에게 화력을 집중해 청산하기 위해서는 애국과 애민의 기치를 분명하게 들어야 합니다.

애국과 애민의 기치를 드는 데서 중요한 것은 애국과 애민을 서로 떨어뜨려 이해해서는 안 된다는 사실입니다. 애국과 애민을 서로 떨어뜨리게 되면 현시기에 시대사적으로 제기되는 애국이 무엇인지 명확하게 이해하기 어렵습니다.

한국 사회만 보더라도 애국의 기치는 갑자기 하늘에서 뚝 떨어진 것이 아닙니다. 갑오농민전쟁을 보더라도 반제반봉건(반신분제)의 기치를 분명하게 들었습니다. 게다가 일제 식민시기만 해도 우국지사들은 애국의 기치를 들고 간악한 일제와 싸웠습니다. 바로 이런 측면을 애국의 기치는 분명하게 계승하고 있습니다.

하지만 현시기의 애국은 단지 이런 측면의 계승에서 끝나지 않습니다. 바로 민과 철저히 관련지어 파악하고 있다는 것입니다. 민이 나라와 민족 단위로 살아가고 있습니다. 그 때문에 개인과 집단, 나라와 민족 단위의 모든 측면을 하나로 연결시켜 총체적으로 파악하는 것이지 결코 나라와 민족 단위만을 따로 떨어뜨려 놓고 살펴보지 않습니다. 한마디로 민을 떠난 애국이 따로 존재하지 않는다는 것을 분명히 한다는 것입니다.

민을 떠난 애국이 존재하는 것으로 파악하게 되면 애국 따로 있고, 애민이 따로 있는 것으로 귀결됩니다. 애국이 홀로 따로 실재하는 것으로 되면 주인 행세하는 세력은 자신들의 지배 통치를 위해 애국을 도용하는 현상이 발생하게 됩니다. 제국주의 세력이 민을 떠난 애국이 실재하는 것으로 주장하여 다른 나라를 침략하는 데 이용했던 것이나, 한국 사회에서 매국 세력이 민을 탄압하면서도 자신들이 그 무슨 애국적 행위를 하는 것처럼 호도했던 것들이 다 이런 예에 해당됩니다. 그래서 현 시대적 과제를 해결하기 위해서는 민을 떠난 애국은 존재하지 않고 애국이 곧 애민임을 분명히 해야 합니다.

애국이자 애민의 기치를 분명히 들어야 하는 이유는 외세와 매국노의 진면목을 명확하게 밝혀낼 수 있을 뿐만 아니라 광범위한 세력이 함께할 수 있는 대중적인 기치로 되기 때문입니다. 외세와 매국노의 진면목을 밝혀내야 이들을 반대하는 투쟁에 대해 정당성을 확신하게 되고, 또 대중적인 기치로 되어야 광범위한 세력을 하나로 모아 외세와 매국노를 고립 청산할 수 있습니다. 그런 의미에서 현시기에서의 자주, 민주, 통일 운동은 애국, 애민의 기치 하에 추진된다고 말할 수 있습니다.

시대사적 요청이 곧 개혁인 만큼 애국, 애민의 기치에 의한 자주, 민주, 통일이 개혁의 핵심 과제임을 분명히 해야 한다

다른 한편에선 사회를 발전시키기 위한 방법으로 개혁이 거론되고 있습니다. 실상 사회를 발전시키자면 끊임없이 혁신시켜 나가야 하기에 개혁이 요구되는 것은 당연합니다. 시대의 발전에 맞게 사회의 뒤떨어진 부분을 개혁해간다면 사회에서 제기되는 문제가 풀리지 않을 리가 없을 것입니다. 그런데 문제는 시대의 발전에 맞게 개혁해 나가는 것이 아니라 자신들의 입맛에 맞게 개혁의 요구를 왜곡해서 이용한다는 것입니다. 그로 인해 개혁을 단순히 개량으로 받아들이는 경향이 발생하고 있습니다. 바로 여기서 시대적 요구에 맞게 개혁의 과제를 바로 세울 것이 절실히 요구됩니다.

개혁의 과제가 무엇인지를 분명하게 확립하지 못함으로 인해 개혁이 개량으로 이해되는 상황을 그대로 방치할 경우 애국, 애민의 기치에 의한 자주, 민주, 통일의 실현에 심대한 장애로 작용할 수 있습니다. 왜냐하면 실질적으로 한국 사회를 개혁할 의지가 없는 세력들이 계속 개혁을 들먹이면서 애국, 애민의 기치에 의한 자주와 민주, 통일의 실현을 가로막을 것이기 때문입니다. 게다가 한국 사회를 실질적으로 개혁하자는 것이 민의 요구인 이상 개혁이라는 정치적 무기를 개혁할 의사가 없는 세력들이 계속 사용하도록 허용할 것이 아니라 애국, 애민 세력의 정치적 무기로 활용하도록 해야 합니다.

애국, 애민의 정치적 무기로 개혁을 활용하기 위해서는 시대사적 의미에서 개혁의 과제를 살펴보아야 합니다. 개혁을 시대사적 발전

속에서 살펴보지 못하고 있기 때문에 개혁이 실질적으로 실현되지 못하고 있습니다.

개혁의 화두를 자기 정권의 입맛에 맞게 대대적으로 이용하면서 사용했던 시기는 김영삼 정권부터였습니다. 김영삼 정권은 한때 반독재민주화 투쟁을 함께 벌였으나 결국 민의를 배신하고 군사독재세력과 손을 잡고 탄생한 배신정권입니다.

군사독재정권이 막을 내리고 배신정권이 등장했으나 그 잔재가 많이 남아 있는 조건에서 김영삼 정권이 사용했던 개혁의 화두는 일정하게 유의미하였습니다. 한마디로 오랫동안 군사독재세력의 통치로 말미암아 형식적인 측면에서의 자유와 평등조차도 온전히 보장되지 못했다는 것입니다. 이런 상황에서 형식적인 측면에서의 자유와 평등의 보장은 그 자체로 필요했을 뿐만이 아니라 민족 자주와 반독재민주화, 조국 통일의 과업을 수행하는 데에도 시대의 돌파구 계선으로서 적극적인 의미가 담겨 있었습니다.

하지만 그 이후 정권 교체가 일어나면서 여러 번의 배신정권은 물론 반동정권이 등장하여 개혁을 내걸었습니다. 그러나 한국 사회는 실질적으로 변화되지 않았습니다. 이렇게 된 이유는 배신정권과 반동정권이 추진한 개혁의 내용이 시대사적 발전 과정을 담아내지 못한 데에 있습니다.

지금의 시대사적 요구는 형식적인 자유와 평등이 아니라 실질적인 자유와 평등을 누리는 것입니다. 그것도 개인과 집단, 나라와 민족 단위의 전 영역에서 주인의 권리를 실현하는 것입니다. 그래서 자주는 민족 자주만이 아니라 개인과 집단, 나라와 민족 단위의 전 부분에서 주인의 권리를 실현하는 내용으로 풍부화되었고, 민주 또한 반독재민주화만이 아니라 개인과 집단, 나라와 민족 단위의 전 부분에서 주인의 권리를 실현하기 위한 제도와 질서 체계를 수립하는 내용으로 확장되었고, 통일 또한 한반도 차원에서 민의 권리를 실현하기 위한 하나의 굳건한 통일 단결된 정치적 역량을 마련하는 내용으로 심화되었습니다. 이렇게 시대사적 요구가 심화 발전하고 있는데, 계속 형식적인 차원에서의 자유와 평등의 보장을 주장하면 과연 개혁이 실현되겠으며, 세상이 질적으로 바뀌겠습니까?

실질적으로 개혁할 의사가 없는 세력들이 형식적인 의미에서의 자유와 평등을 개혁의 내용인 양 한정하는 것은 한국 사회에서 매국노의 역할을 예전에는 군사독재세력이 주되게 담당하였으나 현시기에 이르러서는 그 대상이 배신세력과 반동세력으로 바뀌었다는 데에 기인합니다.

미국은 동구권이 붕괴된 이후 세계 유일의 패권적 지배체제를 형성하기 위해 세계적 차원에서 세계화 정책을 적극 밀어붙였습니다. 그래서 한국에서도 미국의 이해와 요구에 의해 세계화 정책이 추진되었는데, 이를 강력하게 집행하자면 배신세력이 유리하게 작용하였습니다. 군사독재세력으로서는 민의의 반발에 부딪혀 추진하기가 사실상 어렵게 되었기 때문입니다.

실상 한국 사회에서 세계화 정책은 군사독재정권이 아니라 김영삼 정권 이래로 다 배신정권에 의해 철저히 추진되었습니다. 이로 인해 빈부의 격차가 더욱 심화되었고, 형식적인 자유와 평등은 의미가 없어지게 되었습니다. 그래서 실질적으로 자유와 평등을 누리는 문제가 중요한 시대적 과제가 된 것입니다. 그런데도 배신세력이 격심한 빈부격차의 해결을 가로막고 나섰기에 최대의 방해세력의 역할을 하게 된 것입니다. 그로 인해 지금 한국 사회에서 실질적인 자유와 평등을 누리지 못하게 되었고, 도리어 반동세력까지 등장한 결과가 되어 더욱 복잡하고 혼란스러워지게 되었습니다. 한마디로 현시기에 이르러 배신세력과 반동세력이 개혁을 실질적으로 방해하고 있고, 이들이 곧 외세를 추종하는 매국노의 역할을 하고 있다는 것입니다. 이것은 결국 한국 사회를 실질적으로 개혁하는 과제가 애국, 애민의 가치에 의한 자주, 민주, 통일의 실현이라는 것을 의미합니다.

개혁의 과제가 따로 있고, 시대사적 요청이 따로 있을 수는 없습니다. 시대사적 요청이 곧 개혁의 과제인 만큼 애국, 애민의 가치에 의한 자주, 민주, 통일이 개혁의 핵심적인 과제라는 것을 분명히 한다면 민은 또 하나의 개혁이라는 정치적 무기를 손에 쥐게 될 것입니다. 이로 인해 개인과 집단, 나라와 민족 단위의 모든 부분에서 주인의 권리를 실현하는 데에 획기적인 진전을 이룩할 수 있을 것입니다.

현시기의 개혁이자 자주, 민주, 통일의 핵심 내용이 애국, 애민의 가치로 되니만큼 개인과 집단, 나라와 민족 단위에서 애국적이고 민주적인 권리들이 적극 실현되도록 노력해야 한다

애국적이고 민주적인 권리들이 사회에 뿌리내리도록 하자면 애국법과 조국통일법을 제정해야 할 뿐만이 아니라 애국정권이자 애민정권을 세우는 것을 분명한 목표로 내걸어야 합니다. 아울러 애국과 애민의 가치는 외세와 매국노의 준동을 막아내야 하느니만큼 외세의 지배 요구와 간섭을 철저히 배제하고 매국적인 행위에 대해서는 단호히 단죄해야 합니다. 나아가 애국정권이자 애민정권의 기반이 애국적이고 민주적인 대중단체에 있으니만큼 이들 대중단체에 대한 국가적인 지원 체계를 확실하게 세워내야 합니다.

이렇게 해서 애국, 애민의 가치에 의해 현 단계에서 요구되는 자주, 민주, 통일의 목표가 실현되어 외세와 매국노가 더 이상 준동하지 못하고 애국적이고 민주적인 제도가 전 영역에 걸쳐 확고히 뿌리를 내리게 된다면 민이 개인과 집단, 나라와 민족 단위에서 주인의 권리를 행사하는 데에 있어 확고한 질적 전환을 이룩하게 될 것입니다. 그로 인해 어떻게 살 것인가의 문제에 대해서도 더욱 애국적이고 애민적인 정서와 품성을 담는 내용으로 더욱 풍부화되고 심화되어 갈 것입니다.

5장

민의 주체적 요구와 어떻게 살 것인가는 어떤 관계에 있는가?

민의 주체적 요구와 어떻게 살 것인가는 어떤 관계에 있는가?

주체적 요구의 목표로 자주와 민주, 통일을 철저히 추구해 나간다면 인간이 주인답게 자기 삶을 개척하며 살아갈 수 있다는 것이 밝혀졌습니다. 이것은 인간이 어떻게 살 것인가의 문제에 대해 일정한 해답을 준 것이라고 할 수 있습니다. 그런데 어떻게 살 것인가를 고민하는 논자들은 전혀 그렇게 생각하지 않는 경향이 있습니다.

분명 인간이 개성을 가진 존재로서 집단을 구성하여 나라와 민족 단위로 살아가고 있기에 이 모든 부분에서 주인의 권리를 실현하기 위해 일치와 입체, 통일의 방법론이 나왔고, 게다가 자주, 민주, 통일이라는 사회적 목표까지 제시되었으니 어떻게 살 것인가에 대해 일정한 해답을 주었다고 말할 수 있습니다. 그렇지만 어떻게 살 것인가를 고뇌하는 사람들은 이것을 자기 삶과는 관계없는 것으로 간주한다는 것입니다. 공자 왈, 맹자 왈 같은 고리타분한 소리로 여기든가, 아니면 철학적 주장이라기보다는 정치 편향 일변도라고 바라볼 수 있다는 것입니다. 도대체 왜 이런 현상이 생기는 것일까요?

실상 어떻게 살 것인가를 고뇌하는 사람들을 보면 주되게 개인적인 희망 사항을 얘기하는 경향이 많습니다. 옛날 철학서야 어떻게 사는 것이 가치 있고 행복한 삶인가에 대해 일반론적인 화두로 진행되는 경우가 많았지만, 지금에는 그런 진리 같은 명제에 얽매이기보다는 자신이 희망하는 삶을 사는 것이 더 보람차고 가치 있다고 여기는 추세가 형성되고 있다는 것입니다. 그러다 보니 어떻게 살 것인가의 문제가 매우 주관화 내지 파편화되어 있습니다.

어떻게 살 것인가의 문제를 주관화, 파편화해서는 안 된다

"희망하다"를 "희망을 실현할 수 있는가?"의 문제로 바꿔보면 어떻게 될까?

자신이 희망하는 삶을 살겠다는 것 자체를 놓고 부정할 필요는 없습니다. 이것 자체가 시대의 발전 속에서 자연스럽게 요구되는 부분입니다. 하지만 자신이 희망하는 삶을 실현하기 위해서는 그렇게 주관적 내지 파편화된 방식으로 받아들여서는 안 됩니다. 그럴 경우 과연 자신이 희망하는 삶을 구체적인 현실에서 실현할 수 있겠느냐 하는 것입니다.

실상 대부분 사람은 생존과 생활에 쫓겨 자신이 꿈꾸는 삶을 살지 못하고, 그저 가슴속에만 담아둔 채 살아갑니다. 몇몇 사람들이야 각고의 노력 끝에 여유로운 생활여건을 갖추고 마침내 자신이 바라는 바를 실현해 살고 있기도 합니다. 그러나 대부분은 자신이 원하는 삶을 살려고 하면 일정하게 고통이 수반되거나 사회와 단절해야 하는 경우가 많습니다. 자신이 하고 싶은 바를 행하는 경우 돈벌이가 안 되어 생활고를 겪는다든가, 아니면 자연의 전원적인 풍경 속에서 살고 싶는 경우 깊은 산속의 오지에서 문명의 혜택을 제대로 누리지 못하고 홀로 외로이 사는 모습이 그런 예입니다. 그래서 어떤 사람들은 마음의 위안을 얻는 방향에서 그 방안을 찾고자 하기도 합니다. 종교적 신앙에 의지해 살아가려는 모습입니다. 하지만 신앙에 의지했을 때 얼마간 마음의 위안을 얻을 수 있을지언정 진정 자신이 바라는 삶을 살고 있다고 말할 수 있을까요?

이렇게 자신이 바라는 삶을 희망해도 가슴에 묻고 살아야만 하고, 그렇지 않고 실행에 옮기는 경우 고통을 수반해야 한다면 뭔가 잘못되어도 한참 잘못되었다고 보지 않을 수 없습니다.

인간으로서 어떻게 살 것인가를 고민하는 것은 너무나 당연하고, 또 자신이 희망하는 바를 실현할 수 있어야 하는 것이 사회적 발전이라고 볼 수 있을 것입니다. 그렇지 못하다면 왜 그러는 것인지, 어디에 문제가 있는지가 명확히 밝혀져야 할 것입니다. 여기서 어떻게 살 것인가의 문제와 주체적 요구와의 관계를 명확히 밝힐 필요성이 요구된다고 볼 수 있습니다.

어떻게 살 것인가는 민의 주체적 요구인데, 그런데도 이를 자의적이고 주관적인 문제로 받아들이면 개인의 책임으로 전가되어 자신이 꿈꾸는 삶을 실현하기가 어렵게 된다

자신의 희망 사항을 실현하지 못하는 것이 개개인의 문제일까?

주체적 요구라고 할 때 그것은 사회와 역사의 주체로 등장한 민의 주체적 요구입니다. 그래서 민을 떠나서 주체적 요구를 말할 수 없습니다. 그런데 어떻게 살아야 할 것인가를 놓고 생각할 때 민의 주체적 요구를 저버리고 그저 자신의 주관적인 희망과 요구로 손쉽게 생각합니다. 주관적 요구와 희망으로 받아들이게 되면 그때로부터 어떻게 살 것인가의 문제는 그저 각기 주관이나 파편화된 주장으로 빠지게 됩니다.

물론 사람마다 다르기에 자신이 희망하는 삶은 다를 수 있습니다. 또 그게 당연합니다. 하지만 그 희망을 실현하는 문제를 생각할 때 개인적인 주관이나 파편화된 판단에 맡길 수는 없습니다. 이것은 형식적으로 인간은 자유롭고 평등하다고 말하지만, 실질적인 자유와 평등을 누리지 못하면 아무런 의미가 없는 것과 같은 이치입니다. 개성이 다양하기에 개성의 다양성이 보장되어야 하지만, 그 개성의 다양성은 개성의 유일성이 보장될 때 참답게 실현된다는 것과 같은 맥락입니다.

그래서 어떻게 살 것인가의 문제에 대해 각기 다른 소망이 있을 수 있지만, 그것을 참답게 실현하기 위해서는 인간이 풀어야 할 공통적인 측면의 문제로 바라보아야 한다는 것입니다. 만약 공통적인 측면으로 접근하지 않고 자의적 판단에 맡기게 되면 어떻게 살 것인가의 문제가 순전히 개인적인 책임으로 떠넘겨지게 됩니다. 개인의 책임으로 전가되면 어떻게 살 것인가에 대해 논할 수 있는 근거가 사라지고, 그로 인해서 개인이 스스로 알아서 판단해야 합니다. 그 결과는 설사 자신이 꿈꾸는 이상이 있다고 해도 개인적인 책임으로 전가되어

대다수는 거의 실현할 수가 없게 됩니다. 이것은 현실에서 대부분 사람이 자신의 꿈을 그저 가슴에만 묻고 살아가고 있는 것에서 드러납니다.

누구나 각기 꿈꾸는 것이 당연한 데도 왜 그 꿈의 실현 여부가 개인적인 책임 문제로만 되어야 합니까? 개인 책임이 없다는 것이 아니라 인간은 개성을 가진 존재이면서 동시에 집단을 구성하여 나라와 민족 단위로 살아가고 있는데 말입니다. 설사 각기 꿈이 다를지라도 그 꿈이 모두 실현되는 사회가 더 좋은 사회라는 것은 더 말할 필요가 없을 것입니다. 그 때문에 각기 다양하게 제기되는 그 꿈과 이상을 실질적으로 실현하기 위해서라도 어떻게 살 것인가의 문제를 주관적이고 자의적인 판단 영역으로 떠넘겨서는 안 됩니다.

어떻게 살 것인가를 개인적, 자의적 판단에 맡기는 현상이 나타나는 것은 자본주의 사회의 특성과 관련되어 있다

자본주의 사회에서 인간은 누구나 자유를 누리고 평등하게 살 수 있다고 말합니다. 하지만 자본에 의한 지배와 억압이 존재한 관계로 빈부의 격차가 확대되어 실질적인 자유와 평등을 누리지 못합니다. 실질적인 자유와 평등을 누리지 못하는데도 형식적으로 자유와 평등이 보장되었다는 이유로 그 책임을 온전히 개인에 떠넘겨버립니다. 개인에게 모든 책임을 전가하게 되니 이런 현상의 연장으로 어떻게 살 것인가의 문제도 결국 개인의 주관적이고 자의적인 판단 영역으로 간주하는 경향이 발생하게 되었던 것입니다.

개인에게 모든 책임을 전가하는 자본주의 사회에서는 자신의 꿈과 이상을 실현하기가 대단히 어렵다

자본주의 사회는 글자 그대로 자본이, 즉 자본가가 주인 행세하는 사회입니다. 자본의 지배와 억압이 통용되는 사회라는 것입니다. 자본이든, 그 무엇이든 지배와 억압이 통용되는 사회에서는 완전히 불가능하다고 단정할 수는 없지만 자기 꿈과 이상을 실현하기가 대단히 어렵다는 것만은 명확합니다. 이것은 자본주의 사회가 운영되는 몇 가지 원리만 떠올려도 쉽게 판단할 수 있습니다.

자본이 주인 행세하니 돈 중심의 사회가 될 것입니다. 돈 중심 사회에서 인간의 존엄이 존중받기는 쉽지 않을 것입니다. 물질만능주의가 판을 치게 된 것도 이와 연관되어 있습니다. 게다가 자본 간에는 끊임없이 경쟁이 펼쳐집니다. 자본의 목적은 이윤추구이니까요. 그런데 이놈의 자본은 아무리 먹어도 배가 부르지 않습니다. 이로부터 약육강식의 법칙이 통용되고 수많은 사람이 패배자로 전락해 갑니다. 자본주의 사회에서 하루아침에 파산 몰락하여 자살로 생을 마감하는 사람이 계속 늘어가는 것은 이런 이치입니다. 무한경쟁이 벌어지는 속에서 살아남기 위해서는 극도의 개인주의와 이기주의가 조장될 수밖에 없습니다. 이런 조건에서 인간 간에 사랑과 신뢰 관계가 형성될 리 만무합니다. 많은 사람이 생존 그 자체를 위해 여유도 없이 시간에 쫓겨 고통스럽게 일하면서 동료애를 느끼기보다는 고독감과 외로움에 휩싸여 살아가는 것도 이런 자본주의적 사회 조건에 기인합니다.

각 개인이 이런 각박한 사회적 상황과 조건에서 벗어나기를 희망하는 것은 매우 자연스러운 현상입니다. 도시를 떠나 시골의 전원적 풍경을 떠올리거나 신앙에 의지하려고 하는 것은 약육강식의 논리가 판치는 속에 매일매일 시간에 쫓겨 불안하고 초조하게 살아가는 삶에서 벗어나 마음의 안정과 여유를 찾고자 하는 바람에서 비롯되었다고 할 수 있습니다.

하지만 이런 개인의 주관적이고 자의적인 접근 방식으로서는 결코 어떻게 살 것인가의 문제를 비롯해 자신이 간절히 소망하는 꿈과 이상도 제대로 실현할 수 없습니다. 사회적으로 풀어져야만 하기 때문입니다. 자본주의 사회에서 자신의 꿈과 이상이 잘 실현되지 못한 요인도 따지고 보면 그렇게 될 수 없게 형성된 사회적 상황과 조건에서 기인한 것입니다.

어떻게 살 것인가의 문제를 비롯해 꿈과 이상을 실현하기 위한 사회적 상황과 조건은 사회와 역사의 주체인 민으로부터 조성된다

어떻게 살 것인가의 문제를 비롯해 자신이 소망하는 꿈과 이상을 실현하기 위해서는 사회적 상황과 조건을 바꾸는 문제를 떠올리지 않을 수 없습니다. 그런데 사회적 상황과 조건을 개선시키는 것은 사회와 역사의 주체인 민에 의해서 해결됩니다.

이제 민은 형식적인 자유와 평등이 아니라 실질적인 자유와 평등을 누리면서 자기 삶을 주인답게 개척하며 살아가기 위해 사회와 역사의 전면에 나섰습니다. 한마디로 민이 사회와 역사의 주체라는 것입니다. 민이 주체라고 한다면, 그 주체를 대신하는 세력이 따로 있을 수 없습니다. 이에 근거하면 주체적 요구는 다름 아닌 민의 요구라는 것을 알 수 있습니다. 그러기에 어떻게 살 것인가의 문제를 비롯해 꿈과 이상을 실현하기 위한 사회적 상황과 조건을 민과 떨어뜨려서 이해해서는 안 됩니다. 민과 결부시키지 않기에 어떻게 살 것인가의 문제가 사회적 근거 지점을 갖지 못하게 되었고, 개인의 주관이나 자의적 판단 영역으로 떨어지게 된 것입니다. 그 때문에 개인에게 책임이 전가되면서 대다수가 꿈과 이상에 대해 좌절을 겪고 가슴속에만 파묻고 살아야만 했던 결과를 빚어냈던 것입니다.

한마디로 민과 떨어뜨려 생각했기에 사회적 상황과 괴리된 주관이나 파편적 주장이 난무했습니다. 민은 개인과 집단, 나라와 민족 단위로 살아가고 있는데 그저 홀로 주관적이고 자의적으로 판단하는 개인만이 남겨져 있는 꼴입니다. 이 세상에 홀로 독생자가 된 것입니다. 그렇다면 거기서 개인적이고 자의적인 판단을 하지 않는 것이 도리어 더 이상할 것입니다. 이는 역으로 민과 결부시켜 파악해야만 인간이 살아가는 실제적인 삶을 제대로 설명할 수 있을 뿐만이 아니라, 어떻게 사는 것이 가장 가치 있고 행복한 삶인지에 대해 밝혀 줄 수 있고, 또 자신이 소망하는 꿈과 이상도 실질적으로 실현 가능하다는 것을 말해줍니다.

어떻게 살 것인가는 민의 삶과 연결되는 주체의 요구이다

민과 결부시켜 파악하면 앞으로의 미래 사회가 무엇을 지향하며 어떤 삶을 살아야 하는지에 대해 명확하게 이해할 수 있다

민이 주인답게 자기 삶을 개척하며 살아가기 위해 사회와 역사의 전면에 나섰다는 것은 앞으로 미래 사회의 향방에 대한 총체적인 방향을 밝히는 부분이라고 할 수 있습니다. 물론 이것은 미래 사회의 향방에 대한 추세적인 예측이라고 할 수 있습니다. 그래서 그 구체적인 측면이야 정확히 다 알 수는 없겠지만, 민의 주체적 요구와 특성들을 이해하면 자기 삶을 주인답게 개척하는 방향으로 나아가게 될 것은 분명합니다. 그렇다면 이런 방향 하에서 삶의 가치관을 비롯해 꿈과 이상을 논의하는 것이 당연할 것입니다.

그런데도 실질적인 자유와 평등을 누리도록 하는 것이 시대적 요청으로 되고 있는데, 이를 해결하지도 못하는 자본주의 사회의 특성에 근거하여 어떻게 살 것인가를 비롯해 자신의 꿈과 이상을 개인의 자의적 판단에 의거해 논한다면 어떻게 되겠습니까? 그런 판단 자체가 벌써 시대에 뒤떨어진 주장이라고 할 수 있습니다. 그 때문에 시대의 추세에 맞지 않는 자본주의 사회의 특성에 기대어 바라볼 것이 아니라 이를 철저히 극복해가려는 민의 주체적 요구를 중심으로 파악해야 합니다.

어떻게 살아갈까의 문제도 개인적인 측면뿐만이 아니라 집단은 물론이고 나라와 민족의 영역에까지 적용되어야 한다

민의 주체적 요구라는 측면에서 살펴볼 때 우선 민은 개성을 가진 존재로서 집단을 구성하여 나라와 민족 단위로 살아가고 있습니다. 그렇다면 결코 개인의 주관적인 희망 사항만 언급할 문제가 아니라는 것입니다. 어떻게 살아갈까의 문제도 개인적인 측면뿐만이 아니라 집단은 물론이고 나라와 민족의 부분에까지 적용되어야 할 것입니다.

어떻게 살 것인가의 문제에 대해 민은 자주, 민주, 통일의 목표를 추구한다

자주, 민주, 통일의 목표가 실현되는 사회는 조직화되고 집단화된 사회이다

민은 개인과 집단, 나라와 민족 단위로 살아가고 있기에 이 모든 부분에서 주인의 권리를 실현하기 위해 자주, 민주, 통일의 사회적 목표를 달성하려고 합니다. 그런데 자주, 민주, 통일의 목표가 실현되는 사회는 조직화되고 집단화된 사회입니다.

단적으로 개인과 집단, 나라와 민족 단위의 모든 부분에서 주인의 권리를 실현하자면 그에 걸맞게 제도와 질서 체계가 세워지고 운영되어야 할 것입니다. 그런 제도와 질서 체계가 세워지지 못하고 운영되지 못한다면 주인의 권리 실현이라는 것은 빈말에 불과하기 때문입니다. 그 모든 부분과 영역에서 제도와 질서 체계가 세워져서 운영되자면 조직화되고 집단화되어 있어야 합니다. 그것도 자주, 민주, 통일의 목표가 더 높은 단계로 전진해 나갈수록 더욱 고도화되고 조직화되어야 할 것입니다.

이것은 사회와 역사의 발전이 집단적 지혜와 힘에 의해 이뤄진다는 점에서 지극히 당연한 이치입니다. 그런데 조직화되고 집단적인 힘으로 풀려고 하지 않고 조직적 규율을 어기면서 개인적인 주관과 파편적인 이해에 근거하여 행동함으로써 조직과 집단의 단결을 훼손한다면 어떻게 되겠습니까? 자신이 꿈꾸는 이상이 실현되기는커녕 사회 자체가 혼란에 휩싸이고 말 것입니다.

개인과 집단, 나라와 민족 단위의 모든 부분에서 주인의 권리를 실현하기 위한 사회적 목표가 자주, 민주, 통일이고, 그 자주, 민주, 통일은 조직화되고 집단적인 지혜와 힘에 의해서만 가능한 이상, 어떻게 살아야 할 것인가에 대한 가치관은 물론이고 자신이 꿈꾸는 이상에 대해서도 조직적이고 집단적인 지혜와 힘으로 풀어가도록 해야 합니다.

조직적이고 집단적인 지혜와 힘으로 풀어가는 것은 개성을 부정하기는커녕 개성의 유일성을 발휘하게 한다

조직적이고 집단적으로 풀어가야 한다는 주장에 대해 개성을 부정하는 것이라고 혹여 반문할지도 모릅니다. 허나 그것은 잘못된 이해입니다. 이미 사람 자체가 개성을 가진 존재로서 집단을 구성하여 나라와 민족 단위로 살아가고 있습니다. 개인 따로, 집단 따로, 나라와 민족 따로 존재하는 것이 아닙니다. 이것이 인간이 살아가는 존재방식이자 활동방식인데도 조직과 집단을 강조하면 개성을 부정한다는 식으로 염려하는 현상이 나타나는 것은 구시대적 사회 운영 원리에 기반하여 이해하기 때문입니다.

구시대적 사회 운영 원리는 지배와 억압이 존재하는 관계로 약육강식의 법칙이 통용될 수밖에 없습니다. 그래서 개인과 전체의 관계를 대립시켜 볼 수밖에 없고, 그런 대립 관계로 살펴보니 필연코 개인주의 아니면 전체주의로밖에 귀결되지 않을 수 없습니다. 이런 논리에 의해 전체주의 사회가 되기보다는 개인주의가 보장되는 것이 더 낫다는 식의 희한한 주장을 폅니다.

하지만 개인과 집단, 나라와 민족 단위의 모든 부분에서 주인의 권리 실현을 지향하는 조건에서 남을 지배하고 억압할 이유가 없습니다. 도리어 남을 지배하고 억압하려고 하는 것 자체가 주인의 권리 실현에 걸림돌이 됩니다. 그래서 개인과 집단, 나라와 민족 단위의 모든 부분에서 주인의 권리 실현을 지향하는 미래 사회에서는 이들의 관계가 서로 대립되고 배치되지 않기에 조직화되고 집단적인 지혜와 힘으로 풀어가면서도 그 속에서 개성의 유일성을 참답게 발휘할 수 있게 됩니다.

민은 개인과 집단, 나라와 민족 단위의 모든 부분에서 주인의 권리를 실현하기 위해 일치와 입체, 통일의 방식으로 풀어간다

일치와 입체, 통일의 방법론은 인간관계와 사회 발전이 어떤 운영 원리와 관리 방식에 바탕을 두어야 하는지를 명확하게 보여줍니다. 일치와 입체, 통일의 방식으로 풀어가자면 사람들 간의 사회적 관계가 협조하고 협력해야 합니다. 그뿐만 아니라 서로 사랑하고 신뢰하는 관계는 물론이고 주인다운 의식에 기초한 자원성에 바탕을 두어야 할 것입니다.

서로 간에 돈독한 사랑과 믿음에 기초해 존중하고 협조, 협력해야 하는데, 그렇지 않고 강제성을 부여해 사람을 부려먹으려고 한다면 과연 일치와 입체, 통일의 방식이 제대로 작동될 수 있겠습니까? 아마 어느 것 하나 합의를 이룩하지 못하고 계속 분란만 일으키게 될 것입니다.

일치와 입체, 통일이 주인의 권리를 실현하기 위한 기본적인 사회운영 원리이자 관리 방식이니만큼 어떻게 살 것인가의 문제를 비롯해 자신의 꿈과 이상을 실현하는 과정에서도 이런 사회적 인간관계의 원칙이 철저히 견지되도록 하여야 한다.

특히 자원성에 바탕을 주는 것이 매우 중요하다.

자원성에 바탕을 두어야 함을 특히 강조하는 것은 자기 삶을 주인답게 개척하며 살아가려는 것 자체가 자원성에 기초하고 있기 때문입니다. 자기 삶을 주인답게 개척하며 살려는 것은 어느 누가 대신해줄 수 없을뿐더러 자신이 스스로 원해야 가능합니다. 아울러 돈독한 사랑과 신뢰에 기초해 서로 존중하고 협조, 협력하는 관계도 자원성에 바탕을 두어야만 강고하게 형성될 수 있습니다.

자원성은 또한 미래 사회 발전의 기본 동력이 자주적인 사상의식에 달려 있음을 분명하게 밝혀줍니다. 지배와 억압이 존재하는 조건에서 사람을 움직이게 하는 기본 방식은 채찍을 동반한 강제성입니다. 하지만 주인답게 자기 삶을 개척하며 살아가기 위해서는 스스로 나서야 하는데, 그것은 결국 자주적인 사상의식일 수밖에 없습니다. 그 때문에 사상을 발동시켜서 자원성에 의거해 풀어가야 합니다.

자원성은 사람들 간의 경쟁도 선의의 경쟁 방식으로 새롭게 형성시켜 줍니다. 지배와 억압이 존재하는 곳에서는 경쟁의 결과가 승자독식이어서 죽느냐 사느냐의 싸움으로 됩니다. 하지만 자원성에 근거해 주인답게 자기 삶을 개척하는 입장에서는 경쟁의 결과가 서로에게 이익이 되고 모두가 승자가 되는 관계로 되기에, 비판을 가하더라도 애정 어린 비판이 되고, 서로서로 고무해주고 지지해주는 관계로 됩니다. 서로서로 고무하고 지지해주면서 선의의 경쟁 관계가 되어야 그만큼 사회와 역사를 더욱 빨리 전진시키는 길이 되기 때문입니다.

민이 어떤 존재방식으로 살아가고 있으며, 무슨 목표를 갖고, 어떤 사회적 운영 원리와 관리 방식으로 해결해 나가는지를 서로 결부시켜 파악하면, 인간이 어떻게 살아야 할 것인가의 가치관에 대해서도 자연스럽게 해답을 내려주는 것으로 된다

앞의 제반 사실은 민이 어떤 존재방식으로 살아가고 있으며, 무슨 목표를 갖고, 어떤 사회적 운영 원리와 관리 방식으로 해결해 나가는지를 서로 결부시켜 파악하면 인류가 지향하는 미래의 사회상이 분명하게 드러난다는 것을 알 수 있습니다. 즉 민이 개성을 가진 존재로서 집단을 구성하여 나라와 민족 단위로 살아가고 있기에 이 모든 부분에서 주인의 권리를 누리자면 일치와 입체, 통일의 운영 원리와 관리 방식으로 자주, 민주, 통일의 사회적 목표를 실현하기 위해 노력해야 한다는 것이고, 이것은 결국 인간이 어떻게 살아야 할 것인가의 가치관에 대해서도 자연스럽게 해답을 내려주는 것으로 됩니다.

애민철학은 어떻게 살 것인가의 가치관 문제가 민의 주체적 요구임을 밝히고 가장 참되고 보람된 삶은 민적 풍모와 품성을 닮아가는 것이라고 밝히고 있다

지금껏 어떻게 살 것인가의 문제를 민과 철저히 결부시키지 않음으로써 각기 자의적이고 파편적인 주장이 난무하게 되었습니다. 그 결과로 불행의 책임이 모두 개개인에게 떠넘겨지게 되었습니다. 여기에서 벗어나자면 어떻게 살 것인가의 문제가 다름 아닌 민의 주체적 요구와 관련된 문제라는 것을 분명히 해야 합니다. 그래야만 인류의 미래 사회상과 연동되면서 진정 참되고 가치 있는 삶을 살아가도록 고무해주게 될 것입니다.

인간이 오랫동안 이상으로 꿈꾸고 지향했던 참된 세상의 미래상이 분명하게 밝혀졌다면 그에 맞춰 살아가는 것이 올바를 것입니다. 한마디로 민의 주체적 요구와 인간이 어떻게 살 것인가의 관계는 서로 떨어진 별개의 문제가 아니기에 서로 하나로 결부시켜 가치관을 정립시키는 것이야말로 가장 가치 있고 참된 삶이 된다는 것입니다.

민의 주체적 요구와 결부시켜 이해하는 애민의 철학이 정립되고 풍부해진다면 민적 풍모와 품성을 닮아가는 길이야말로 가장 참되고 가치 있는 삶임을 더욱 확신하게 될 것입니다. 그리고 이를 위해 노력하는 사람들이 많아질수록 주인답게 자기 삶을 개척하며 살아가려는 인류의 미래 사회는 그만큼 더 빨리 활짝 열리고 밝아질 것입니다. 여기에 애민철학을 더욱 심화하고 풍부화시키는 것의 중요성이 있다 할 것입니다.